Jutta Profijt

# Tod im Treber

**Dank**
Natürlich gilt mein erster Dank den Mitgliedern der »Bolten-Bande«, die mir den Betrieb gezeigt und geduldig meine Fragen beantwortet haben. Besonders zu nennen sind: Beatrix Meier, Heinrich Hartwigsen und der Chef, Michael Hollmann. Auch außerhalb der Brauerei gab es Mittäter: Der unerschütterliche Rechtsmediziner Dr. med. Frank Glenewinkel stand mir wieder einmal Rede und Antwort, der Hinweis auf den Metzger stammt natürlich auch von ihm. Das Wissen um den Tulpenwahn verdanke ich dem gleichnamigen Buch von Mike Dash, erschienen als Taschenbuch im List Verlag. Die Brauanleitung, die in den Kapitelüberschriften steckt, ist eine Verquickung des Buchs »Bier brauen« aus dem Südwest Verlag, München mit meinen in der heimischen Küche selbst gemachten Erfahrungen.

**Hinweis**
Dieses Buch ist ein Roman, Handlungen und Personen sind frei erfunden. Ähnlichkeiten mit lebenden oder toten Brauern oder anderen Personen sind rein zufällig.

**Autorin**
Jutta Profijt, Jahrgang 1967, lebt als freie Autorin und Übersetzerin in Mönchengladbach. Sie kocht und backt gern und braut eigenes Bier – allerdings selten, da der erhebliche Zeitaufwand dem Schreiben von Kriminalromanen entgegensteht und gutes Bier glücklicherweise auch käuflich zu erwerben ist.

Jutta Profijt

# Tod im Treber

Kriminalroman

Verlegt von: Privatbrauerei Bolten GmbH & Co. KG

Originalausgabe
Copyright © 2007 by Jutta Profijt
Alle Rechte vorbehalten
Verlag: Privatbrauerei Bolten GmbH & Co. KG
Umschlaggestaltung, Satz: Helsynki Werbeagentur GmbH
Umschlagfoto: Detlef Ilgner
Printed in Germany
ISBN 978-3-00-022253-5

# Prolog

Bruno Gerber genehmigte sich noch einen großzügigen Schluck von dem Brand, der neuerdings das Sortiment der Traditionsbrauerei ergänzte, wischte sich mit einer fahrigen Geste über die tränennasse Wange und griff nach dem Stift.
*Ich habe eine große Schuld auf mich geladen.*
Er überlegte kurz und setzte das Datum oben rechts in die Ecke des Blattes, das er aus dem Papierschacht des Kopierers genommen hatte. Dann schrieb er dort weiter, wo er eben aufgehört hatte.
*Ich kann und will diese Last nicht mehr tragen.*
Noch ein Schluck. Die Schrift auf dem Blatt wurde etwas undeutlicher, verschwamm leicht vor den alten, müden Augen, war aber immer noch eindeutig als die seine zu erkennen. Weiter im Text.
*Ich habe beschlossen, heute reinen Tisch zu machen. Es muss ein Ende haben.*
Nein, das klang zu pathetisch, zu wichtigtuerisch, so überhaupt nicht nach ihm, dem Braumeister kurz vor dem Ruhestand. Einem Mann, der zeit seines Lebens praktisch dachte und mit beiden Füßen fest auf dem Boden der Tatsachen stand. Es klang nach einem schlechten Film. Ein neues Blatt musste her.

Schwankend stand Bruno Gerber, der selten Hochprozentiges trank, von seinem wackeligen Stuhl auf, öffnete die quietschende Tür und ging die paar Stufen hinunter ins Büro der Qualitätssicherung. Dort gab es bestimmt ordentliches Papier. Ja, Glück gehabt.

Zurück im Braumeisterkabuff am Fuß des Turms hockte er sich wieder an den uralten Schreibtisch, legte das halb beschriebene Blatt zur Seite und begann von vorn.
*Ich habe Fehler gemacht und muss mir diese Last von der Seele schaffen.*
Ja, das klang besser. Nicht so verschnörkelt. Entschlossen schrieb

er weiter, das ganze Blatt voll. Er setzte seinen Namen unter das Papier und warf den Stift auf den Tisch. Noch einen letzten, langen Schluck aus der Flasche, dann würde er ...

Ein Scheppern auf der alten Treppe vor der Tür riss ihn aus seinen Gedanken. Er schrak zusammen, so sehr, dass die Flasche schmerzhaft an die Vorderzähne schlug. Wer außer ihm trieb sich an einem nasskalten Freitagabend Anfang Februar gegen elf Uhr in der Brauerei herum? Er hatte doch nicht etwa das Tor offen gelassen? Nein, daran erinnerte er sich nicht. Dann konnte das eigentlich nur ...

»Friedbert, bist du das?«, rief Bruno Gerber mit zitternder Stimme und leicht schleifender Aussprache. Hektisch räumte er die fast leere Schnapsflasche in den Schreibtisch und drehte den Schlüssel der Schublade in dem Moment, in dem die Tür aufschwang.

# Vorbereitung

*Zum heimischen Brauen eines dunklen, obergärigen Vollbiers (im Volksmund Altbier genannt) benötigt man vor allen Dingen: viel Zeit! Man nehme ein kräftigendes Frühstück zu sich, bringe die Kinder zu Oma und Opa, räume allen überflüssigen Zierrat aus der Küche und schmiere einige Stullen oder lege die Karte des Pizzadienstes neben das Telefon – eigenes Kochen fällt wegen Zeitmangels und vollständiger Belegung der Küche am Brautag aus!*

Piet Fiedler saß in seinem Lesesessel und betrachtete gedankenverloren seinen winterlich-unordentlichen Garten. Die verblühten Herbstblumen, die abzuschneiden er sich vehement weigerte, sahen zauberhaft aus. Endlich, endlich war der Winter gekommen. Bis zu zehn Grad minus in sternklaren Nächten, immer noch unter Null auch über Tag, das war ein Winter, wie er ihn mochte. Unter diesen Umständen sahen die erfrorenen Pflanzen mit ihren fein ziselierten Überresten von Blättern und Samenständen wie kristallene Kunstwerke aus. Daneben strahlten die roten Stängel der Hartriegelbüsche, und die gelben Blüten der Zaubernuss saßen wie kleine Flammen an den braunen Ästen.
Alles glitzerte im Licht der großen Fackel, die auf einem dicken Holzstab im Boden steckte. Sollten doch die Nachbarn ihre Gärten ausräumen und, vielleicht sogar noch durch das breitflächige Ausstreuen von Torf unterstützt, den Eindruck von Friedhofserde nach einem Nuklearangriff erwecken, bei ihm gab es Blumen und Fackelschein auch im Winter. Außerdem wusste er zuverlässig, dass eine Mäusefamilie und ein Igel weiter hinten unter dem großen Reisighaufen den Winter verschliefen. Das bloße Wissen um ihre Gegenwart stimmte ihn froh.
Und die Vorboten des Frühjahrs, die vielen kleinen grünen Sprosse der Krokusse, Schneeglöckchen und sogar einiger Narzissen waren schon zwischen den Eisgebilden zu sehen.
Der Gedanke an die Narzissen brachte ihn wieder auf seine Lektüre. Der Tulpenwahn. Die verrückteste Spekulation der

Geschichte. Ein spannendes Buch, das der Kochkurs-Kollege und Tulpenzüchter Bruno ihm geliehen hatte. Bruno Braumeister, wie Herr Fiedler ihn spaßeshalber nannte, obwohl er eigentlich Gerber hieß. Aber Braumeister war sein Beruf, die Tulpenzucht sein Hobby und das Kochen seine Leidenschaft.

Herr Fiedler warf noch einen kurzen Blick in den Garten, verfluchte kurz die Tatsache, dass er sich noch viele Wochen würde gedulden müssen, bis in seinem Garten die Tulpen blühten, und nahm das Buch wieder zur Hand.

Er hatte kaum die Stelle wiedergefunden, an der er die Lektüre eben unterbrochen hatte, als die Haustürklingel vier Mal hintereinander schellte.

»Ja doch«, murmelte er, während er sich aus dem Sessel hochdrückte, nach dem Stock griff und zur Tür ging.

»Na endlich«, rief Charlie und stürmte an Herrn Fiedler vorbei ins Haus. Sie kam allerdings nicht weit, da sich die Krücke von Herrn Fiedlers Gehstock um ihren rechten Oberarm hakte und sie abrupt stoppte.

»Schuhe ausziehen«, kommandierte Herr Fiedler von der Tür her, an deren Klinke er sich festhielt, solange sein Stock anderweitig im Einsatz war.

»Es ist nicht nötig, dass Sie vier Mal schellen, junge Dame«, sagte Herr Fiedler, »ich bin nicht schwerhörig.«

»Ich habe nicht vier Mal geschellt sondern zwölf Mal und damit eindeutig bewiesen, dass Sie doch schwerhörig sind.«

Charlie zupfte sich die dicke Plümmelmütze aus orange-grün-brauner Wolle von den roten Locken, wickelte den mindestens zwei Meter langen Fransenschal ab, zog die wattierte Jacke aus und entledigte sich endlich ihrer schmutzigen Schuhe. Die Gästelatschen aus Filz standen wie immer neben der Bank, auf der die Hausherren sich die Schuhe an- und auszuziehen pflegten. Charlie schlüpfte in die roten Pantoffeln, warf Herrn Fiedler einen fragenden Blick zu und bedankte sich mit einem angedeuteten Knicks, als er mit galanter Geste auf die Wohnzimmertür deutete.

»Was verschafft mir denn die Ehre Ihres Besuchs?«, fragte Herr Fiedler.
»Kann ich einen Tee haben?«, gab Charlie zurück. »Und gibt's vielleicht auch etwas zu essen?«
Herr Fiedler stoppte die Bewegung, mit der er sich gerade hinsetzen wollte, überlegte es sich dann aber noch einmal anders und nahm Charlie gegenüber am Esstisch Platz.
»Plätzchen sind da, wo sie immer sind, im Kühlschrank ist aber auch noch ein kaltes Hühnerbein. Wenn das Wasser kocht, rufen Sie, dann komme ich und mache den Tee.«
Charlie sprang auf, salutierte und ging in die Küche. Die Tür ließ sie offen.
»Was macht die Familie?«, fragte sie mit vollem Mund, während sie Wasser in den elektrischen Kessel füllte.
Herr Fiedler grinste. Seine Familie war eine ganz neue Errungenschaft. Seine geliebte Frau Ilse war leider schon lange tot, viele Jahre vorher war bereits der einzige Sohn in Australien ums Leben gekommen. Damit schien das Thema Familie im Leben des Piet Fiedler ein trauriges vorzeitiges Ende genommen zu haben. Aber nicht immer sind die Dinge wie sie scheinen. Im letzten Jahr hatte Herr Fiedler, durch einen kleinen Ausreißer angeregt, per Internet nachgeforscht, ob aus der Beziehung, die der Sohn kurz vor seinem Tod in Australien hatte, ein Kind hervorgegangen war. Und tatsächlich war er fündig geworden. Patrick, der Enkel, von dem er all die Jahre nichts gewusst hatte, war bereits erwachsen, verlobt und erwartete damals sein erstes Kind. Herrn Fiedlers Urenkel! Gemeinsam mit seinem alten Freund und Hausgenossen Theo war Herr Fiedler zur Hochzeit des Enkels nach Australien geflogen und hatte sogar noch die etwas verfrühte Geburt seiner Urenkelin Lisa miterlebt.
»Mein Enkel schreibt wöchentlich zwei E-Mails, einmal pro Woche schickt er ein Foto von Lisa mit. Die Kleine futtert ordentlich, sie ähnelt Ihnen – von der Figur, meine ich.«
Charlie, die den Schlankheitswahn als historische Verirrung empfand und barocke Formen pflegte, lachte laut.

»Mein Enkel plant, mit Frau und Baby bald zu Besuch zu kommen«, rief Herr Fiedler in die Küche.
»Lerne ich ihn dann kennen?«, fragte Charlie.
»Wenn Sie ganz artig sind«, erwiderte Herr Fiedler. »Vermutlich also nicht«, setzte er lächelnd hinzu.
Charlie futterte weitere Leckereien aus dem Kühlschrank, Herr Fiedler rief die Anweisungen für seinen berühmten schwarzen Tee in die Küche, und als endlich beide mit einer großen Plätzchendose vor sich am Tisch saßen, kam Herr Fiedler auf seine Eingangsfrage zurück.
»Was hat Sie also zu mir geführt, mein Deern?«
Charlies Lächeln verschwand. »Bruno Gerber ist tot.«
Herr Fiedler wurde blass. »Aber am Donnerstag beim Kochen war er doch noch ganz fidel.«
Charlie starrte vor sich auf den Tisch, ihre Hände spielten mit der Tischdecke.
»Heraus mit der Sprache«, sagte Herr Fiedler. Er bemerkte selbst, dass seine Stimme rauer klang als normal. »Was haben Sie noch zu sagen?«
»Er hat Selbstmord begangen.«
Mit einem lauten Klirren setzte Herr Fiedler seine Tasse auf dem Unterteller ab.
»Das glaube ich nicht«, sagte er.
Charlie nickte unglücklich. »Das sagt jeder. Aber die Polizei ...«
»Die Polizei?«, unterbrach Herr Fiedler. »Also gibt es doch Zweifel an dem Selbstmord!«
Charlie schüttelte den Kopf. »Jetzt nicht mehr. Die Polizei hat einen Abschiedsbrief gefunden, die Situation im Turm war eindeutig. Er hat Freitagabend in seinem Kabuff gesoffen, ist in den Turm gestiegen und hat sich heruntergestürzt. Ende der Geschichte.«
Eine Zeitlang war es still. Herr Fiedler hatte Selbstmörder noch nie verstehen können, aber immer bedauert. Wie verzweifelt musste ein Mensch sein, dass er keinen anderen Ausweg mehr sah? Wie allein, dass er sich niemandem anvertraute? Von niemandem Hilfe erwartete? Herr Fiedler seufzte. Hatte es in Brunos

Verhalten Anzeichen gegeben, die er übersehen hatte? Hätte er ihm helfen können? Er wischte sich mit zitternden Fingern über die nassen Augen.
»Es tut mir leid«, sagte Charlie zerknirscht. »Ich habe ihn auch gemocht.«

Herr Fiedler war es gewesen, der Charlie mit Bruno Gerber bekannt gemacht hatte. Vor kurzem erst. Damals suchte die Oecotrophologiestudentin eine Stelle für ein Praxissemester, und Bruno Gerber hatte von dem frischen Wind und der Aufbruchstimmung erzählt, die der neue Inhaber in die alte Spezialitätenbrauerei gebracht hatte. Herr Fiedler hatte die beiden ungleichen Seelen zusammen gebracht. Den ruhigen Bruno, der zwar nicht wirklich fortschrittsfeindlich war, jeder Neuerung aber so lange misstraute, bis er sich ausführlich von ihrer Qualität und ihrem Nutzen überzeugt hatte und Charlie, die ihr Herz auf der Zunge trug, keinerlei Respekt vor nichts und niemandem hatte und gelegentlich – Herr Fiedler korrigierte sich – häufig erst handelte und dann nachdachte. Das hatte sie bei den Ermittlungen im Mordfall Annabelle Sievers, während derer Herr Fiedler die Studentin kennen gelernt hatte, mehrfach in brenzlige Situationen gebracht.

»Sie haben von einem Abschiedsbrief gesprochen«, sagte Herr Fiedler.
Charlie nickte. »Die Polizei hat ein Schreiben in Gerbers Handschrift gefunden, das auf den Freitagabend datiert war. Er schreibt von einer großen Schuld, die er auf sich geladen hat, dass er die Last nicht mehr tragen kann und dass er die Sache beenden will.«
»Freitagabend also ...«, murmelte Herr Fiedler.
»Seine Tochter hat ihn vermisst. Sie leben wohl zusammen.«
Herr Fiedler nickte. Bruno war Witwer, er lebte mit seiner unverheirateten Tochter und der Enkelin in einem Haus.
»Als Bruno auch am Samstagvormittag noch nicht wieder aufgetaucht war, hat seine Tochter versucht, Friedbert zu erreichen«, fuhr Charlie fort.

»Moment«, unterbrach Herr Fiedler. »Wer ist Friedbert?«
»Friedbert Hebestreit. Das Haus- und Hoffaktotum in der Brauerei. Er wohnt ein paar Häuser weiter und dreht jeden Abend noch eine Runde mit dem Hund. Dabei prüft er, ob alle Tore geschlossen und alle Lichter gelöscht sind.«
»Gut. Weiter.«
»Brunos Tochter hat also versucht, Friedbert zu erreichen, aber der ist weg.«
»Wie weg?«, fragte Herr Fiedler.
»Er hat eine Woche Urlaub«, sagte Charlie. »Wir wussten zwar nicht, dass er verreisen wollte, aber offenbar hat er genau das getan. Jedenfalls ist er nicht erreichbar.«
»Weiter.«
»Brunos Tochter hat die Polizei angerufen und ihren Vater offiziell vermisst gemeldet. Die Polizei hat den Chef angerufen, sich durch ihn Zugang zum Brauereigelände verschafft und dort Bruno Gerbers Leiche gefunden. In seinem Kabuff lag der Brief auf dem Tisch, die Obduktion brachte einen erheblichen Alkoholspiegel zutage, es gibt keinen Hinweis auf Fremdverschulden.«
Herr Fiedler dachte angestrengt nach.
»Woher wissen Sie das alles?«, fragte er.
»Der Chef hat heute morgen die Belegschaft informiert«, sagte Charlie. »Morgen ist die Beerdigung. Die Kollegen gehen alle hin.« Nach einer kurzen Pause fragte sie zögernd: »Kommen Sie auch?«
»Natürlich«, sagte Herr Fiedler. »Ich finde Beerdigungen zwar fürchterlich, aber selbstverständlich werde ich da sein. Und ich hoffe sehr, dass Theo mich begleitet.«
»Wo ist er eigentlich?«, fragte Charlie.
»Er verfüttert das zweite Hühnerbein an Frau Heidrich«, murmelte Herr Fiedler geistesabwesend.

Nachdem der Tee kalt und Charlie gegangen war, blieb Herr Fiedler am Tisch sitzen und starrte auf die Keksdose, ohne Details wahrzunehmen. Dass Bruno Gerber sich erst betrunken und dann das Leben genommen haben sollte, kam ihm seltsam vor, aber tatsächlich war das Leben häufig seltsam. Er atmete auf, als Theo endlich von der Nachbarin zurückkam. In Gesellschaft ließen sich Schicksalsschläge einfach besser verkraften als allein. Allerdings galt es zunächst einmal, Theo die traurige Nachricht mitzuteilen.

»Setz dich zu mir, Theo, es gibt schlechte Neuigkeiten«, begann Herr Fiedler, als Theo ins Wohnzimmer trat.

Trotz ihrer offensichtlichen Unterschiede waren Herr Fiedler und Theo seit vielen Jahrzehnten befreundet. Theo war für sein Alter noch groß und, wie er selbst gern sagte, stattlich. Herr Fiedler nannte Theos Statur lieber stämmig, seine eigene dagegen sehnig. Schmächtig jedenfalls, wie Theo ihn gern bezeichnete, fand er sich selbst keinesfalls.

Neben Größe und Gewicht waren auch alle anderen Äußerlichkeiten von größtmöglichem Gegensatz. Theos Haar war schütter, kurz geschnitten und ordentlich frisiert, während Herr Fiedlers krauses Haar lang und ungekämmt vom Kopf abstand. Herr Fiedler trug am liebsten Trekkingschuhe, Outdoorjacken und schwarze Jeanshosen, deren linke vordere Hosentasche von der silbernen Taschenuhr ausgebeult war, auf der er die Zeit ablas, seit sein Schwiegervater sie ihm zur Hochzeit geschenkt hatte. Ein Stück von damals unfassbarem Wert, das der gute Mann sich eigentlich kaum hatte leisten können.

Theo bevorzugte graue Wollhosen mit geringem Polyesteranteil (die verknautschen nicht so schnell) und Bügelfalte, Cityhemden und dunkelblaue Pullunder. Seine Armbanduhr war ein unauffälliges Modell deutscher Wertarbeit.

Theo war einige Jahre jünger als Herr Fiedler, verfügte allerdings über weniger Energie, dafür über deutlich mehr Geduld. Die brauchte er jetzt, denn Herr Fiedlers Bericht über den Todesfall des Bekannten aus dem Kochkurs, den sie gemeinsam besuchten, war durcheinander und bereits mit reichlich persönlichen Anmerkungen gespickt.

»Und Friedbert ist verschwunden«, sagte Herr Fiedler gerade.

»Was heißt verschwunden?«, fragte Theo geduldig.
»Er hat diese Woche Urlaub, den er normalerweise zuhause verbringt. Allerdings ist er seit Freitagabend nicht erreichbar, also wohl doch verreist«, entgegnete Herr Fiedler.
»Ich würde es ihm gönnen«, sagte Theo.
Herr Fiedler warf ihm einen strafenden Blick zu und verfolgte seinen Gedanken weiter. »Zweite Möglichkeit: Friedbert ist nicht einfach in Urlaub gefahren, sondern hat mit dem Tod von Bruno Gerber zu tun und ist abgehauen.«
Theo schüttelte den Kopf. »Du sagtest gerade, dass die Polizei überzeugt sei, dass Brunos Tod ein Selbstmord war. Was soll dieser Friedbert also damit zu schaffen haben?«
»Es wäre nicht der erste Fall, in dem ein unnatürlicher Tod als Selbstmord dargestellt wird«, sagte Herr Fiedler.
»Willst du damit sagen, dass Brunos Tod ein Mord war? Und dass dieser Friedbert damit zu tun hat? Dafür gibt es keinerlei Hinweis.«
»Vielleicht gibt es nur keinen Hinweis, weil niemand danach gesucht hat«, entgegnete Herr Fiedler. Er bemerkte selbst, dass er ein bisschen trotzig klang.
Theo blickte ihn überrascht an. »Warum versuchst du, einen geheimnisvollen Mord an den Haaren herbeizuziehen? Würdest du dich etwa wohler fühlen, wenn Bruno Opfer eines Kapitalverbrechens wäre?«, fragte Theo. Ungläubiges Entsetzen lag in seiner Stimme.
Herr Fiedler überlegte einen Moment. Entweder war Bruno ein zufriedener Mann gewesen, der plötzlich und unerwartet durch Unfall oder Mord aus einem erfüllten Leben gerissen wurde, oder er war zutiefst verzweifelt und so völlig ohne Hoffnung, dass er seinem Leben selbst ein Ende gesetzt hatte. Welche Variante würde ihm besser gefallen?
»Eventuell könnte ich besser mit dem Wissen leben, dass es kein Selbstmord war«, sagte er dann leise. »Dann müsste ich mich nicht fragen, ob ich ihm hätte helfen können ...«
»Das hättest du nicht«, sagte Theo mit sanfter Stimme.

»Wir kannten Bruno doch kaum. Wir kochen seit einem halben Jahr zusammen, das ist alles.«

»Ich habe mich häufig mit ihm unterhalten«, sagte Herr Fiedler. Er dachte an die lebhaften Gespräche, die donnerstagsabends die Küche der Familienbildungsstätte in einen Debattierclub verwandelten. Nette Unterhaltung, ambitioniertes Kochen und leckeres Essen machten den Reiz des Kochkurses für ältere Herren aus.

»Ja, übers Essen haben wir mit Bruno gesprochen«, erwiderte Theo.

»Und über Blumen«, fügte Herr Fiedler hinzu. »Besonders Tulpen.«

»Aber nicht über die wichtigen Dinge des Lebens«, sagte Theo. »Deine Zweifel ehren dich, aber du hättest ihm nicht helfen können.«

Einen Moment waren beide still.

»Was mache ich jetzt mit dem Buch?«, fragte Herr Fiedler leise. Er deutete auf das Buch über den Tulpenwahn, das Bruno Gerber ihm letzten Donnerstag geliehen hatte. Es war ein Exemplar, dem man die Gebrauchsspuren deutlich ansah. Offenbar hatte Bruno es selbst mehr als einmal gelesen – oder er hatte es bereits häufiger verliehen.

»Gib es seiner Tochter zurück, vielleicht bedeutet es ihr etwas«, schlug Theo vor.

Herr Fiedler nickte, atmete ein paar Mal tief ein und aus und fragte dann mit bemühtem Lächeln: »Wie geht es der holden Frau Heidrich?«

\*

Herr Fiedler und Theo saßen in der letzten Bank der Friedhofskapelle und wunderten sich: Alle Bänke waren besetzt. In ihrem hohen Alter hatten sie bereits an viel zu vielen Beerdigungen teilgenommen, einschließlich den Begräbnissen ihrer eigenen Frauen. Dabei ließ sich in den letzten Jahren ein deutlicher Trend zu kleineren Trauergesellschaften erkennen. Häufig war nur eine Handvoll Menschen dabei, wenn ein Verstorbener seinen letz-

ten Weg antrat. Die Familien wurden kleiner, in vielen Nachbarschaften ging es so anonym zu, dass ein Todesfall kaum registriert wurde, eine steigende Zahl von alten Menschen lebte ohne soziale Kontakte oder persönliche Bindungen.
Das war hier eindeutig nicht der Fall. Natürlich machten allein die Brauereikollegen einen Großteil der Trauergäste aus, aber daneben gab es noch eine weitere Gruppe, die offenbar nicht zur Familie gehörte. Herr Fiedler überlegte einen Moment, bevor ihm die Erleuchtung kam: Der Tulpenzüchterverein, dessen Schatzmeister Bruno gewesen war.
Im Gegensatz zu der Anzahl der Trauernden stand die Tatsache, dass es keinen einzigen Kranz gab. Der schlichte Sarg war mit einem wunderschönen Gesteck geschmückt, in dem es zwar einige Narzissen, aber – jahreszeitlich bedingt – keine Tulpen gab. Das war der einzige Schmuck in der kleinen Kapelle. Ungewöhnlich, fand Herr Fiedler, sehr ungewöhnlich.
»Liebe Trauergemeinde«, sagte der Geistliche ins Mikrofon. Herr Fiedler hörte einen Augenblick aufmerksam zu, beschloss, den Rest der Ansprache, die krampfhaft das Wort Selbstmord zu umschiffen versuchte, zu ignorieren, und beobachtete stattdessen lieber die Profile der Menschen in der ersten Reihe.
Die Mittdreißigerin mit dem kastanienbraunen Haar, die sich in einem fort die Tränen von den Wangen wischte, musste Brunos Tochter sein. Sie hatte die selbe Adlernase wie ihr Vater, schien aber von weiteren physischen Erblasten verschont geblieben zu sein. Brunos abstehende Ohren hatten ebenso wie das fliehende Kinn den Generationswechsel verweigert. Sie machte einen ausgesprochen hübschen Eindruck auf Herrn Fiedler, dem der Anblick ihrer nicht versiegenden Tränen das Herz zerriss. Er suchte in den zahlreichen Außentaschen seiner Trekkingjacke nach einem Taschentuch und nahm endlich eins von Theo entgegen, dem das Gekrame an seiner Seite sicher wieder furchtbar peinlich war. Immerhin tätschelte der alte Freund ihm beruhigend den Arm, als Herr Fiedler sich lautstark schnäuzte. Theo bewahrte Haltung, wofür Herr Fiedler ihm dankbar war.

Auch der Mann neben Bruno Gerbers Tochter reichte immer wieder frische Taschentücher zu ihr hinüber und legte von Zeit zu Zeit den Arm um sie. Herr Fiedler versuchte, sich alle Informationen, die er über Brunos Familie hatte, ins Gedächtnis zu rufen. Es gab nur eine Tochter, da war er sich sicher. Brunos Frau war vor mehreren Jahren gestorben, an Krebs, wenn er sich recht erinnerte. Von einer Enkelin hatte Bruno gesprochen, aber ein Kind war hier nirgendwo zu sehen. Auch seltsam, oder? War es heutzutage nicht üblich, dass man Kinder zur Beerdigung des Großvaters mitnahm? Nun, es war nicht seine Sache, darüber zu richten, sicher gab es einen guten Grund dafür, dass das Kind nicht hier war.

Endlich war die Ansprache vorbei, auch Theo hatte zum Schluss ein Taschentuch hervorgeholt, es schien also wirklich traurig geworden zu sein. Oder wurde Theo auf seine alten Tage einfach sentimental? Das würde Herr Fiedler im Auge behalten müssen. Bisher konnte er selbst sich Gefühlsausbrüche in jede Richtung erlauben, weil Theo sein Fels in der Brandung blieb. Hoffentlich begann dieser Fels nicht zu wanken.

Der Sarg setzte sich, von mehreren Herren aus der Trauergemeinde flankiert, in Bewegung. Ob es sich bei dem Ehrengeleit um Tulpenzüchter oder Kollegen handelte, konnte Herr Fiedler nicht zweifelsfrei erkennen. Der Trauerzug war entsprechend der Anzahl der Gäste ziemlich lang, Herr Fiedler und Theo entdeckten Charlie und nickten ihr zu, blieben aber an ihren Plätzen stehen, bis alle anderen vorbei waren. Brunos Tochter warf ihnen im Vorbeigehen einen kurzen Blick zu, aber die gerunzelte Augenbraue mochte nur eine Reaktion auf Herrn Fiedlers unpassendes Äußeres gewesen sein. Oder war da mehr?

Obwohl er Beileidsbezeigungen am offenen Grab als Zumutung für alle Beteiligten empfand, war Herr Fiedler fest entschlossen, der Tochter seine Aufwartung zu machen.

Bis dahin war es ein weiter Weg, denn das Grab lag nicht nur am anderen Ende des Friedhofs, sondern die Schlange der Kondolierer war fast endlos, wie es Herrn Fiedler schien, dem langes

Stehen inzwischen große Schwierigkeiten bereitete. Endlich war er an der Reihe.
»Mein herzliches Beileid, Frau ...«
Herr Fiedler stockte. Mist, er wusste gar nicht, ob die Tochter auch Gerber hieß.
»Gerber«, ergänzte sie, um ein Lächeln bemüht. Sie hatte sich einigermaßen im Griff, die Augen waren zwar rot aber trocken, der Vorrat an Tränen fürs erste offenbar versiegt. Am offenen Grab ihres Vaters kämpfte sie um Fassung und bemühte sich, gute Miene zum schrecklichen Spiel zu machen. »Und Sie sind ...«
»Fiedler«, beeilte Herr Fiedler sich zu sagen. »Aus dem Kochkurs.«
»Ach, daher kennen Sie meinen Vater«, murmelte sie. »Aber Sie sind auch der Mann, der diese Mordfälle aufgeklärt hat, nicht wahr? Ich habe Sie in der Kapelle erkannt.«
Herr Fiedler hörte, wie Theo hinter ihm tief Luft holte. Die Bekanntheit, die Herr Fiedler durch inzwischen drei Mordfälle erlangt hatte, war ihm sowieso peinlich, und die Tatsache, dass die trauernde Hinterbliebene dieses Thema auf dem Friedhof anschnitt, machte es sicher nicht besser.
»Äh, ja, der bin ich. Mein Freund Theo Streckbein«, erwiderte Herr Fiedler und drehte den Kopf leicht in Theos Richtung. Zeigen konnte er nicht auf Theo, denn in der Rechten hielt er die schlanke Hand von Brunos Tochter umklammert, und mit der Linken stützte er sich schwer auf den Stock.
Die Rechte wurde frei, als Frau Gerber Theo die Hand reichte, und Herr Fiedler wechselte schnell den Stock nach rechts.
»Haben Sie gehört, dass mein Vater Selbstmord begangen haben soll?«, fragte Frau Gerber. Das Wort Selbstmord kam ihr nur mühsam über die Lippen.
Herr Fiedler hatte Verständnis für ihre Not und nickte stumm.
»Ich glaube nicht daran«, fuhr sie fort. »Nie und nimmer. Keinesfalls. Das hätte mein Vater mir niemals angetan. Er ist kein Feigling.«
Ihre Augen füllten sich wieder mit Tränen. Herr Fiedler blinzelte angestrengt, um nicht mitzuheulen.

»Sie haben schon Mordfälle aufgeklärt«, sagte Frau Gerber noch einmal. »Ich bin sicher, dass das hier auch einer ist.«

»Haben Sie einen konkreten Verdacht?«, fragte Theo in seiner sachlichen Art.

Bevor Frau Gerber auf die Frage antworten konnte, trat der Mann, der in der Kapelle seinen Arm um sie gelegt hatte, zu ihr.

»Kommst du?«, fragte er.

Herr Fiedler fand, dass es mehr wie eine Aufforderung als wie eine Frage klang. Sicher waren die meisten Trauergäste schon auf dem Weg zum Leichenschmaus, Frau Gerber wurde erwartet.

»Ich würde gern mit Ihnen darüber sprechen«, sagte sie. »Wenn es Ihnen recht ist, kommen Sie mich doch morgen besuchen. Vormittags, vielleicht so um zehn, geht das?«

Herr Fiedler fragte sich, ob sie die Formulierung absichtlich so vage gehalten und das Wort Mord vermieden hatte, seit der Mann neben ihr stand.

»Gern«, bestätigte er eifrig und verzichtete ebenfalls auf weitere Details. »Bis morgen.«

# Einmaischen

*Zu Beginn des Brauvorgangs wird das Brauwasser in einem großen Topf auf 50°C erhitzt, dann rührt man das geschrotete Malz hinein. Es entsteht ein dicker Brei, den man 20 Minuten bei gleichbleibender Temperatur kräftig rührt, damit das Bier nicht schon im ersten Schritt anbrennt – Gefahren des Misslingens lauern auch später noch überall!*

Theo hatte Kaffee gekocht, Marmeladenbrötchen geschmiert und eine kleine Vase mit frischen Schnittblumen auf das Tablett gestellt, dann war er zu Frau Heidrich, der Nachbarin zur Linken, hinübergegangen.
»Frühstück ist da«, sagte er, als sie die Tür öffnete.
»Oh, das ist ja ganz bezaubernd«, entgegnete Frau Heidrich lächelnd.
Das war das Ritual, das sie seit sechs Tagen pflegten. Seit Frau Heidrich Theo vorsichtig gefragt hatte, ob er ihr Brötchen mitbringen könne, wenn er zum Bäcker gehe, denn sie solle sich schonen, hatte der Arzt gesagt.
Natürlich, hatte Theo geantwortet.
Es war nicht allein bei dem Botengang geblieben, aber es machte ihm nichts aus, er tat ihr gern einen Gefallen. Auf diese Weise konnte er sich auch für die Aufmerksamkeiten der letzten Monate revanchieren. Ihre Kuchen, ihre Weihnachtsplätzchen, die Flasche Sekt zum Jahreswechsel. Natürlich hatte sie immer zwei Stückchen Kuchen zu den Herren hinüber gebracht, auch die Plätzchenmenge war ausreichend für zwei und die Flasche Sekt hatten sie zu dritt geleert, aber es stand außer Frage, dass der spezielle Adressat Theo hieß und nicht Herr Fiedler.
Anfangs war Theo das offensichtliche Interesse der Nachbarin ein bisschen unheimlich gewesen, sogar peinlich, immerhin war er nicht mehr der Jüngste und seit einigen Jahren Witwer. Noch nie in seinem Leben hatte eine Frau ihm Avancen gemacht. Zu seiner Zeit gab es so etwas nicht. Die jungen Frauen erwarteten, dass der Mann sie ansprach, sie einlud, sich ihnen erklärte. Und

so schwer es ihm, dem schüchternen Theo, damals gefallen war, hatte er doch all seinen Mut zusammengenommen, um seine geliebte Louise zu freien. Beinahe sechzig Jahre war das nun her, und damit war die Zeit des Poussierens für den Rest seines Lebens erledigt. Hatte er gedacht. Und gehofft. Mit Louise hatte er alt werden und am liebsten gemeinsam mit ihr sterben wollen. Natürlich kam es nicht so. Nach einem erfüllten Leben, wie es so schön heißt, war Louise vor ihm heimgegangen, und Theo hatte sich damit abgefunden, allein zu bleiben. Einige Jahre hatte er noch in ihrem gemeinsamen Haus in Wegberg-Arsbeck gelebt, war aber im vergangenen Jahr in die Dachgeschosswohnung seines alten Freundes Piet Fiedler gezogen um der Einsamkeit, die sich in den letzten Jahren in seinem Leben breit gemacht hatte, zu entfliehen.

Eine neue Liebe wäre ihm nie in den Sinn gekommen. Eine derartige Entwicklung war auch jetzt nicht sein Ziel, aber die Nachbarin brauchte Hilfe und die gewährte er selbstverständlich. Ob sie einen Hintergedanken damit verband, war eine Frage, der Theo lieber auswich.

»Wie ist das werte Befinden heute?«, fragte Theo, während er den Tisch deckte.

»Ach«, murmelte Frau Heidrich in ihrem rosafarbenen Nicki-Hausanzug. »Es wird schon wieder.«

Das sagte sie jeden Morgen, und natürlich sagte sie damit gar nichts. Sie hatte Theo nicht erzählt, an welchem Gebrechen sie litt, und er war Gentleman genug, sie nicht danach zu fragen. Das gehörte sich nicht.

Frau Heidrichs Appetit machte einen durchaus gesunden Eindruck. Sie verputzte die beiden halben Brötchen im Nu, spülte mit reichlich schwarzem Kaffee nach und erzählte dabei von einer Sendung, die sie am Vorabend im Fernsehen angeschaut hatte.

Theo dachte an den bevorstehenden Besuch bei Frau Gerber.

»Sie sind ja sehr zerstreut heute morgen, Herr Streckbein«, sagte Frau Heidrich plötzlich.

Auf seinen Namen reagierte Theo reflexhaft, den Rest hatte er kaum mitbekommen.
»Jaja«, antwortete er vage in der Hoffnung, dass sie seine gedankliche Abwesenheit nicht im ganzen Ausmaße bemerkte.
»Was geht Ihnen denn die ganze Zeit durch den Kopf?«
»Ach, wir müssen heute Vormittag noch einen Kondolenzbesuch erledigen.«
Theo sah auf die Uhr.
»Was denn, Sie müssen gleich schon wieder los?«, sagte Frau Heidrich enttäuscht. »Das ist aber schade. Ich dachte, wir könnten vielleicht Dame spielen. Oder Mühle.«
Sie spielte leider kein Schach, das hatte Theo schon herausgefunden. Theo schüttelte verlegen den Kopf. »Jetzt leider nicht. Aber heute Abend komme ich wieder, vielleicht geht es ja dann.«
Frau Heidrich stellte die leere Tasse auf den Tisch, Theo räumte Tassen und Teller in die Spülmaschine, die er nach dem Abendessen, das er für Frau Heidrich vorbereiten würde, anstellen müsste, dann verabschiedete er sich und ging.
Herr Fiedler wartete schon im Flur auf seine Rückkehr. »Wenn wir den Bus noch erwischen wollen, müssen wir uns sputen, Theo.«
Theo nickte wortlos, ging noch einmal zur Toilette, zog die warmen Schuhe, den langen Mantel und die Kappe an und folgte dem bereits Stock schwingend vorauseilenden Herrn Fiedler mit langen Schritten.

Der Bus der Linie sechzehn, der sie nach Korschenbroich zu Gerbers Haus brachte, war um diese Tageszeit fast leer. Um Punkt zehn Uhr drückte Herr Fiedler den Klingelknopf, auf dem »Bettina und Anna-Sophie Gerber« stand. Brunos Name stand auf dem zweiten Klingelschild. Herr Fiedler seufzte.
Frau Gerber, von der Herr Fiedler nun immer noch nicht wusste, ob sie Bettina oder Anna-Sophie war, öffnete die Tür erst vorsichtig einen Spalt breit, dann ganz.
»Danke, dass Sie gekommen sind«, sagte sie mit einem zaghaften Lächeln. »Kommen Sie schnell herein, drinnen ist es schön warm.«

Sie ging ein paar Schritte voraus zur Garderobe, nahm Jacke und Mantel entgegen und hängte sie ordentlich auf Kleiderbügel.
Sie trug modische Jeanshosen, grobe Socken in Gesundheitslatschen, ein T-Shirt mit Blumenaufdruck und eine Strickjacke aus blaumelierter Wolle. Ihr Haar war auf einer Seite mit Klammern aus der Stirn gesteckt, auf der anderen Seite klemmte eine Strähne hinter dem Ohr. Sie trug keinen Schmuck. Sie kam Herrn Fiedler jung und schutzlos vor, als er ihr ins Wohnzimmer folgte.
Der in Anzug und Krawatte gekleidete Mittvierziger, der bereits am Vortag bei der Beerdigung nicht von ihrer Seite gewichen war, saß auf dem Sofa.
»Bert, das hier sind Freunde von Vater aus dem Kochkurs. Herr Fiedler, Herr Streckbein, Bert Stechmüller.«
Stechmüller stand auf, schüttelte den Neuankömmlingen die Hand und blieb unentschlossen stehen. Er sah gut aus, fand Herr Fiedler. Wie dieser Schauspieler, dessen Namen er immer wieder vergaß. Smart, das war das Wort, das für diesen Typ Mann gebraucht wurde. Leicht gewelltes Haar, sehr gepflegte Haut, dichte Augenbrauen. Nur das Kinn war vielleicht ein bisschen weich. Sein Händedruck war trocken, warm und etwas schlaff.
»Setzen Sie sich doch bitte,«, forderte Frau Gerber die Herren auf. »Darf ich Ihnen etwas Heißes zu trinken anbieten? Kaffee? Tee?«
»Bitte machen Sie sich keine Umstände«, murmelte Theo.
»Oh ja, am liebsten Tee«, entgegnete Herr Fiedler.
»Tja, also ich gehe dann«, sagte Bert Stechmüller.
Er folgte der Hausherrin in die Küche, man hörte ein paar gemurmelte Worte und dann das Zufallen der Haustür.
Frau Gerber erschien mit einer Teekanne und drei Tassen. »Nehmen Sie Milch, Zucker oder Zitrone? Oder Rum?«
Herr Fiedler lächelte in dem Versuch, die Stimmung aufzulockern. »Normalerweise Sahne und Kandis, aber Milch und Zucker tut's auch.«
Während Frau Gerber einschenkte, blickte Herr Fiedler sich um. Das Wohnzimmer war hell und modern eingerichtet. Das Sofa war riesengroß mit vielen losen Kissen, die beiden einzelnen

Sessel passten zueinander aber nicht zum Sofa, und an den Wänden hingen großformatige, bunte Drucke. Kandinsky vermutlich der eine, den anderen konnte Herr Fiedler nicht zuordnen. Immerhin stellte er fest, dass die fröhlichen Farben und die entfernt an Blumen erinnernden Formen ihm gut gefielen. Das war alles, was er von Kunst erwartete.

Etliche Fotos hingen an der Wand, die Herrn Fiedler am nächsten war. Auf einigen dieser Bilder konnte er Bruno erkennen, die meisten zeigten Frau Gerber und ihre Tochter über einen Zeitraum von etlichen Jahren. Erst beim dritten oder vierten Foto fiel Herrn Fiedler auf, dass die Tochter nicht so aussah, wie man sich ein gesundes zehnjähriges Mädchen vorstellen würde.

»Das ist Anna-Sophie«, sagte Frau Gerber, die Herrn Fiedlers Blicke bemerkt hatte. »Sie ist geistig behindert.«

»Lebt sie hier bei Ihnen?«, fragte Herr Fiedler.

»Normalerweise ja«, erwiderte Bettina Gerber. »Im Moment ist sie in einer Kurzzeitpflegeeinrichtung. Aber nur für einige Tage, bis ich hier alles wieder einigermaßen auf der Reihe habe.«

Sie umklammerte ihre Tasse mit beiden Händen und blies gedankenverloren hinein. Herr Fiedler warf einen kurzen Blick zu Theo, der bewegungslos wie eine Statue in einem der Sessel saß und beide Hände ordentlich auf dem übergeschlagenen Bein abgelegt hatte.

»Bert Stechmüller«, Bettina Gerber machte eine vage Handbewegung zur Tür, »ist ihr Patenonkel«, erklärte sie weiter. »Er ist der Vorsitzende des Tulpenzüchtervereins, in dem mein Vater Schatzmeister ist – nein, war. Er ist mir eine große Hilfe bei allem, was jetzt so zu erledigen ist.«

»Das ist gut, dass Sie Hilfe haben«, sagte Theo. »Wenn wir etwas für Sie tun können ...«

Es war nicht ganz klar, ob Bettina Gerber ihn gehört hatte, denn sie sah nicht von ihrer Tasse auf und sprach weiter, als sei nichts geschehen. »Es ist besser, wenn Bert nicht weiß, warum ich Sie hergebeten habe. Er hält mich für bescheuert.«

»Warum hält er Sie für bescheuert?«, fragte Herr Fiedler, obwohl

er sich die Antwort schon denken konnte.
»Weil ich nicht glaube, dass mein Vater Selbstmord verübt hat«, erklärte Bettina Gerber erwartungsgemäß. Bevor Herr Fiedler weiter fragen konnte, fuhr sie bereits fort. »Anfangs war Bert zwar erstaunt, aber er hat vernünftig mit mir darüber geredet. Er fragte, ob ich einen Hinweis auf einen anderen Hergang hätte, ob es Beweise für einen Unfall oder etwas Schlimmeres gäbe, was denn die Polizei sagt, ob von den Kollegen jemand etwas gehört oder gesehen hätte.«
»Diese Fragen sind natürlich sehr berechtigt«, sagte Theo.
»Und?«, fragte Herr Fiedler. »Konnten Sie eine dieser Fragen mit ja beantworten?«
Bettina Gerber schüttelte den Kopf.
»Als Bert hörte, dass es keinerlei Beweise oder auch nur ernsthafte Hinweise auf einen Unfall oder einen Mord gibt, sagte er, ich solle mir den Gedanken aus dem Kopf schlagen. Ich solle mich damit abfinden, dass mein Vater seinem Leben ein Ende gesetzt habe. Er sei schließlich die letzten Wochen sehr still und in sich gekehrt gewesen, sicher habe er eine Depression oder so etwas gehabt. Es tue sicher weh, aber ich solle mich nicht dafür verantwortlich machen.«
»Das ist sicher richtig«, sagte Theo. »Sie sollten sich keinesfalls dafür verantwortlich machen.«
»Das tue ich auch gar nicht«, sagte Bettina Gerber unerwartet heftig. »Schon allein deshalb nicht, weil ich nicht an einen Selbstmord glaube.«
»Warum nicht?«, fragte Herr Fiedler, der fand, dass die Frau bisher einen durchaus vernünftigen und keinesfalls hysterischen Eindruck machte. Sie hatte Zweifel, die jeder sachlichen Grundlage zu entbehren schienen, aber das bedeutete ihm gar nichts. Sicher gab es einen Grund für ihre Überzeugung, und wenn es nur eine Intuition war. Viele Mordfälle wurden ausschließlich deshalb aufgeklärt, weil irgendjemand angesichts eines offensichtlich natürlichen Todesfalles ein komisches Gefühl im Bauch hatte. Das wusste Herr Fiedler aus den Kriminalromanen, die er mit Hingabe las, ebenso wie aus der Zeitung.

»Ich bin alleinstehend und habe ein behindertes Kind«, sagte Bettina Gerber mit ruhiger Stimme. »Mein Vater hat sich sehr gut um uns gekümmert. Nicht nur finanziell. Er hat Anna-Sophie aufrichtig geliebt, hat mit ihr gespielt, wenn sie einen guten Tag hatte. An den schlechten Tagen nimmt sie nichts um sich herum wahr. Er hat ihr vorgelesen, obwohl wir nicht einmal wissen, ob sie etwas von dem versteht, was wir sagen. Aber Vater sagte immer: »die menschliche Stimme beruhigt«, also las er ihr vor.«
Herr Fiedler malte sich diese Szenen vor seinem geistigen Auge aus. Er konnte sich den ruhigen Bruno gut als liebevollen Großvater vorstellen.
Bettina Gerbers Stimme wurde zittrig, sie schluckte ein paar Mal, dann sprach sie weiter: »Er hätte uns niemals so im Stich gelassen. Das ist einfach undenkbar. Deshalb glaube ich nicht an Selbstmord.«
Herr Fiedler und Theo sahen sich an. Theo nickte leicht, Herr Fiedler verstand ihn auch ohne Worte. Theo glaubte also ebenfalls, dass Brunos Tochter ernst zu nehmen war. Das deckte sich mit Herrn Fiedlers Eindruck. Frau Gerber hatte schon einiges mitgemacht im Leben, das konnte man sicher annehmen, denn ein schwerbehindertes Kind zuhause zu versorgen ist kein Pappenstiel. Sie wirkte ernsthaft und glaubwürdig. Und sie würde keinen Frieden finden, solange sie nicht sicher war, was es mit dem Tod ihres Vaters auf sich hatte.
»Wissen Sie, was in diesem Abschiedsbrief steht?«, fragte Herr Fiedler.
»Woher wissen Sie von dem Schreiben?«, fragte Bettina Gerber erschreckt.
»Charlie hat uns davon erzählt«, sagte Herr Fiedler.
Bettina Gerber sah ihn fragend an.
»Charlie ist eine Studentin, die zurzeit ein Praktikum in der Brauerei macht.«
»Ach, die flotte Charlotte«, murmelte Bettina Gerber. Ein flüchtiges Lächeln huschte über ihr Gesicht. »So hat mein Vater sie genannt.«

»Sehr treffend«, bestätigte Herr Fiedler. »Wir sind mit ihr befreundet.«
»Das ist gut«, sagte Bettina Gerber. »Dann haben Sie gleich jemanden mit direktem Zugang zur Brauerei. Vorausgesetzt, Sie wollen sich ein bisschen umhören?«
Den letzten Satz hatte sie als Frage formuliert, und sowohl Herr Fiedler als auch Theo nickten feierlich.
»Sehr gut. Wie war doch gleich die Frage? Ach ja, der Abschiedsbrief.«
Sie stand auf und holte ein Blatt Papier von einem Sekretär, der in der entgegengesetzten Ecke des Wohnzimmers stand.

*Ich habe eine große Schuld auf mich geladen.*
*Ich kann und will diese Last nicht mehr tragen.*
*Ich habe beschlossen, heute reinen Tisch zu machen. Es muss ein Ende haben.*
Datiert vom letzten Freitag.

»Ist das die Handschrift Ihres Vaters?«, fragte Theo, der Experte für Handschriften gewesen war.
»Eindeutig ja.«
»Was stört Sie daran?«, fragte Theo weiter.
»Es ist zu pathetisch. Es gibt weder Anrede noch Unterschrift, auch keine Erklärung, worin die Schuld besteht. Und es steht keine Entschuldigung dabei, dass er diesen furchtbaren Schritt geht und uns im Stich lässt. Es ist einfach unglaubwürdig, dass das seine letzten Worte an uns gewesen sein sollen.«
Einen Moment war es still.
»Vielleicht sind diese Worte nicht an Sie gerichtet«, sagte Theo leise. »Immerhin lag dieses Papier an seinem Arbeitsplatz.«
Bettina Gerbers Augen füllten sich mit Tränen. »Daran habe ich überhaupt nicht gedacht.«
Ich auch nicht, dachte Herr Fiedler. Er bewunderte Theo für den Mut, diesen Gedanken auszusprechen. Ein Abschiedsbrief, der sich nicht an die einzige Tochter richtete, war noch ein herber

Schlag in dieser tragischen Situation. Wenn selbst der letzte Gedanke nicht dem Kind gegolten hatte, sondern – ja, wem dann?
»Vielleicht hat Ihr Vater auch einen für Sie bestimmten Brief hinterlassen«, schlug Theo leise vor.
»Daran hatte ich gar nicht gedacht«, murmelte Bettina Gerber. »Ich müsste seine Sachen durchsuchen …«
»Wo würden Sie suchen?«, fragte Theo.
Herr Fiedler wunderte sich. Diese persönliche Frage passte gar nicht zum zurückhaltenden Wesen seines alten Freundes. Was bezweckte er damit?
»Das weiß ich auch nicht so genau«, sagte Bettina Gerber. »In der Schublade, in der das Testament lag, war jedenfalls nichts …«
»Dann brauchen Sie vermutlich nicht weiter zu suchen«, unterbrach Theo sie. »Ein ordentlicher Mensch, der sein Testament leicht auffindbar in einer Schublade hinterlegt, würde sicher einen Abschiedsbrief an seine Lieben an genau die selbe Stelle legen, damit er auch gefunden wird. Sonst macht ein Abschiedsbrief keinen Sinn.«
Mit einem verschämten Schniefen wischte Bettina Gerber sich zwei Tränen aus dem Gesicht. Sie nickte.
Herr Fiedler räusperte sich. »Wir sollen uns also ein bisschen umhören?«, fragte er. »Ist es das, was wir für Sie tun können?«
Sie nickte wieder. »Ich weiß nicht, wen ich sonst darum bitten könnte.«
»Wir sind genau die richtigen, mein Deern«, sagte Herr Fiedler und tätschelte ihr das Knie. »Jetzt sagen Sie uns, seit wann Ihr Vater so sorgenvoll war und dann werden wir uns umhören. Und zwar zuerst dort, wo er die meiste Zeit des Tages verbrachte und schließlich auch gestorben ist: In der Brauerei.«

\*

Herr Fiedler und Theo fuhren mit dem Bus nach Hause, aßen die Reste der Hühnersuppe von gestern und hielten ihren Mittagsschlaf. Um drei Uhr machte Herr Fiedler sich mit seinem Bollerwagen auf den Weg zur Brauerei.

Von seinem Wohnhaus in Rheydt ging er nach Osten bis zur Niers und dann bachabwärts auf dem sandigen Weg in Richtung Schloss Rheydt. Die Sonne schien bleich durch den leichten Dunstschleier, der mittags aufgezogen war.

Das Gehen fiel Herrn Fiedler zunehmend schwer, vor allem, da er die rechte Hand für den Stock brauchte und mit der linken nicht wie üblich Schwung holen konnte, sondern das Holzwägelchen hinter sich her zog. Aber die Bewegung an der frischen Luft tat ihm gut. Er war dankbar, dass er die Strecke noch schaffte und bedauerte seine Altersgenossen, denen es schlechter ging.

Normalerweise begleitete Theo ihn auf seinen Spaziergängen, vor allem zur Brauerei, denn dann konnten sie sich mit dem Ziehen des Wagens abwechseln, aber seit Frau Heidrich Theos Hilfe benötigte, hatte er wenig Zeit. Jetzt, während Herr Fiedler seinen Bollerwagenausflug machte, erledigte Theo die Einkäufe und Besorgungen, dann würde er eine kräftige Suppe für Frau Heidrich kochen und sie um sechs Uhr zu ihr hinüber bringen. Also musste Herr Fiedler heute allein zur Brauerei gehen. Er seufzte, schalt sich aber gleich dafür. Schön, dass Theo so ein gutes Herz hatte und der Nachbarin half, wenn es ihr nicht gut ging. Und vielleicht ... Herr Fiedler musste grinsen. Vielleicht würde aus den beiden ja noch ein Paar. Dass Frau Heidrich mehr als nur ein Auge auf Theo geworfen hatte, war unübersehbar. Herr Fiedler würde es seinem alten Freund gönnen – auch wenn er es sehr bedauern würde, dass Theo wieder aus- und bei Frau Heidrich einzog.

Die Porzellanstopfen der leeren Bügelflaschen klapperten laut, einige Jogger und Radfahrer betrachteten Herrn Fiedler, gegen die Kälte mit Mütze, Schal und Handschuhen dick vermummt, mit offensichtlicher Belustigung, aber er achtete nicht auf sie, sondern suchte die Niersböschungen nach dem Eisvogel ab. Oft hatte er ihn diesen Winter noch nicht gesehen, aber er wusste, dass es hier schöne Exemplare gab. Und tatsächlich blitzte plötzlich das kobaltblaue Gefieder kurz über der Wasseroberfläche auf. Herr Fiedler war zufrieden.

Körperliche Betätigung regt, das ist wissenschaftlich erwiesen, die Gehirntätigkeit an, und so rekapitulierte Herr Fiedler auf seinem Spaziergang einige interessante Details aus dem Buch über den Tulpenwahn, das Bruno Gerber ihm geliehen und das er heute morgen vergessen hatte zurückzugeben.

Dass die Tulpe ursprünglich aus dem Orient kam und immer noch die Nationalblume der Türkei war, hatte er bereits gewusst. Einige andere geschichtliche Daten waren ihm eventuell früher auch schon geläufig gewesen, aber Daten hatten Herrn Fiedler eigentlich nie als solche interessiert. Spannend war Geschichte seiner Ansicht nach nur, wenn sie sich mit Geschichten verband. Die Vorstellung, wie Menschen in früheren Zeiten lebten war das, was Geschichte für ihn interessant machte. Wie sie wohnten, arbeiteten, sich fortbewegten in einem Zeitalter ohne Autos, Züge, Flugzeuge. Als es höchstens – Herr Fiedler grinste – Bollerwagen gab. Naja, und Kutschen. Und Schiffe natürlich, sehr wichtig für den ehemaligen Kapitän der Handelsmarine, der aus sentimentalen Gründen häufig am linken Fuß eine rote und rechts eine grüne Socke trug und das Bier in der Bügelflasche je nach Farbe des Dichtgummis in Backbordbier (mit rotem Gummi) und Steuerbordbier (mit grünem Gummi) unterschied. Herr Fiedler bevorzugte Steuerbordbier.

Geschichten also machten die Geschichte spannend. Das Leben der Menschen, ihre Kleidung, ihre alltäglichen Sorgen und Nöte, das war es, was Herrn Fiedler interessierte. Und diese Gegebenheiten wurden in dem Buch recht anschaulich dargestellt. Zum Beispiel die strenge Lebensführung der Calvinisten, die zur Zeit des Tulpenwahns in den Niederlanden lebten, Orgeln als Mumpitz aus der Kirche verbannten und das Tanzen auf Hochzeiten als liederlichen Leichtsinn ächteten. Diese Einstellung, die harmlose Lebensfreude als gotteslästerlichen Unfug verteufelte, war Herrn Fiedler ausgesprochen suspekt und machte die Manie, die sich um die Tulpe entwickelte, umso unglaublicher.

An der Ritterstraße kam Herr Fiedler mit seiner Aufmerksamkeit in die Gegenwart zurück, bog rechts ab, überquerte die Landstraße an der Fußgängerfurt und wandte sich nach Neersbroich. Als er endlich den Turm der Brauerei erspähte, war er nass geschwitzt.

»Privatbrauerei Bolten, die älteste Altbier-Brauerei der Welt« verkündeten die Schilder am Tor. Herr Fiedler grinste. Mutige Behauptung, aber offenbar hatte sich noch niemand beschwert und den Superlativ für sich selbst reklamiert. Jedenfalls wurde hier das Bier gebraut, das er am liebsten trank. Nicht erst seitdem der neue Inhaber Geld und gute Ideen in das alte Unternehmen steckte, aber zum Glück immer noch. Nicht alles wendet sich zum Schlechten, Gott sei Dank.

Herr Fiedler fuhr seinen Bollerwagen vor den Verkaufsraum und bat um Hilfe. Zwar konnte er den leeren Kasten mit einer Hand herausheben, nicht aber den vollen hineinstellen. Kein Problem, das wurde erledigt. Dann fragte er nach Charlie.

»Wie kommen Sie denn hierher?«, fragte Charlie mit weit aufgerissenen Augen, als sie den erschöpften Greis im Hof stehen sah. »Sind Sie etwa zu Fuß gelaufen?«

»Ich weiß, dass Ihre Füße reine Gas- und Bremspedaltreter sind, aber meine stammen noch aus einer Zeit, als sie auch zu Fortbewegungszwecken hergestellt wurden«, entgegnete Herr Fiedler. »Haben Sie einen Moment Zeit?«

Charlie sah auf die Uhr. »Klaro«, entgegnete sie, packte den Bollerwagen und zog ihn mit sich. »Kommen Sie mit ins Labor, da mache ich Ihnen einen Tee.«

Sie führte Herrn Fiedler um das Gebäude herum, in dem der alte Verkaufsraum untergebracht war, stellte den Bollerwagen in einer Ecke der Fassabfüllung ab, und ging an der Handabfüllung vorbei, ein paar Stufen hoch, durch den Filterraum, weiter durch den Raum mit den Reinigungstanks und an einer weiteren Nische voller Tanks, Rohrleitungen und Absperrventilen vorbei. Sie stieg vor Herrn Fiedler die grün lackierte Eisentreppe hoch, die definitiv in eine der ältesten Brauereien der Welt passte, und öffnete die Tür zum Labor.

»Voilà, unser Reich«, verkündete Charlie.

Herr Fiedler erreichte etwas außer Atem den Absatz, musste die Hand vom Geländer nehmen, weil mehrere Jacken und Mäntel darüber hingen, und holte tief Luft. Dann trat er ins Labor, betrachtete aufmerksam das unfassbare Chaos, das den Raum beherrschte, und hockte sich vorsichtig auf den einzig brauchbaren Stuhl, auf den Charlie wies.

»Es ist ein bisschen beengt«, sagte Herr Fiedler vorsichtig.

»Ein Wanderzirkus in einer Streichholzschachtel hätte mehr Platz als wir in diesem Wandschrank, aber dafür zwingt es zur Ordnung«, entgegnete Charlie.

Herr Fiedler rieb sich die Augen, konnte aber seinen ersten Eindruck nicht revidieren. Auf jeder Ablagefläche, und sei sie noch so klein, lag oder stand etwas. Ganze Batterien von Fläschchen in diversen Größen standen auf einem schmalen Bord, auf den letzten zwanzig Zentimetern stapelten sich vier Aktenordner, die der Schwerkraft nur deshalb trotzten, weil obendrauf ein Koffer stand, der, nach der Aufschrift zu schließen, ein Messgerät enthielt. Auf dem darüber hängenden Schrank, der Herrn Fiedler an die erste je hergestellte Generation von Küchenhängeschränken erinnerte, stapelten sich weitere Ordner. Glasschalen, offene Karaffen, Bunsenbrenner und Kleinkram wie Pipetten, Spatel oder Messbecher standen neben einem Spülbecken, hier war die Ähnlichkeit mit einer Nachkriegsküche nicht von der Hand zu weisen. Ein Regal mit noch mehr Papier, teils in Ordnern, teils in Stapeln stand neben der Tür, ein Schreibtisch, der vor Notizzetteln, bedruckten Blättern und unbeschriebenen Blöcken überquoll, füllte die vierte Ecke aus. Herr Fiedler saß auf dem Schreibtischstuhl, Charlie hantierte mit dem Rücken zu ihm neben der Spüle herum.

»Ordnung, ja? Wo sind die Prüfprotokolle der letzten Abfüllung?«, fragte Herr Fiedler unvermittelt und klatschte Beifall, als Charlie ohne mit der Wimper zu zucken auf einen Stapel Papier in einem Ablagekorb neben dem Toaster zeigte.

»Wozu braucht man in einem Qualitätssicherungslabor einen Toaster?«, fragte Herr Fiedler, der das Gerät vorher gar nicht bemerkt hatte.

»Zum Toasten von Toastbrot, wozu sonst?«, gab Charlie zurück. »Oder glauben Sie, ich frühstücke Hopfen und Malz?«
Sie hantierte weiter mit dem Bunsenbrenner und dem Erlenmeierkolben, stellte sich auf die Zehenspitzen, um eine umgedreht zwischen zwei Messgeräten stehende Tasse zu greifen, und schüttete das Gebräu aus dem Laborgerät in die Tasse.
»Hier, Ihr Tee.«
Herr Fiedler nahm die Tasse entgegen, blickte zweifelnd hinein und fragte: »Kann man das gefahrlos zu sich nehmen?«
Charlie grinste. »Nirgendwo gefahrloser als hier, schließlich ist diese Abteilung auf die Sicherstellung der Qualität spezialisiert.«
»Wie steht die Qualitätssicherung zu Kandis und Sahne?«, fragte Herr Fiedler.
Charlie wühlte ein bisschen in dem Kleinkram neben dem Toaster herum und reichte Herrn Fiedler ein Portionsdöschen Kaffeesahne.
Er dankte artig.
»Also, was führt Sie hierher?«, fragte Charlie, als Herr Fiedler den Tee gekostet und mit einem Kopfnicken als trinkbar beurteilt hatte.
»Theo und ich waren heute Morgen bei Bruno Gerbers Tochter Bettina. Sie glaubt nicht an Selbstmord und hat uns beauftragt, uns umzuhören.«
»Hat sie einen stichhaltigen Grund?«, fragte Charlie.
»Nein. Oder vielleicht doch, ja. Stichhaltig für sie und für mich, aber sicherlich nicht für die Polizei«, sagte Herr Fiedler.
»Nein oder vielleicht doch ja, also was denn nun, Sherlock?«, entgegnete Charlie lachend. »Sammeln Sie sich und dann erzählen Sie mir die Details.«
Herr Fiedler berichtete von dem Gespräch am Vormittag.
»Und jetzt wollen Sie den Kollegen auf den Zahn fühlen«, stellte Charlie fest. Wieder sah sie auf die Uhr. »Gut, dann lassen Sie uns mal losziehen.«
Herr Fiedler trank den Tee aus, kam mithilfe seines Stocks aus dem Stuhl hoch und nickte Charlie zu. »Es kann losgehen. Zeigen Sie mir zuerst den Turm, wo Bruno starb.«

»Das geht nicht«, entgegnete Charlie, »der ist aus Sicherheitsgründen gesperrt.«

Sie wies auf die anderthalb Meter hohe Sperrholzplatte, die am oberen Ende der neben ihrem Labor nach oben führenden Treppe den Durchgang versperrte. »Auf Anordnung des Chefs. Das Übertreten der Absperrung wird mit fristloser Kündigung geahndet. Ein Toter reicht ihm, sagt er.«

Herr Fiedler nickte. »Da hat er Recht, der Mann, das muss man zugeben.«

»Tja«, sagte Charlie und betrachtete die Holzplatte mit einem langen Blick. »Die Polizisten haben sich auch nicht reingetraut, nachdem sie erst einmal geschnallt hatten, dass so ziemlich jedes Brett dort oben morsch ist. Deshalb hat es auch keine ausführliche spurentechnische Untersuchung gegeben.«

»Hm«, machte Herr Fiedler. »Was könnte Bruno denn da oben gewollt haben, wenn er nicht in selbstmörderischer Absicht hinaufgestiegen ist?«, murmelte er.

»Das haben wir uns auch schon gefragt«, sagte Charlie. »Die Kollegen meinen, dass er gelegentlich wegen des Ausblicks da hoch ging. Da schwelgte er dann in Erinnerungen und verglich das, was heute zu sehen ist, mit dem Ausblick vor einem halben Jahrhundert.«

»Aber er muss doch gewusst haben, dass das gefährlich ist«, sagte Herr Fiedler.

»Er arbeitet seit fünfzig Jahren in diesem Gebäude, sein altes Braumeisterkabuff war da auf dem Treppenabsatz«, Charlie zeigte auf das obere Ende einer grün lackierten Tür, das über der Sperrholzplatte zu sehen war.

»Sie meinen also, dass Bruno sich eventuell der Lebensgefahr gar nicht bewusst war?«, fragte Herr Fiedler.

Charlie zuckte die Schultern. »Er wusste mit Sicherheit, dass der Turm gefährlich ist, denn er selbst hat mich davor gewarnt. Vielleicht kannte er allerdings die Stellen im Turm, wo der Fußboden so fest war, dass man noch darauf treten konnte, ohne gleich durch die Bretter zu brechen.«

Herr Fiedler seufzte. Immerhin ergab sich durch diese Information die hypothetische Möglichkeit, dass Bruno aus einem anderen Grund als zum Zwecke des Selbstmordes in den Turm gestiegen war. Aber das würden sie hier und jetzt nicht klären können.
»Was ist denn heute in dem Turm?«, fragte Herr Fiedler.
»Nichts«, antwortete Charlie. »Früher allerdings fand der gesamte Brauvorgang hier im Turm statt.«
Herr Fiedler blickte sie ungläubig an.
»Sogar noch bis in die fünfziger Jahre hinein wurde ganz oben das Malz geschrotet und unten kamen Bier und Treber heraus. Der Brauvorgang lief von oben nach unten, logisch, wegen der Schwerkraft und weil es unten kälter ist als oben.« Sie zögerte plötzlich und sagte dann leise: »Brunos Leiche lag da, wo früher der Trebertrog stand.«
Herr Fiedler legte ihr kurz die Hand auf den Arm und Charlie straffte die Schultern.
»Können Sie mir den Rest der Brauerei zeigen?«, fragte er.
Charlie nickte. »Klar. Am besten machen wir die Führung chronologisch, so wie der Durchlauf im Brauprozess ist.«
Sie führte ihn die Treppen hinab, um zahlreiche Ecken und durch verwinkelte Gänge, bis sie durch eine Tür traten und unvermittelt auf dem Hof hinter dem Gebäude standen.
»Da vorn«, sie zeigte mit dem ausgestreckten Arm auf einen Punkt neben der Außenwand des Gebäudes, »kommt das Malz an.«
Herr Fiedler ging die paar Schritte bis zu einer Klappe im Boden, die mit einem Vorhängeschloss gesichert war.
»Klappe auf, Malz rein, Klappe zu, alles klar?«, erklärte Charlie.
»Ihre detailreiche Fachkenntnis spricht aus jedem Ihrer Worte«, lobte Herr Fiedler.
»Folgen Sie mir, damit ich Sie weiter beeindrucken kann«, entgegnete sie und ging ebenerdig in das Gebäude hinein. Vier hohe Silos standen auf Gestellen in dem Raum, den Herr Fiedler mit einigem Orientierungsaufwand als den von der Straße aus ganz rechten Teil des Gebäudes erkannte.
»Hier ist das Malzlager«, erklärte Charlie. »Das Malz wird aus

dem Schacht, den Sie draußen gesehen haben, herausgesaugt und hier auf die Silos verteilt. Helles Malz für helles Bier, dunkles Malz für dunkles Bier.«

»Ich bin ein großer Freund einfacher Gesetzmäßigkeiten«, erwiderte Herr Fiedler lächelnd.

»Papperlapapp«, entgegnete Charlie und eilte schon weiter. Es ging einige Treppen hoch, die Herrn Fiedler Mühe bereiteten, und plötzlich standen sie im Braukeller, der allerdings nicht im Keller lag sondern im ersten Stock. Drei große Braupfannen aus Edelstahl standen in einer Reihe in dem Raum, dessen riesengroße Fenster auf den gegenüber der Brauerei liegenden Biergarten zeigten. Der Raum war menschenleer, es war warm und roch intensiv nach Hopfen.

»Hier wird gebraut«, erklärte sie. Nacheinander zeigte sie auf die drei Edelstahlbehälter: »Maischepfanne, Läuterbottich, Whirlpool.« Dann drehte sie sich mit einem breiten Grinsen im Gesicht zu Herrn Fiedler. »Haben Sie auch gerade ein Déjà-vu?«

Herr Fiedler nickte. Als er Charlie kennen lernte, stand sie in einer Küche des Studentenwohnheims mit einem Grüppchen Kommilitonen um einen großen Einkochtopf herum und überwachte den privaten Brauvorgang.

»Hier fehlt mir allerdings das künstlerische Element«, sagte Herr Fiedler. »Sie wissen schon, die Malzkrümel auf dem Boden Ihrer Küche, die verschüttete Maische auf dem Herd, die wie verbranntes Toastbrot roch und der große Holzlöffel, mit dem der Sud gerührt wurde.«

»Aber ordentlich geschmeckt hat unser Bier auch«, warf Charlie ein. »Wenn es auch erstmal ein toter Hund war.«

»Igitt«, sagte Herr Fiedler. »Ich dachte, Bier sei vegetarisch.«

Charlie grinste. »Ein toter Hund ist ein Bier, das beim Öffnen der Flasche nicht zischt«, erklärte sie. »Das passiert, wenn man die Hauptgärung zu lange fortschreiten lässt. Wenn man das Gebräu dann in die Flaschen füllt, kann sich nicht mehr genug Kohlensäure bilden.«

»Oh«, sagte Herr Fiedler. »Wie haben Sie den Köter wiederbelebt?«

Charlie grinste in der Erinnerung. »In jede Flasche einen Löffel Zucker rein und den Deckel ganz schnell wieder drauf drücken, weil sonst das gute Gebräu heraussprudelt. Das Ergebnis entspricht zwar nicht mehr dem Reinheitsgebot, aber es schmeckt hervorragend und ist ein ziemlicher Hammer. Der Alkoholgehalt steigt nämlich durch den Zucker noch einmal dramatisch an.«
»Haben Sie die Praktikumsstelle eigentlich aufgrund Ihrer einschlägigen Erfahrungen bekommen?«, fragte Herr Fiedler.
Charlie zuckte die Schultern. »Ich habe natürlich angenommen, dass mein zurückhaltendes Wesen, mein sprichwörtlicher Fleiß und die Empfehlung des genussfreudigsten Rentners nördlich der Alpen mir die Stelle eingebracht haben, aber es könnte auch einfach an meinem Praxiswissen in Sachen Brauereierzeugnissen liegen.«
Herr Fiedler warf noch einen Blick in den unbenutzten der drei Braukessel, war erstaunt, dass der Behälter unter dem Fußboden, auf dem er selbst stand, noch etwa eineinhalb Meter tiefer reichte und folgte Charlie dann durch verwinkelte Gänge, an Wasserreservoirs vorbei in einen stark gekühlten Raum, in dem wieder hohe, schlanke Silos standen, die aber alle große Ablassventile an der tiefsten Stelle hatten und mit Ziffern und Buchstaben beschriftet waren.
»Das sind die Gärtanks«, erklärte Charlie, deren Zähne klapperten. »Hier hält man sich nur auf, wenn es unbedingt sein muss, also nichts wie weg.«
Weitere verschlungene Gänge führten sie durch das Gebäude, das offenbar in all den Jahrhunderten seiner Existenz immer wieder umgebaut und angebaut worden war, und aus dem Herr Fiedler sicherlich nicht allein hinausfinden würde, wenn Charlie ihn jetzt einfach hier stehen ließe. Er wunderte sich, dass ein derartig verschachtelter Bau in der heutigen Zeit noch funktionsfähig war, aber natürlich gab es keine Alternative. Ein Abriss und Neubau war zu teuer, wegen Platzmangels auf dem vorhandenen Grundstück sowieso nicht möglich und überhaupt musste man es einfach mit dem rheinischen Gelegenheitsfatalismus halten: et hätt noch immer jot jejange.

Charlie blickte wieder auf ihre Uhr.
»Warum sehen Sie ständig auf die Uhr?«, fragte Herr Fiedler. »Wenn Sie noch etwas vorhaben, gehen Sie ruhig, ich will Sie nicht aufhalten.«
»Schon in Ordnung«, sagte Charlie. »Heute Nachmittag kommt die Entscheidung der Altbierprämierung, aber so weit ist es noch nicht.«
Herr Fiedler erinnerte sich, in der Zeitung davon gelesen zu haben, dass zur Rettung des Altbieres ein neuer Preis ins Leben gerufen worden war, der sich ausschließlich dieser Biersorte widmete. Und heute sollte die Entscheidung fallen, welches Altbier das Beste des Jahres ist. Verständlich, dass Charlie aufgeregt war.
»Die Lagertanks zeige ich Ihnen nicht, die sind da drüben, das ist uninteressant. Aber hier«, Charlie eilte um die nächste Ecke, »hier ist gerade etwas los. Kommen Sie!«
Herr Fiedler beeilte sich, hinter seiner Führerin zu bleiben und erschrak, als er plötzlich durch Wasser tappte. Er war froh, seine Trekkingschuhe mit den dicken Sohlen zu tragen, denn die kleine Pfütze, durch die er gerade gekommen war, weitete sich zu einem zwei Zentimeter tiefen See, der den gesamten Raum bedeckte, in den Charlie ihn nun führte.
»Hier sind die Filter, die die klaren Biere durchlaufen.«
Die drei Männer, von denen zwei die Schläuche hielten und Ventile bedienten, grüßten Charlie mit kurzem Nicken und warfen dem Besucher in Expeditionsausrüstung und mit Mütze erstaunte Blicke zu.
»Na, was gibt's denn Gutes?«, fragte Charlie den jungen Mann, der die Filtrierung überwachte. Zwar trug auch er die grüne Latzhose mit dem Firmenlogo, aber an ihm wirkte sie wie ein modisches Understatement und nicht wie eine Arbeitskluft. Sein schwarzes Haar, das deutlich länger war, als Herr Fiedler für einen Mann angemessen fand, zeigte schon etliche graue Strähnen, obwohl der Mann die vierzig sicher noch nicht überschritten hatte. Er strahlte eine beinahe aufdringliche Selbstsicherheit aus.

»Das solltest du inzwischen im Schlaf erkennen«, neckte er Charlie. »Gibt's schon Neuigkeiten?«
Charlie verneinte und wandte sich an Herrn Fiedler. »Das ist Hannes Becker, der Jungbraumeister.«
Herr Fiedler hielt Becker die Hand hin, der kraftvoll einschlug.
»Hannes, das ist Herr Fiedler. Er ist ein alter Freund von mir.«
»Ein Freund hätte völlig gereicht, Charlie«, rügte Herr Fiedler. »Das mit dem Alter müssen Sie gar nicht dazusagen.«
Becker grinste. »So ist sie halt, unser Rotkäppchen.«
Herr Fiedler nickte. »Woraus besteht denn Ihr Filter?«, fragte er. »Wir haben das früher mit Baumwollwindeln versucht, aber das ging so schlecht, dass wir nur trübes Bier getrunken haben.«
Becker grinste noch breiter. »Ja, die gute alte Baumwollwindel.« Er schüttelte den Kopf. »Wir haben etwas viel Besseres. Kieselgur.«
Hannes Becker warf Herrn Fiedler einen abschätzenden Blick zu und sprach sofort weiter.
»Ich sehe schon, das sagt Ihnen nicht viel. Das ist ein Gestein, genauer gesagt ein Pulversediment, entstanden aus kieselsäurereichen Algen. Schon länger her, die ganze Sache.« Er grinste. »So ein paar Millionen Jahre. Jedenfalls ist dieses extrem poröse Gestein ein absoluter Tausendsassa. Es kommt in Zahnpasta genauso vor wie in Dynamit, und es dient als Filter für Getränke und Öl.«
»Klingt interessant«, murmelte Herr Fiedler. »Und was machen Sie mit dem Zeug, wenn es seinen Dienst als Filter getan hat?«, fragte Herr Fiedler. »Kompostieren Sie …?«
Hannes Becker machte ein Gesicht wie der Weihnachtsmann, kurz bevor er seinen Sack öffnet. »Tja, bisher … Aber in Zukunft wird das hier wohl ein riesiges Zusatzgeschäft werden.« Seine Augen leuchteten, er stellte sich hoch aufgerichtet vor Herrn Fiedler hin und fragte ihn mit bedeutungsschwerer Stimme: »Sagen Sie, wissen Sie, was Neurodermitis ist?«
Herr Fiedler war über den abrupten Themenwechsel verblüfft, nickte aber langsam. »Eine Hautkrankheit, richtig?«
»Richtig«, rief Hannes Becker, als habe Herr Fiedler gerade die

Lottozahlen geraten. »Und jetzt kommt der Knaller: Kieselgur ist eine erstklassige Arznei gegen Neurodermitis!«
Herr Fiedler blickte ihn zweifelnd an.
Der Jungbraumeister strahlte. »Jetzt sind Sie platt, was?«
»Wie eine Flunder«, bestätigte Herr Fiedler, aber Hannes Becker hörte gar nicht zu. Er redete bereits weiter.
»Ich predige seit Jahren, dass wir daraus etwas machen müssen. Es kann doch nicht sein, dass Leute aus der Nachbarschaft hierher kommen und für ein freundliches »Bitte schön, Danke schön« das Zeug geschenkt bekommen. Natürlich tun die armen Kranken mir Leid, aber die sind schon bereit, Geld für Medikamente auszugeben, Hauptsache, das Zeug hilft. Und das hier hilft. Also sollten wir endlich anfangen, die Sache etwas professioneller anzugehen.«
»Wie wollen Sie denn ...«, begann Herr Fiedler, wurde aber von Becker gleich wieder unterbrochen.
»Was weiß ich, da muss man sich kundig machen. In Tablettenform gepresst, zum Auflösen oder als Pulver, das wird sich schon zeigen. Man muss nur überhaupt erst einmal wollen!«
Becker wurde von seinen Kollegen gerufen und Charlie machte Herrn Fiedler mit dem Kopf ein Zeichen, weiterzugehen. Mit einem gemurmelten Gruß, den der Jungbraumeister gar nicht wahrnahm, verließ Herr Fiedler hinter Charlie die Filtrierung.
»Der hat ganz schön einen an der Klatsche, was?«, flüsterte Charlie Herrn Fiedler ins Ohr, während sie in dem niedrigen Gang standen. »Er glaubt wirklich, mit dieser Sache reich und berühmt zu werden.«
»Wenn Sie schon flüstern müssen, nehmen Sie das andere Ohr, sonst spüre ich zwar einen Luftzug am Ohrläppchen, aber hören kann ich Sie da nicht«, murmelte Herr Fiedler so leise er konnte.
Charlie wiederholte ihre Worte.
»Vielleicht hat er ja Recht«, sagte Herr Fiedler. »Allerdings würde ich vermuten, dass es eine ganze Menge Auflagen gibt, bevor eine Brauerei ihre Filterrückstände als Medikament verkaufen darf.«
Charlie nickte nachdrücklich. »Hannes glaubt, dass sich das

alles mit einem Federstrich erledigen lässt, jetzt, wo Bruno nicht mehr da ist.«

»Was heißt das?«, fragte Herr Fiedler alarmiert.

»Bruno war total dagegen«, wisperte Charlie. »Er sagte immer: Wir sind eine Brauerei, keine Apotheke. Außerdem wollte er nichts von der Geschäftemacherei mit anderer Leute Leid hören. Wenn es nach ihm gegangen wäre, würden sich die Leute aus der Nachbarschaft, die an die heilende Wirkung glauben, weiterhin das Zeug hier kostenlos abholen und der Rest wird entsorgt. Ende der Diskussion.«

Die wenigen Schritte aus den Katakomben heraus und in die alte Abfüllhalle brachten sie schweigend hinter sich.

»Hier ist die Fassabfüllung«, erklärte Charlie mit Hinweis auf eine kleine maschinelle Abfüllanlage, »da die Handabfüllung für die Sonderflaschen und dort drüben steht die Zukunft.«

Über die Durchfahrt zum zweiten Hof waren es nur ein paar Schritte, bis Herr Fiedler die Zukunft sah. Eine Abfüllanlage, in der pro Stunde zwölftausend Flaschen automatisch gespült, auf Beschädigungen geprüft, befüllt, geprüft, verschlossen, noch einmal geprüft, in Kästen gestellt und auf Paletten sortiert wurden. Charlie erklärte die einzelnen Schritte der Anlage, aber Herr Fiedlers Gehör war inzwischen so schlecht, dass er ihre Worte vor dem Lärm der Abfüllanlage nicht verstehen konnte. Sehen allerdings konnte er noch gut und das reichte, um ihn zu beeindrucken. Herr Fiedler grinste. Da liefen die handlichen Bügelflaschen, die er so liebte, durch eine hochmoderne High-Tech-Anlage – und landeten anschließend auf seinem Bollerwagen, um von ihm auf einem sandigen Fußweg nach Hause gezogen zu werden. Wenn das keine gelungene Verbindung von Tradition und Moderne war.

Herr Fiedler überlegte noch, wie die vielfältigen Eindrücke, die er in der Brauerei gewonnen hatte, nun zu bewerten seien, als ein hoch aufgeschossener junger Mann auf Charlie zugelaufen kam und dabei aufgeregt ein Blatt Papier in der Hand herumschwenkte.

»Die Entscheidung ist gefallen!«, rief er. »Charlie, wo hast du denn gesteckt?«

Charlie warf einen Blick auf die Uhr, murmelte: »ich hatte ja gar nicht bemerkt, wie die Zeit vergangen ist auf unserem Rundgang«, und stürzte sich auf den Mann, der sie hochhob und einmal herumwirbelte.

»Gewonnen!«, schrie er.

Herr Fiedler stand mitten auf dem Hof und betrachtete die beiden nachdenklich. Auch aus den Büros, aus der Abfüllung und aus einer weiteren Tür liefen plötzlich Menschen auf den Hof, ungefähr dreißig insgesamt, die sich alle um das Blatt Papier rissen, das Charlie an sich genommen hatte.

»Blablablabla«, murmelte sie, »hat das naturtrübe Boltens Ur-Alt den ersten Preis errungen.« Sie warf die Arme in die Luft. »Jippieh!«

Das Fax der Jury wanderte von Hand zu Hand, plötzlich wurden Flaschen herumgereicht, die Verschlüsse ploppten auf, und es wurde angestoßen. Auch der Chef, dessen Gesicht Herr Fiedler aus der Zeitung kannte, stand im karierten Hemd zwischen seinen Leuten und trank sein prämiertes Bier aus der Flasche. Nur zwei Damen schlürften Sekt aus Plastikbechern, sie wurden freundlich gefoppt, aber wirklichen Anstoß nahm niemand daran.

Herr Fiedler holte seinen Bollerwagen und ging in Richtung Hoftor.

»Warten Sie«, rief Charlie hinter ihm her, »ich bringe Sie nach Hause. Noch habe ich nichts getrunken und es ist ja schon fast dunkel.«

Sie redete kurz mit dem großen Mann, dem sie sich eben an den Hals geworfen hatte, bekam von ihm einen Autoschlüssel, lud Herrn Fiedler mitsamt Bollerwagen und Bierkasten in einen großen Kombi, der zur Beförderung alter Herren und alten Biers geeigneter war als ihr kleiner Fiat, und fuhr ihn heim.

»Viel Spaß noch«, wünschte Herr Fiedler und blickte dem großen Wagen nachdenklich hinterher. Hoffentlich kam Theo bald von

Frau Heidrich zurück, damit sie die gewonnenen Erkenntnisse besprechen konnten.

\*

Charlie stand da, wo es ihr eigentlich immer am besten gefiel: Im Mittelpunkt. Der Mittelpunkt lag in diesem Fall zwischen Jens Weichgräber, dem groß gewachsenen Qualitätsmanager, dessen kombiniertes Bürolabor sie für die Dauer ihres Praktikums mit ihm teilte, sowie dem Braumeister Hannes Becker und dem Chef. Die Männer hatten sich ausgiebig auf die Schultern geklopft, sich gegenseitig beglückwünscht, die letzten Monate Revue passieren lassen, sich die gemeisterten Schwierigkeiten in Erinnerung gerufen und sich Mut für die Zukunft zugesprochen. Und dann waren sie plötzlich verstummt und der Chef hatte gesagt: »Auf Bruno«. Sie hatten ihre Flaschen erhoben und in einem Zug geleert. Und Jens Weichgräber hatte seinen Arm um Charlies Schultern gelegt und sie fest an sich gedrückt. Wenn er sie jetzt fragen würde, ob sie heute Abend mit ihm käme …
Aber sie brauchte sich keine Hoffnungen zu machen, er würde sie nicht fragen. Er fuhr nach Hause. Zu seiner Frau.
Gerade heute hätte Charlie allerdings auch nicht gewollt, dass er sie aufforderte, mit ihm zu kommen, denn sie hatte, als der Chef den Toast auf Bruno ausbrachte, einen Plan gefasst, den sie unbedingt heute in die Tat umsetzen müsste. Später hätte sie vielleicht nicht mehr den Mut dazu.

## Eiweißrast

*Nachdem der Arm vom Einmaischen bereits lahm ist, kommt nun die Eiweißrast, die aber keine Rast für den Brauer bringt sondern für die Maische. Um 1°C pro Minute wird die Temperatur der pampigen Würze auf 55°C erhöht und dann 60 Minuten konstant gehalten. Der zweite Arm kommt zum Einsatz, denn es wird weiter gerührt. Wir sind in der dritten Stunde des Selberbrauens für Anfänger.*

Theo stellte das Geschirr zusammen, trug es in die Küche und räumte es in die Spülmaschine, die er einschaltete. Frau Heidrich hatte gegessen wie ein kanadischer Holzfäller nach einer vierwöchigen Bananendiät. Die große Schüssel voller Suppe, die eigentlich auch noch für das morgige Mittagessen der Männer-WG hätte reichen sollen, war leer. Stundenlang hatte Theo Gemüse geputzt, geschnibbelt, Zwiebeln angedünstet, Fleisch geschmort und die Suppe gekocht – und nun war alles weg. Morgen würde der ganze Aufwand von vorn beginnen. Jetzt müsste er schon vormittags mit seinem alten Freund einkaufen gehen und kochen, damit es mittags etwas zu beißen gab. Theo hatte den Eindruck, dass die zwei Männer zusammen nicht so viel aßen wie Frau Heidrich allein.

Aber es tat ihm gut, sie zu versorgen, und ihre Aufmerksamkeit freute ihn. Sie hatte die Suppe gelobt, jede Zutat erwähnt und ihm überschwänglich dafür gedankt, dass er sich so rührend um sie kümmerte. So viel Aufhebens war ihm fast peinlich.

»Ach, nach so einer leckeren Suppe geht es mir doch gleich viel besser«, sagte Frau Heidrich, als Theo wieder ins Wohnzimmer kam. Sie hatte eine Packung Pralinen und eine Flasche Weinbrand auf den Tisch gestellt. »Nehmen Sie auch ein Gläschen zum Dessert?«, fragte sie.

Theo hatte Hochprozentiges noch nie gemocht, und so winkte er freundlich aber bestimmt ab.

»Danke, aber ich trinke gar keinen Cognac, und ich muss jetzt auch wieder gehen«, sagte er in entschuldigendem Tonfall.

»Wie sieht denn Ihr Plan für morgen aus?«
Zwar war seine Hoffnung, dass sie wenigstens am Morgen auf seine Dienste verzichten würde, verschwindend gering, aber fragen musste er immerhin. Dann hätte er wenigstens genügend Zeit zum Einkaufen und zum Kochen.
»Ach, es wäre mir wirklich daran gelegen, dass wir es morgen so halten wie heute, was meinen Sie? Wenn es Ihnen nichts ausmacht, natürlich.«
Sie lächelte ihn so herzlich an, dass ihm ganz warm ums Herz wurde.
Theo nickte. Wenn es nicht für Frau Heidrich wäre, ginge er gar nicht zum Bäcker. Piet Fiedler backte sein leckeres irisches Brot, das aß auch Theo inzwischen viel lieber als die Brötchen, deren Qualität seit den Sechzigerjahren in einem stetigen Niedergang begriffen war. Zumindest empfand er es so. Aber Frau Heidrich wollte Brötchen, also bekam sie Brötchen.
»Selbstverständlich«, willigte Theo ein. »Ich bin um neun Uhr hier.«
»Und jetzt, wollen Sie nicht doch noch ein bisschen bleiben?«
Theo war hin und her gerissen, aber zu guter Letzt schüttelte er den Kopf. Jetzt wollte er endlich hören, was sein alter Freund heute Nachmittag in der Brauerei in Erfahrung gebracht hatte.

*

Während die spontane Feier sich langsam auflöste, überlegte Charlie, wie sie ihren Plan zur Ausführung bringen könnte. Zunächst musste sie ihr Auto vom gegenüber der Brauerei liegenden Parkplatz verschwinden lassen, damit er bei Geschäftsschluss nicht mehr herumstand und ihre Anwesenheit verriet. Am besten erledigte sie die Sache mit dem Auto direkt als erstes. Sie murmelte etwas von Halspastillen, die sie holen wollte, und fuhr ihren quietschgelben Cinquecento in eine Seitenstraße, wo sie ihn abstellte. Dann ging sie zurück über den inzwischen leeren Hof zu ihrem Büro.

»Was war denn das für ein lustiger Kauz?«, fragte Jens, der an seinem Schreibtisch saß und gerade den Computer ausschaltete.
»Ein alter Freund«, erklärte Charlie. »Ist die Feier schon vorbei?«
Jens nickte. »Ein paar Unentwegte sind in die Altstadt gefahren, aber der Rest freut sich auf morgen und auf Samstag.«
Charlie nickte. Morgen würde die offizielle Preisverleihung in einem Saal der Kaiser-Friedrich-Halle stattfinden. Die Organisatoren des neuen Preises, Vertreter von Tourismusagenturen, Gastronomie, Handwerkskammern und Wirtschaftsförderungen hatten es nicht nur geschafft, die Gewinner bis zur offiziellen Bekanntgabe der Platzierungen geheim zu halten, sie hatten auch in den Städten der aussichtsreichsten Bewerber Räume reserviert, um die Siegerehrung am Ort des Gewinners vornehmen zu können. Wenn alle wichtigen Organisationen an einem Strang ziehen, ist vieles möglich, dachte Charlie. Natürlich würde die Belegschaft geschlossen zur Preisverleihung gehen, das war Ehrensache. Auch die Plätze zwei bis fünf wurden prämiert, es war also mit einem ordentlichen Besucherandrang von Mitgliedern der Brauzunft zu rechnen.
Die Bekanntgabe der Platzierungen war rechtzeitig vor Redaktionsschluss der großen Zeitungen erfolgt und die Pressemitteilungen an die lokalen, regionalen und überregionalen Medien würden sicher durch telefonisch eingeholte Interviews der Gewinner ergänzt und an prominenter Stelle in den morgigen Ausgaben erscheinen. Karten für die Veranstaltung, deren Termin, wenn auch nicht der Ort, bereits seit Monaten bekannt war, waren im freien Verkauf und an der Abendkasse auch für die breite Öffentlichkeit erhältlich. Natürlich hatte Charlie den Termin in ihrem Kalender eingetragen, aber dass sie nun zur Siegermannschaft gehörte, darauf hatte sie kaum zu hoffen gewagt. Schade, dass der Tod von Bruno Gerber gerade jetzt die gute Stimmung trubte. Dieser Gedanke brachte Charlie wieder auf ihren Plan. Sie seufzte leise.
»Was bist du so nachdenklich, so kennt man dich ja gar nicht«, neckte Jens. Seine Körperlänge von einem Meter achtundachtzig wirkte immer beeindruckend, aber in diesem kleinen Büro sah er

aus, als müsse er sich falten, um hineinzupassen. Die langen Beine ragten durch den halben Raum, als er sich im Stuhl zurücksinken ließ und Charlie beobachtete. Seine strahlend grünen Augen hatten dieselbe Farbe wie Charlies, und schon allein das hatte sie umgehauen, als sie ihn kennen lernte. Immer sagten die Leute ihr, was sie für schöne Augen habe, aber sie selbst hatte diese Begeisterung nie verstehen können. In ihre eigenen Augen blickte sie höchst selten, zum Beispiel morgens, wenn sie sich vor dem Spiegel die Zähne putzte, und zu diesen Gelegenheiten war sie selten in schwelgerischer Stimmung. Jetzt wusste sie endlich, worüber die Leute sprachen. Jens' Augen waren wie klare Seen, in die sie eintauchen wollte, seufz. Sein wuscheliges, hellbraunes Haar, seine geraden Schultern, die leichten O-Beine, das alles war einfach süß. Wieso mussten die tollen Kerle entweder schwul oder verheiratet sein? Naja, Martin mal ausgenommen und eigentlich war sie auch mit ihm zusammen, aber er lebte in Köln, sie in Gladbach und irgendwie ...

»Ich rufe den Krankenwagen«, sagte Jens mit einem breiten Grinsen im Gesicht. »Du hast seit drei Minuten keinen Ton gesagt, es muss etwas Ernstes sein.«

Charlie drehte ihm eine lange Nase. »Feierabend, Herr Weichgräber, ab nach Hause.«

Sie hielt ihm die Tür auf, er überzeugte sich, dass der Computer heruntergefahren war, schnappte seine Tasche und ging. Nach drei Schritten drehte er sich um. »Und du?«

»Ich muss nur noch ein paar Sachen ablegen und meinen Kram packen«, sagte Charlie. »Herr Fiedler, das ist der Kauz, wie du ihn genannt hast, hat mich heute Nachmittag etwas aufgehalten.«

Sie schloss die Tür ihres Büros, räumte tatsächlich noch einige Papiere in die dafür vorgesehenen Ordner, und löschte eine halbe Stunde später das Licht. Ein Blick auf die Uhr bestätigte ihr, dass es noch zu früh war. Mit dem Kopf auf dem Tisch versuchte Charlie, sich etwas auszuruhen, aber sie war zu aufgeregt. Dummerweise hatte sie sich vorher nicht überlegt, wie sie nach ihrer Unternehmung das Gelände verlassen sollte. Mit ein bisschen Pech würde sie tatsächlich die ganze Nacht hier verbringen müssen, denn sie besaß keinen Schlüssel für die Gebäude oder das Hoftor. Jens würde ihr morgen früh auf jeden Fall ansehen, dass sie erstens noch dieselben Sachen trug und zweitens nicht geschlafen haben würde. Nun, im schlimmsten Fall müsste sie ihm ein amouröses Abenteuer als Begründung servieren – aber so weit würde es hoffentlich nicht kommen.

Um elf Uhr waren auch die Lichter in der Nachbarschaft weitestgehend erloschen, wie Charlie sich mit Blicken aus allen erreichbaren Fenstern vergewisserte. Sie holte tief Luft und entschied, dass die Zeit gekommen sei. Die Taschenlampe, die nicht nur hell sondern auch schwer und daher als Verteidigungswaffe brauchbar war, und die sie aus dem Handschuhfach ihres Autos mitgenommen hatte, lag massig in der Hand und vermittelte ihr ein Gefühl für Sicherheit, als sie die wenigen Stufen zur Holzbarriere emporstieg, die sie vom Turm trennte.

Mit extrem geringer sportlicher Übung und ungeschickten Bewegungen überwand Charlie die Abtrennung und stieß die Tür des ehemaligen Braumeisterkabuffs am Fuß des Turmes auf. Die Tür war nicht abgeschlossen, aber das hatte sie ja gewusst. Dieser Umstand war es gewesen, der ihr wieder eingefallen war und sie zu diesem – zugegebenermaßen riskanten – Unternehmen verleitet hatte.

Zu Brunos Lebzeiten war das Kabuff immer abgeschlossen, Bruno trug den Schlüssel bei sich. Nach seinem Tod hatte der Chef den Raum absperren wollen, aber den Schlüssel nirgendwo finden können. Er hatte jeden Mitarbeiter befragt und, das wusste Charlie von der Sekretärin, Brunos Tochter gebeten, in Brunos Sachen nachzusehen, ob der Schlüssel dort sei. Aber das war er nicht. Der Schlüssel zum Braumeisterkabuff blieb verschwunden. Vielleicht hatte Bruno den Schlüssel in der Hand gehabt und ihn bei seinem Sturz verloren, dann lag er irgendwo im Turm. Dieser Umstand würde die Theorie von Selbstmord oder Unfall stützen. Vielleicht war Brunos Sturz aber weder das eine noch das andere, jemand hatte ihn gestoßen und den Schlüssel an sich genommen.

Sie würde es herausfinden.

Das Braumeisterkabuff war fast leer, nur ein alter Schreibtisch und ein wackeliger Stuhl standen darin, sonst nichts. Die Regale und Aktenschränke waren längst aus dem ehemaligen Büro weggeschafft worden. Jens hatte ihr erzählt, dass das Kabuff in den letzten Jahren als Abstellraum gedient hatte und der ganze Unrat, der sich dort angesammelt hatte, vor kurzem aussortiert und entsorgt worden war. Der Raum hatte renoviert und wieder hergerichtet werden sollen, aber dieses Vorhaben war fürs erste sicherlich gestrichen.

Das Kabuff verriet Charlie nichts, was sie nicht schon gewusst hätte, und so stieg sie weiter hinauf. Die ersten Stufen waren noch vertrauenerweckend, eine ehemals grün gestrichene Holztreppe, die auf eine Art Sockel führte, der sich auf gleicher Höhe wie das Flachdach in der Mitte des Gebäudes befand, auf dem die kupferne Sudpfanne stand.

Auf diesem Betonsockel begann die alte Holztreppe. Der Lichtschein der Taschenlampe reichte nicht bis ganz oben in den Turm, aber Charlie hatte früher einmal einen Blick hineingeworfen und wusste, dass die Zwischendecken teilweise verschwunden waren und man an manchen Stellen von dort, wo sie jetzt stand, bis unters Dach sehen konnte.

Sie ging zunächst den Betonboden ab, sehr wachsam, denn überall lagen Holzreste herum. Aber kein Schlüssel.

Dann holte sie tief Luft und stieg vorsichtig die Treppe hinauf. Sie hielt sich möglichst an den Rändern in der Hoffnung, dass das Holz dort, wo es auflag, am wenigsten morsch wäre. Oder am wenigsten durchgetreten.

Sie hatte das Zwischengeschoss gerade erreicht, als ein Luftzug sie streifte und kurz darauf etwas an ihren Haaren zog. Vor Schreck schrie sie kurz auf, zuckte zusammen und ließ die Taschenlampe fallen. Das Licht erlosch. Das sollte amerikanische Wertarbeit sein? Die Lampe, mit der amerikanische Polizisten Terroristen überführten, Mörder stellten und die Welt retteten? Charlie ging vorsichtig auf die Knie und tastete auf allen vieren

nach der Lampe. Wenn sie sich nicht täuschte, hatte sie links von sich ein Geräusch wie von einem rollenden Metallzylinder gehört, und genau das war es, was sie suchte. Einen rollenden Metallzylinder, mit einem hoffentlich noch funktionstüchtigen kleinen Birnchen vorne drin, damit sie in dieser Grabesschwärze etwas sehen könnte.
Was hatte sie bloß eben an den Haaren gezogen? Eine Fledermaus? Vermutlich, dachte sie. Wie dumm, dass sie sich so erschreckt hatte, denn eigentlich fand sie Fledermäuse ganz niedlich. Bloß nachts allein an einem Ort, an dem ein Mensch vor wenigen Tagen den Tod gefunden hatte, war sie wohl nicht in der Stimmung gewesen, die putzigen Tierchen mit einem lockeren Spruch zu begrüßen.
Wo, zum Teufel, war diese Lampe?
Nach ein paar Metern, die sie auf dem Boden kriechend absolvierte, fanden ihre über die Holzdielen streichenden Fingerspitzen einen Widerstand. Die Lampe! Sie griff nach dem Objekt ihrer Begierde und fühlte bereits den kalten Stahl, als der ganze Boden plötzlich mit einem lauten Krachen nach rechts wegsackte. Die Lampe rollte außer Reichweite. Die flache Hand, die Charlie verzweifelt auf den Boden hieb, fühlte trotzdem Metall. Der Schlüssel!
Charlie verlagerte ihr Gewicht so schnell sie konnte nach links, auf das linke Knie, steckte den Schlüssel in die Hosentasche, dabei krabbelte sie rückwärts, ein bisschen seitlich, ungefähr in die Richtung, aus der sie gekommen war – zumindest hoffte sie das. Dort, wo die Treppe auf Höhe der Zwischendecke ankam, waren die Bodenbretter fest gewesen, denn dort verliefen einige der Eisenträger, auf denen die Zwischendecke ruhte. Die Träger zeigten äußerliche Rostspuren, waren aber stabil – im Gegensatz zu den Dielenbrettern. Wenn sie sich an die Eisenträger hielt, war sie sicher, das wusste Charlie. Nun ja, wissen war vielleicht zu viel gesagt, hoffen traf die Sachlage eher. In diesen Gedankengang hinein krachte das Brett, auf das sie ihr Gewicht verlagert hatte, unter selbigem und brach. Ihr linkes Bein sackte nach un-

ten durch, ihr gesamtes Gewicht lag jetzt auf dem rechten Schienbein und Knie. Charlie kippte nach links.
Die Zwischendecke, auf der sie hockte und die gerade im Begriff war, abzustürzen, befand sich nicht wie bei einem Wohnhaus in zweieinhalb sondern in ungefähr sechs oder sieben Metern Höhe. Ein Sturz in die Tiefe wäre – tja, er wäre wohl tödlich, das hatte das Beispiel Bruno Gerbers gezeigt.
Mit dem linken Bein hing sie im Loch, konnte sich nicht abstützen, die Hände rutschten haltlos über den Boden, das rechte Schienbein war aufgeschrammt, aber es war ihre letzte Hoffnung. Sie verlagerte das Gewicht nach rechts – instinktiv, denn für Gedanken oder Planungen hatte sie gar keine Zeit, die Erfassung ihrer Situation war ein Geistesblitz gewesen, der ihr in Sekundenschnelle ihre Sterblichkeit vor Augen geführt hatte. Nach rechts, war also jetzt die Lösung, nachdem sie eben noch zielstrebig nach links gewollt hatte.
Das Brett, auf dem sie nun mit ihrem gesamten, nicht unerheblichen Gewicht hockte, brach.

\*

Herr Fiedler saß am Esstisch und hatte mehrere Papiere vor sich ausgebreitet.
»Aha, da kommt ja mein wichtigster Kriminalassistent«, scherzte er, als Theo eintrat.
Theo lächelte. »Ich habe mich bei Frau Heidrich losgeeist, um dem großen Ermittler meine bescheidenen Dienste anzutragen«, sagte er und verbeugte sich.
»Diese Dienste kann ich gut gebrauchen, denn bisher habe ich zwar ein paar Informationen zusammengetragen, aber noch keine Erkenntnis daraus gewonnen«, sagte Herr Fiedler und warf den Stift auf den Tisch.
Er berichtete Theo von Charlies Arbeitsplatz und von der Sperrung des Turmes. Dann erzählte er von der Begegnung mit dem Braumeister.

»Um ein Abfallprodukt der Brauerei als Arzneimittel zu verkaufen, muss man sicher auch Studien über die Wirksamkeit durchführen und besondere Hygienevorschriften einhalten«, sagte Theo. »Wenn man das Präparat in Tablettenform verkaufen will, muss man eine Verpackungsmaschine für Blisterverpackungen haben und vermutlich einen Reinraum, damit die Abfüllung unter sterilen Bedingungen stattfindet«, fuhr er fort. »Das hört sich ziemlich teuer an.«

»Zumal dort gerade jede Menge Geld investiert wurde und auch kein weiterer Platz zur Verfügung steht«, bestätigte Herr Fiedler und beschrieb die Fass- und Flaschenabfüllanlagen, die modernen, hochglänzenden Edelstahltanks und die erneuerten wasserdichten Fußböden in der gesamten Brauerei.

»Allerdings gehen wir jetzt einen Schritt zu weit«, sagte Theo plötzlich und hob die Hand. »Entscheidend bei der Frage, ob Brunos Tod vielleicht doch kein Selbstmord war, ist nicht die Überlegung, ob der Verkauf der Filterrückstände als Arznei möglich wäre sondern die Überlegung, ob der Jungbraumeister Becker den Verkauf für möglich hielt.«

Herr Fiedler nickte.

»Und ob sein Wille, diesen neuen Geschäftszweig zu erschließen, so stark war, dass er bereit gewesen wäre, jeden Widerstand aus dem Weg zu räumen«, vervollständigte Theo seine Überlegungen.

»Klartext: Ob er dafür einen Mord begehen würde«, fasste Herr Fiedler zusammen.

Theo nickte.

Beide dachten einen Moment über diese Frage nach.

»Wie lange hatte Bruno denn noch bis zur Pensionierung?«, fragte Theo.

»Ein Jahr«, erwiderte Herr Fiedler.

»Das ist nicht lang.«

»Du hast den Jungbraumeister nicht kennen gelernt«, sagte Herr Fiedler. »Der Mann schien mir nicht der Geduldigste zu sein.«

»Damit kennst du dich aus«, sagte Theo lächelnd.

»Ich würde allerdings nicht aus Ungeduld morden«, stellte Herr Fiedler klar.
»Er vielleicht auch nicht«, entgegnete Theo.
»Hm, dann sind wir nicht viel weiter als vorher«, murmelte Herr Fiedler.
Sie erklärten die Lagebesprechung für beendet und zogen sich jeder mit einem Buch in ihre Lieblingssessel zurück.

\*

Mit einem Bein im Nichts und dem anderen angewinkelt auf einem Brett, das ebenfalls gerade wegbrach, war die einzige überhaupt mögliche Bewegung das Strecken des rechten Knies, und das tat Charlie. Instinktiv. Dabei riss sie die Arme nach vorn in der Hoffnung, irgend etwas zu fassen zu bekommen, an dem sie sich festhalten konnte. Sie hatte Glück. Der dicke Eisenträger, auf dem die morschen Bretter gelegen hatten, war in Reichweite. Beide Arme fanden Halt, der aber trügerisch war. Der Träger war rostig, voller Blasen und scharfen Kanten, die sich in Charlies Unterarme bohrten. Mit zusammengebissenen Zähnen hing sie wie ein schlaffer Sack herunter, ihre Füße über dem tödlichen Abgrund, ihre körperliche Kondition am untersten Ende der Skala, wie sie es immer gewesen war. Sport war ihr verhasst, sie ging lieber aus, genoss das Leben und schwitzte freiwillig nur im Sommer, wenn sie sich leicht bekleidet in die pralle Sonne setzte. Jetzt allerdings schwor sie sich, bei der nächsten sich bietenden Gelegenheit eine Mitgliedschaft auf Lebenszeit im nächstgelegenen Fitnesscenter zu buchen. Vorausgesetzt natürlich, dass ihr noch Lebenszeit beschieden war.
Sie nahm all ihren Mut zusammen, eine Menge, die in die Tränendrüse einer Ameise gepasst hätte, und holte mit beiden Beinen Schwung. Wie ehedem im Schulsport auf dem Barren oder am Reck. Schon damals hatte sie den Trick nicht beherrscht, allerdings war auch ihre Motivation nie die größte gewesen. Das war jetzt anders. Wenn ein Absturz droht, bekommt der Wille zum

Erfolg einen ungeahnten Schub. Beim dritten Mal schaffte sie es, ein Bein auf den Eisenträger zu legen und den Fuß so dahinter zu verkeilen, dass sie sich millimeterweise weiter hinaufziehen konnte. Sie brauchte vermutlich etwa vier Minuten, bis sie auf dem Träger saß, hatte aber den Eindruck, dass es Stunden, wenn nicht gar Tage oder Wochen waren, in denen sie mit der Schwerkraft rang. Ihr ganzer Körper war von einer eiskalten Schweißschicht bedeckt, ihre Hände zitterten und ihre Lungen pumpten die Luft so schnell herein und hinaus, dass sie befürchtete, gleich hyperventilierend vom gerade erklommenen Träger zu fallen.
Sie fiel nicht.
Nach einer Ruhepause, in der sie sich beglückwünschte, noch am Leben zu sein und gleichzeitig ihre missliche Situation rittlings auf einem Träger etliche Meter über dem Abgrund im Stockdunkeln verwünschte, rutschte sie langsam vorwärts, indem sie sich auf die Hände stützte und dann den Po nachzog. Sie hatte so komplett die Orientierung verloren, dass sie nicht einmal mehr wusste, ob sie in die richtige Richtung rutschte, aber es war das einzige, was sie tun konnte. Nach einigen Metern erreichte sie einen Abschnitt, in dem die Bodenbretter noch auf dem Träger lagen. Sie konnte nun nicht mehr rittlings auf dem Träger sitzen, wollte sich aber auch nicht der verführerischen aber trügerischen Sicherheit des morschen Fußbodens anvertrauen, also kroch sie auf allen vieren weiter. Durch Klopfen auf die Bretter vergewisserte sie sich, dass sie dort kroch, wo der Träger war. Klang das Klopfen hohl, korrigierte sie sofort die Richtung.
Es mochten zwanzig Minuten oder sogar eine Stunde vergangen sein, als sie endlich an der Treppe ankam. Charlie hockte sich auf die oberste Stufe und heulte. Erst als die Tränenflut versiegte, rutschte sie auf dem Hosenboden die Treppe hinunter, strauchelte kurz, als sie unten auf ihre Lampe trat, fluchte laut, als sie die Holzabsperrung vor dem Braumeisterkabuff überwinden musste und ging mit wackeligen Knien in ihr Büro. Keinesfalls würde sie die Nacht hier verbringen und Jens morgen in ihrem mitgenommenen Zustand unter die Augen treten können, sie brauchte also

eine Möglichkeit, das Gelände zu verlassen. Ein Blick auf die Uhr zeigte, dass es bereits halb zwei war. Ihr Abenteuer hatte zweieinhalb Stunden gedauert und ihr außer einem riesigen Schrecken nichts eingebracht. Doch, sie hatte Bruno Gerbers Schlüssel gefunden. Aber welchen Schluss ließ dieser Fund nun zu?

Sie verließ das Gebäude durch die Seitentür, die als Notausgang angelegt und daher von innen jederzeit zu öffnen war, und kletterte am hinteren Ende des Geländes über die alte Mauer. Als sie glücklich auf der anderen Seite auf dem unebenen Boden aufkam, verfluchte sie ihre Dummheit. Mit Brunos Schlüsselbund hätte sie sich das Tor aufschließen und gemütlich herausspazieren können.

Sie brauchte zehn Minuten für die dreihundert Meter bis zu ihrem Auto und fuhr in Schlangenlinien nach Hause. Gut, dass ihr keine Polizeistreife begegnete, sie wäre sicherlich sofort festgenommen worden.

Nie wieder, schwor sie sich, würde sie auf eigene Faust solch eine dumme, lebensgefährliche Aktion starten. Nie wieder.

# Maltoserast

*Wieder wird die Temperatur um 1°C pro Minute auf 65°C erhöht und 40 Minuten konstant gehalten. Während des Temperaturanstiegs muss durchgängig, während der Maltoserast gelegentlich gerührt werden. Spätestens jetzt ist es vorteilhaft, Helfer mit frischen Armmuskeln zu haben. Wir sind in der vierten Stunde.*

Ab sieben Uhr war Einlass und so standen Herr Fiedler und Theo um Punkt sieben Uhr vor der großen Flügeltür, die mit leichter Verspätung kurz darauf geöffnet wurde. Sie suchten sich die vordersten zwei Plätze an einem der langen Tische, die in Längsrichtung des Saales aufgestellt waren, direkt hinter denjenigen, auf denen die »Reserviert« Schilder standen, jedes mit dem Namen einer Brauerei oder eines Verbandes, einer Institution oder Kammer beschriftet. Der Saal füllte sich schnell und die Kellner liefen umher und nahmen die Bestellungen auf.
»Was darf's sein?«, fragte der junge Mann, der an den Tisch der beiden alten Herren getreten war.
»Ur-Alt«, bestellte Herr Fiedler.
»Ich habe Sie nicht nach Ihrem Alter gefragt«, entgegnete der Köbes mit betont unschuldiger Miene.
»Und ich habe damit nicht Ihre Lebenserwartung gemeint. Jedenfalls nicht, wenn Sie Ihre Gäste weiter so behandeln«, gab Herr Fiedler zurück. »Tatsächlich handelte es sich um meine Bestellung.«
»Hammanich«, nuschelte der Köbes.
»Das kann nicht sein«, entgegnete Herr Fiedler. »Das ist das prämierte Bier, darum geht es heute Abend, es ist der Grund für diesen ganzen Aufmarsch.«
»Wir sind brauereigebunden«, entgegnete der Kellner, als sei damit alles gesagt.
»Ich hätte gern einen trockenen Weißwein«, bestellte Theo mit einem leichten Lächeln. »Wenn das mit dem Bier hier so schwierig ist ...«, sagte er in entschuldigendem Tonfall zu seinem alten Freund.
»Da wird doch der Ausguck im Mastkorb verrückt«, murmelte

Herr Fiedler. »Bringen Sie mir eine große Flasche Mineralwasser, bitte«, bestellte er.

»Mit viel, wenig oder ohne Kohlensäure, in der Glasflasche mit Kronkorken oder Plastik, natriumarm oder reich an Magnesium, aus vulkanischem oder Kalkgestein, deutsches, französisches oder italienisches Wasser?«, leierte der Kellner herunter.

»Jetzt reicht es.« Herr Fiedler fuchtelte mit der Hand in der Luft herum, so dass der Kellner sich genötigt sah, einen Schritt zurück zu treten. »Ein Wasser mit Kohlensäure. Das preiswerteste, das Sie haben. Den Jahrgang und die Farbe des Etiketts überlasse ich Ihrer professionellen Empfehlung.«

Der Kellner deutete, jetzt mit einem breiten Grinsen im Gesicht, eine Verbeugung an und zog von dannen.

»Hat man so etwas schon gehört«, murmelte Herr Fiedler, konnte aber seinen ernsten Gesichtsausdruck nicht beibehalten. Theo und er lachten sich an.

»Ist die Welt verrückt, Theo?«, fragte Herr Fiedler seinen Freund.

»Aber selbstverständlich«, entgegnete dieser.

Sie wurden von Charlie unterbrochen, die zusammen mit den Kollegen und dem Chef den Saal betreten und die beiden Herren gleich gesehen hatte.

»Sie sehen fürchterlich aus, mein Deern«, begrüßte Herr Fiedler die Studentin. »Was haben Sie letzte Nacht getrieben?« Er beugte sich vertraulich zu Charlie. »Oder sollte ich das lieber nicht vor Theos Ohren fragen?«

Theo verdrehte die Augen, erhob sich formvollendet, drückte Charlies Hand und entschuldigte sich wortreich, als sie zusammenzuckte. Ihre Hand war bandagiert.

»Ich werde es Ihnen nicht erzählen, aber es ist nichts Erotisches.« Theo errötete.

»Das gereicht Ihnen zum Ruhme«, sagte Herr Fiedler.

»Wohl kaum«, entgegnete Charlie und verzog das Gesicht. »Weder erotisch noch ruhmvoll, aber, wie gesagt, streng geheim.«

Herr Fiedler überlegte einen Moment, dann kam ihm die Erleuchtung.

»Sie sind im Turm herumgeklettert«, sagte er.
Theo holte entsetzt Luft.
»Bingo«, sagte Charlie mit einem Seufzer. Sie blickte sich vorsichtig um, konnte den Chef aber nicht in unmittelbarer Nähe entdecken. »Aber erzählen Sie das bloß nicht weiter.«
Herr Fiedler sah sie mit einem, wie er hoffte, strengen Blick an. »Sie sind wirklich die unvernünftigste Person, die ich kenne«, sagte er. »Ihr Chef hat recht, ein Toter ist genug. Warum haben Sie das getan?«
Charlie hob die Schultern und ließ sie kraftlos wieder fallen. »Ich habe Brunos Schlüssel gesucht.«
Herr Fiedler und Theo blickten sich verständnislos an.
»Brunos Schlüssel war verschwunden, hat Ihnen Frau Gerber nicht davon erzählt?«
Die Herren schüttelten den Kopf. Das hatte Bettina Gerber wohl vergessen.
»Jedenfalls dachte ich mir, wenn der Schlüssel nicht wieder auftaucht, dann wäre das ein Indiz, dass jemand ihn weggenommen hat, dass Bruno also nicht allein war, als er fiel.«
»Und?«, fragte Herr Fiedler.
»Ich habe ihn gefunden«, sagte Charlie. Sie zeigte dabei keine Siegesfreude.
»Das hätte man sicher auch ohne Lebensgefahr für Sie klären können, nicht? Oder wollten Sie einfach schlauer sein als alle anderen?«
Herr Fiedler stellte selbst ein wenig erstaunt fest, dass er tatsächlich böse auf Charlie war. »Immer muss man sich Sorgen um Sie machen«, schalt er sie. »Und, das können Sie mir glauben, ich mache mir Sorgen!«
Theo legte ihm eine Hand auf den Arm, aber Herr Fiedler wollte sich noch nicht besänftigen lassen. »Wenn ich das gewusst hätte, hätte ich Ihnen überhaupt nichts von Bettina Gerbers Verdacht erzählt.«
Charlie sah zerknirscht aus, das rechnete Herr Fiedler ihr positiv an.
»Ich werde nicht wieder so etwas Dummes tun«, versprach sie.

»Das hoffe ich, mein Deern, das hoffe ich. Denn eines Tages wird eine Ihrer Eskapaden schlecht für Sie ausgehen, und ich habe es satt, dauernd andere Leute zu begraben.«

So, jetzt war es heraus. Er hatte die Worte ausgesprochen ohne sich vorher Gedanken darüber gemacht zu haben, aber er spürte, dass diese Wahrheit schon lange in ihm schwelte. Er war über achtzig Jahre alt und fühlte sich gesund und munter, aber um ihn herum starben die Leute wie die Fliegen. Jüngere Leute als er. Seine Frau tot, sein Sohn tot, Theos Frau, Annabelle Sievers, Bruno Gerber, er war es einfach satt.

Theo legte ihm wieder eine Hand auf den Arm, dieses Mal hatte er Tränen in den Augen. Charlie stand neben seinem Stuhl, sie sah verwirrt und erschrocken aus.

»Ist gut, mein Deern, ich kriege mich schon wieder ein.« Herr Fiedler nahm einen Schluck von Theos Wein, der gerade gebracht worden war. »Aber ich meine es ernst. Versprechen Sie mir, dass Sie möglichst wenig Dummheiten machen und wenn, dann lieber erotische als lebensgefährliche, versprochen?«

Charlie versuchte ein Grinsen, das noch ein bisschen unsicher aussah. »Dass mir ein Greis jenseits des Verfallsdatums erotische Abenteuer ans Herz legt, glaubt mir kein Mensch.«

Trotz ihres flapsigen Tons hielt sie Herrn Fiedler die bandagierte rechte Hand hin. Er schlug ein.

»Versprochen«, sagte Charlie feierlich, bevor sie sich umwandte und zu ihren Kollegen ging.

»Piet Fiedler, du hast eine zugegebenermaßen unvernünftige aber doch liebenswerte junge Frau furchtbar verunsichert und mir den halben Wein weggetrunken«, sagte Theo leise. »Ist es damit gut oder möchtest du darüber reden?«

Herr Fiedler schüttelte den Kopf. »Es ist gut, Theo. Ich weiß auch nicht, woher dieser plötzliche Ausbruch kam, aber jetzt ist die Luft rein.« Er schenkte seinem Freund ein breites Grinsen. »Ich bin glücklich und zufrieden und lebe in erwartungsvoller Vorfreude auf ein mineralisch prickelndes Erlebnisgetränk. Wo bleibt der Tünnes bloß?«

Der inzwischen abgehetzt aussehende Ober kam, brachte das Mineralwasser, das in einer blauen Glasflasche eindrucksvoll aussah aber normal schmeckte – und damit immer noch besser als er befürchtet hatte, wie Herr Fiedler anmerkte – und der offizielle Teil der Altbier-Prämierung begann.

Der erste Redner, der sich offenbar für eine Berühmtheit hielt, denn er stellte sich nicht vor, ließ es sich nicht nehmen, seine Ausführungen mit den Worten »schon im frühen Mittelalter« zu beginnen, was bei etlichen Gästen ein erschrecktes Gemurmel auslöste, das der Redner wahrnahm und sogleich beschwichtigend anfügte, bei ihm dauere das Mittelalter exakt eineinhalb und die Neuzeit drei Minuten. Erleichtertes Gelächter im Saal, die Stimmung hob sich.

Tatsächlich hielt der Redner sich an die alte Regel, eine gute Rede sei immer auch eine kurze, und überließ das Feld schnell dem Hauptredner, einem gewissen Herrn Dr. Thorwald von einer Organisation, die Werbung und Tourismusförderung für den Niederrhein betrieb. Er nannte zwar den ganzen langen Namen der Organisation, gab aber zu, dass die saloppe Bezeichnung »Gästebeschaffungsgesellschaft« den Zweck der Unternehmung ausreichend wiedergab.

»Der Niederrhein ist die Wiege des Altbieres«, erklärte Dr. Thorwald, »denn, um die Worte meines Vorredners aufzunehmen, schon im frühen Mittelalter gab es nur wenige Kilometer von hier die erste Altbierbrauerei der Welt.«

Die Bolten-Bande pfiff und klatschte.

»Damals allerdings wurde dort ein Gesöff gebraut«, die Bolten-Bande buhte laut, Dr. Thorwald nickte wichtigtuerisch und um Ruhe bittend mit erhobenem Zeigefinger, »wurde dort ein Gesöff gebraut, das mit dem, was wir heute unter Altbier verstehen, etwa so viel Ähnlichkeit hat wie Getreidekaffee mit italienischem Espresso.«

Ein Mann von einem der Tische, an denen die nächstplatzierten Brauereimitarbeiter untergebracht waren, rief laut »Pfui Spinne«, was lautes Gelächter im Saal auslöste. Herr Fiedler kicherte, Theo lächelte zurückhaltend.

»Ja, wenn man bedenkt, dass der Hopfen erst kürzlich zum Bier stieß, also vor etwa sechshundert Jahren …«
Wieder Lacher aus dem Publikum.
»… und dass vorher eine Kräutermischung aus Lorbeer, Wacholder, Anis und sogar Torf zum Würzen des Bieres verwendet wurde, dann wird einem auch heute noch ganz flau.«
Wieder riefen einige »Pfui Spinne« und »Igitt«.
»Zum Glück änderten sich die Zeiten und heute wird am Niederrhein ein Bier gebraut, das zwar Altbier heißt, aber ausgesprochen jung und frisch daherkommt.«
Alle Brauereivertreter applaudierten mit erhobenen Händen, man hätte meinen können, in einem Rockkonzert zu sein, in dem die Krachmacher auf der Bühne das Publikum dazu aufforderten, die Arme in die Höhe zu recken und mitzuklatschen. Herr Fiedler zog seine Strickjacke aus, denn nicht nur die Stimmung stieg, sondern auch die Temperatur im Saal.
»Die Jury hatte es schwer«, sagte Dr. Thorwald gerade, und ein mitleidiges »Ooooch« brandete durch den Saal.
»Wir hatten siebzehn Wettbewerbsteilnehmer, die ihr Altbier in eigens von uns zur Verfügung gestellte Flaschen abgefüllt und zur Prämierung eingereicht haben. Durch die gleichartigen, mit Codenummern markierten Flaschen war es den Jurymitgliedern unmöglich, die jeweilige Brauerei zu erkennen, die Proben fanden also blind statt. Die ursprüngliche Idee, der Jury das Bier bereits eingeschenkt im Glas zu servieren wurde verworfen, weil es beim Altbier nach dem Einschenken keine weitere Verzögerung mehr geben sollte, und auch das Geräusch beim Öffnen der Flasche ein Qualitätsmerkmal ausmacht.«
Die Bolten-Bande machte mit dem Finger im Mund das Ploppgeräusch beim Öffnen der Bügelflaschen nach und brach dann in albernes Gelächter aus. Dr. Thorwald musste pausieren, bis der Lärm wieder nachließ. Dann rief er nacheinander die Brauereivertreter mit den Platzierungen zwei bis fünf auf die Bühne, verlor jeweils ein paar lobende Worte über die Altbiere, die im

Wettbewerb gestanden hatten, und überreichte jedem Repräsentanten eine Urkunde.

Als die Brauer wieder an ihren Tischen saßen und Dr. Thorwald die Bühne für sich allein hatte, beugte er sich zum Mikrofon und flüsterte fast: »Die Jury war von der hohen Qualität aller zum Wettbewerb angemeldeten Biere beeindruckt, aber letztlich kann es nur einen Sieger geben und der heißt: Boltens Ur-Alt!«

Am Tisch der Bolten Brauerei brach die Hölle los, der Chef zwängte sich an den Mitarbeitern vorbei, die ihm auf die Schultern klopften, und stieg zu Dr. Thorwald auf die Bühne, wo er, während der Applaus im Saal noch andauerte, eine Urkunde entgegennahm.

»Herr Hollmeier, ich gratuliere Ihnen ganz herzlich zum besten Altbier am Niederrhein«, schrie Dr. Thorwald gegen den Applaus an, dann stellte er ein Schild mit dem Schriftzug »Michel Hollmeier, Privatbrauerei Bolten« auf das Pult, an dem er gesprochen hatte, und verließ die Bühne.

Hollmeier, der ein Cordjackett über einem hellblauen Hemd ohne Krawatte trug, stand ein bisschen linkisch herum, hielt mit beiden Händen die Urkunde umklammert und wartete, bis der Lärm nachließ.

»Ja also, vielen Dank«, sagte er mit sicherer Stimme. »Es ist erfreulich, dass die älteste Altbierbrauerei der Welt nicht etwas das älteste, sondern das beste Altbier am Niederrhein braut.«

Seine Leute jubelten ihm zu, der Rest der Gäste applaudierte, Herr Fiedler so kräftig, dass er fast die blaue Mineralwasserflasche umgestoßen hätte, Theo etwas verhaltener.

»Ich will keine langen Reden schwingen, nur zwei Dinge liegen mir am Herzen. Erstens können Sie an meinem jugendlichen Äußeren erkennen, dass ich nicht zu den Gründern der Brauerei gehöre«, ein paar Pfiffe ertönten, die Hollmeier ein schelmisches Lächeln entlockten. »Ich nehme die Pfiffe als Bestätigung, danke sehr, die Dame.«

Er hatte die Lacher auf seiner Seite.

»Ich bin also erst seit kurzem Inhaber der Brauerei und gebe die

Ehre, das beste Altbier am Niederrhein zu brauen, an meine Mitarbeiter weiter.«
Die Bolten-Bande geriet völlig aus dem Häuschen, Theo hielt sich die Ohren zu.
»Zweitens möchte ich Sie alle für den kommenden Samstag zur wärmsten Biergarten-Karnevals-Feier des frostigen Niederrheins einladen, wo es aus besonderem Anlass eintausend Liter preisgekröntes Ur-Alt zum halben Preis gibt.«
Jetzt kam der lautstarke Ausdruck der Begeisterung von den Gästen im Saal, einzelne Bravo-Rufe waren von weiter hinten zu hören, wo, wie Herr Fiedler mit einem Blick über die Schulter feststellte, die Theke in mehreren Reihen umlagert war.
Hollmeier nutzte den Lärm, um noch einmal leutselig in die Menge zu winken und die Bühne zu verlassen.
Dr. Thorwald trat wieder ans Mikrofon, wartete einige Augenblicke vergeblich, dass der Geräuschpegel sank, brüllte ein freundliches Dankeschön an alle Gäste und verließ die Bühne.

Theos Wein war längst ausgetrunken, er goss sich einen Schluck Mineralwasser aus der blauen Flasche ein, verkostete ihn mit großen Gesten und wandte sich dann lächelnd an Herrn Fiedler.
»Du bist doch ein ausgefuchster Altbierspezialist, seit du am wunderbaren Niederrhein lebst. Kennst du die anderen Biere?«
»Zunächst, lieber Theo«, entgegnete Herr Fiedler mit gerunzelter Stirn, »klingt deine Formulierung ein bisschen anrüchig, ich lege also Wert auf die Feststellung, dass mein Bierkonsum noch unter der von der Deutschen Gesellschaft für Ernährung als gesund und sogar gesundheitsförderlich empfohlenen Menge liegt.«
Theo nahm die Richtigstellung mit einer huldvollen Geste der rechten Hand zur Kenntnis.
»Weiterhin kann ich deine Frage mit einem klaren Jein beantworten.«
Herr Fiedler grinste spitzbübisch.
Theo tat ihm den Gefallen und fragte »Jein?«.
»Die Plätze zwei, vier und fünf sind mir bekannt, drei nicht.

Bei Nummer zwei hege ich allerdings ernsthafte Zweifel, ob die Jury dasselbe Bier probiert hat wie ich.«

»Nummer zwei ist die Neersener Quelle, richtig?«

Herr Fiedler nickte. »Als ich es probiert habe, was allerdings etliche Jahre her ist, schmeckte das Zeug in der Flasche nicht wie Bier, sondern wie in Spülmittel aufgelöstes Graubrot.«

Theos Augenbrauen zuckten nach oben. »Du übertreibst«, sagte er.

»Stimmt«, gab Herr Fiedler mit gesenktem Kopf zu. »Es war kein Grau-, sondern Schwarzbrot.« Er grinste.

»Du willst mir also auf deine unvergleichlich sachliche Art zu verstehen geben, dass das Bier nicht preiswürdig war«, resümierte Theo.

»Dieses Zeug konnte ich nicht einmal für die Schneckenfallen in meinem Salatbeet einsetzen, weil die schleimigen Viecher einen Bogen darum machten.«

Theo nickte.

Herr Fiedler schüttelte den Kopf. »In dieser Brauerei muss der Blitz eingeschlagen oder der Heilige Geist in die Maische gefahren sein, damit das Gebräu eine Jury überzeugen kann.«

»Nun, die Zeiten ändern sich«, sagte Theo.

Herr Fiedler nickte. »Wir sollten von allen Bieren ein oder zwei Flaschen kaufen und probieren, damit wir die Entscheidung der Jury nachvollziehen können.« Er grinste. »Rein wissenschaftlich, versteht sich.«

»Versteht sich«, bestätigte Theo.

Die Sitzordnung hatte sich inzwischen aufgelöst, viele Plätze an den Tischen waren frei, immer mehr Gäste drängten an die Theke. Auch die Stühle neben Theo und Herrn Fiedler waren freigeworden, wurden aber jetzt von zwei Männern belegt, von denen der eine sich mit Schreibblock und Stift als Journalist zu erkennen gab und der andere eben noch auf der Bühne gestanden hatte: Es war Joachim Nesgraf aus Neersen, Gewinner des zweiten Platzes, dessen Prämierung Herrn Fiedler so verwundert hatte.

»Wir dürfen doch ...?« fragte Nesgraf und blickte Herrn Fiedler dabei an.

Herr Fiedler legte sich eine Hand hinter die Ohrmuschel, sah Nesgraf an, blickte dann auf die Stühle neben sich und sagte lauter als nötig: »Bitte sehr.«

Theo fuhr sich mit der Zunge über die Oberlippe, eine Geste, die, wie Herr Fiedler wusste, ein Lächeln unterdrückte.

Es war doch gut, wenn man sich seit vielen Jahren, sogar Jahrzehnten kannte. Auch Theo, da war Herr Fiedler sich ziemlich sicher, hatte in dem Moment, in dem Nesgraf bei ihnen auftauchte, eine Chance gesehen, irgendetwas Interessantes zu erfahren. Und was war besser geeignet, Menschen in der trügerischen Sicherheit einer erhofften Intimität zu wiegen, als das vermeintliche Wissen um die fortgeschrittene Schwerhörigkeit des Sitznachbarn.

Nach einigem einleitenden Geplänkel stellte der Journalist seine erste Frage:

»Sind Sie stolz auf den zweiten Platz oder ärgern Sie sich, dass es nicht der erste ist, den Sie belegt haben?«

Nesgrafs Lächeln, das die ganze Zeit über auf seinen gut aussehenden Zügen lag, blieb weiter freundlich. »Zunächst bin ja nicht ich auf den zweiten Platz verwiesen worden, sondern mein Bier«, scherzte er.

Der Journalist lächelte.

»Und die Jury hat sich lange nicht zwischen dem ersten und dem zweiten Platz entscheiden können«, wiederholte Nesgraf eine Bemerkung, die Dr. Thorwald eben anlässlich der Urkundenverleihung gemacht hatte. »Es ist letzten Endes eine Geschmacksfrage und liegt an der Zusammensetzung der Jury. Im nächsten Jahr wird die Entscheidung vielleicht genau anders herum fallen.«

Der Journalist, der neben Theo saß, schrieb eifrig mit, Herr Fiedler beobachtete Joachim Nesgraf unter halb geschlossenen Lidern. Der Mann war jung, kaum vierzig, nicht sehr groß und ein bisschen stämmig, aber mit seinen Grübchen und dem markanten Kinn sicher recht erfolgreich beim weiblichen Geschlecht. Unter dem Jackett aus beigem Cordstoff trug er einen grauen Rollkragenpullover. Ein breiter, silberner Ring war neben einer unauffälligen Armbanduhr das einzige sichtbare Schmuckstück.

»Sie haben die Brauerei vor einem Jahr geerbt«, sagte der Journalist. »War es schwer für Sie, als neuer Inhaber akzeptiert zu werden?«

Oho, dachte Herr Fiedler, das ist eine sehr persönliche Frage. Ob der Schreiberling schon etwas weiß, das ihn zu dieser Frage veranlasst hat?

Nesgrafs Antwort bestätigte Herrn Fiedlers Vermutung.

»Natürlich, immerhin war ich nach meiner Ausbildung kurz in der Brauerei tätig und bin dann wegen der ständigen Auseinandersetzungen mit meinem Vater aus dem Familienbetrieb weggegangen. Die meisten Mitarbeiter kannten mich noch von damals und etliche von ihnen haben sicher mir die Schuld an den Streitigkeiten gegeben. Aber das ist jetzt vorbei, wir sind eine gut eingeschworene Mannschaft.«

»Was haben Sie in dem Jahr alles verändert?«, fragte der Journalist.

»Ich habe das Logo überarbeitet, den Betrieb modernisiert, neue Vertriebspartner gefunden und bin in der örtlichen Gastronomie im Ausschank«, sagte Nesgraf.

Herr Fiedler fand, dass die Aufzählung klang, als wäre sie auswendig gelernt, so fließend kam die Antwort. Allerdings konnte es auch sein, dass er einfach schon zu häufig genau diese Antwort auf genau diese Frage gegeben hatte.

»Das ist fast wortwörtlich das, was Ihr wichtigster Konkurrent und Gewinner des ersten Platzes gesagt hat«, entgegnete der Journalist. Seine Stimme klang erstaunt.

»Das ist nicht erstaunlich«, sagte Nesgraf, »denn unsere Unternehmen sind sehr ähnlich aufgestellt. Regionale, inhabergeführte Spezialitätenbrauereien mit langer Tradition und modernen Brauanlagen. Da werden Sie von keinem der beiden Unternehmer hören, dass der wichtigste Markt Japan sei.«

Er lächelte wieder sein jungenhaftes Lächeln, Theo zog eine Augenbraue hoch und nickte leicht, Herr Fiedler achtete darauf, weiter so zu tun, als höre er nichts. Zum Glück saßen die Spre-

chenden links von ihm, sonst hätte er nicht schauspielern müssen, denn auf dem rechten Ohr war er wirklich inzwischen fast taub. Ihm fiel ein, dass er einen Termin beim Hals-Nasen-Ohren Arzt hatte. Er seufzte.
Der Journalist formulierte seine nächste Frage: »Dr. Thorwald sagte eben so schön: Es kann nur einen geben. Gilt das auch für die Konkurrenzsituation mit Bolten? Ist das ein Wettkampf auf Leben und Tod, bei dem nur eine Brauerei übrig bleiben kann, weil der regionale Markt zu klein für zwei starke Marken ist?«
Herr Fiedler empfand mehr und mehr Respekt für den Journalisten, der gut vorbereitet war und interessante Fragen stellte. Allerdings fragte Herr Fiedler sich, ob die Formulierung »auf Leben und Tod« einen tieferen Sinn mit Anspielung auf Bruno Gerber haben sollte oder nur dem dramatischen Effekt diente, den Journalisten gern in ihre Artikel oder Interviews einbauten.
Die Qualität der Fragen wurde durch Nesgrafs Reaktion bestätigt, denn es schien Herrn Fiedler, als fühle er sich ein wenig unwohl. Sein Lächeln wirkte bemüht, als er sagte: »Ich bitte Sie, hier von einem Kampf auf Leben und Tod zu sprechen ist eine vollkommen unpassende Formulierung, denn unsere Mittel sind fair, und am Ende entscheidet der Verbraucher.«
Nun, damit war die Frage nicht wirklich beantwortet, aber ein Nachfassen seitens des Journalisten wurde unmöglich gemacht, als Nesgraf von zwei Männern weggeholt wurde, die etwas von einem Fototermin murmelten. Er entschuldigte sich und verschwand, für Herrn Fiedlers Empfinden so schnell es ging, ohne zu laufen.
Der Journalist blieb sitzen, vervollständigte seine Notizen und hatte offenbar die Gegenwart der beiden älteren Herren zu seiner Rechten völlig vergessen, denn als er Schreibblock und Stift in seiner Tasche verstaut hatte, stand er auf und verließ ohne ein weiteres Wort den Tisch.

Es dauerte nach dem Weggang des Journalisten nur noch wenige Minuten, bis Herr Fiedler und Theo von dem Trubel und dem

Lärm genug hatten, sich von Charlie verabschiedeten, die Rechnung beglichen und ein Taxi nach Hause nahmen. Die Namen der vier nachplatzierten Biersorten hatten sie sich auf einen Bierdeckel geschrieben, um gleich am nächsten Vormittag die Vergleichsproben zu kaufen.

\*

Frau Heidrich sah gesund aus und frühstückte mit gutem Appetit. Dabei lauschte sie Theos Bericht über den vergangenen Abend mit bestenfalls mäßigem Interesse, wie es Theo schien.
»Aber warum wird neuerdings so ein Gewese um Altbier gemacht?«, fragte sie. »Ich habe Altbier noch nie gemocht. Mal ein Pils, ja, aber auch das nicht sehr oft. Aber Altbier?« Sie schüttelte sich.
»Es ist immerhin eine regionale Spezialität«, sagte Theo.
»Ach, Papperlapapp«, sagte Frau Heidrich.
Theo fand, dass ihr dieses Wort nicht stand. Sie hatte es von Herrn Fiedler übernommen, der mit seinem noch nicht ganz verschwundenen norddeutschen Zungenschlag und der dazu gehörigen fuchtelnden Armbewegung die notwendige Überzeugungskraft für einen derartigen Ausruf aufbrachte. Aus Frau Heidrichs Mund klang die Bemerkung fremd und irgendwie unpassend.
»Heutzutage isst und trinkt man doch überall das selbe«, fuhr sie fort. »In Rheydt gibt es mehr türkische, chinesische oder italienische Restaurants als solche, in denen man noch gute, deutsche Küche bekommt.«
Theo nickte. Er kannte zwar keine genauen Zahlen, aber den Eindruck hatte er auch.
»Vielleicht bedingt das eine das andere«, sagte er. »Je mehr fremdländische Einflüsse auf uns einstürzen, desto mehr besinnen wir uns plötzlich auf das, was bei uns gut ist.«
»Und das soll ausgerechnet Altbier sein?«, fragte Frau Heidrich. Ihre Augenbrauen waren über der Nasenwurzel zusammengezogen, was, wie Theo inzwischen wusste, heftiges Missfallen

ausdrückte. »Warum prämiert man nicht den rheinischen Sauerbraten? Oder Kohlsuppe, wie sie meine Mutter früher so lecker gekocht hat. Oder … ach, ich weiß auch nicht. Aber doch kein Bier!«

Theo enthielt sich einer Antwort, stand auf, trug das Tablett in die Küche, goss den Rest Kaffee, den Frau Heidrich immer in der Tasse zurückließ, in den Ausguss, wischte die Brötchenkrümel vom Teller in den Komposteimer und räumte Geschirr und Besteck in die Spülmaschine.

»Vielleicht könnten wir ja mal eine kleine Runde spazieren gehen«, rief Frau Heidrich aus dem Wohnzimmer.

Theo wunderte sich. Er machte alle Besorgungen für Frau Heidrich, weil sie nicht vor die Tür gehen sollte, wie ihr der Arzt geraten hatte. Zumindest nicht, solange die Temperaturen noch um den Gefrierpunkt lagen.

»Von mir aus sehr gern«, sagte Theo. »Wenn der Arzt nichts dagegen hat …«

»Eine kleine Runde hat er erlaubt«, sagte Frau Heidrich. »Natürlich nichts Anstrengendes. Einkaufen soll ich noch nicht.«

»Natürlich.« Theo unterdrückte ein Seufzen. Er half seiner Nachbarin gern, aber der morgendliche Gang zum Bäcker fiel ihm schwer. Er war im Grunde kein Frühaufsteher, sein Blutdruck war eher zu niedrig als zu hoch, was seinen Arzt freute, ihm aber morgens das Ingangkommen erschwerte. Seine Hoffnung, dass Frau Heidrich diese Besorgung bald wieder selbst übernehmen würde, hatte sich gerade zerschlagen.

»Wie wäre es, wenn Sie mich um elf Uhr abholen und wir dann um den Block gehen?«, fragte Frau Heidrich.

»Elf Uhr?«, fragte Theo zurück. Wie stellte sie sich das vor? Er musste noch einkaufen, für Herrn Fiedler und sich selbst und natürlich auch für Frau Heidrich kochen, denn sie wollte um Punkt halb eins zu Mittag essen. Eine Kleinigkeit nur, denn ihre Hauptmahlzeit nahm sie, anders als die beiden Herren, abends ein. Diese unterschiedlichen Essgewohnheiten sorgten dafür, dass Theo inzwischen mehrmals am Tag kochte, ständig auf die Uhr

sehen musste, um nur ja rechtzeitig alle Besorgungen zu erledigen, und sich zunehmend gehetzt fühlte. Wie sollte er da gerade um elf Uhr spazieren gehen?
»Das ist leider recht ungünstig«, begann Theo, und schon näherten sich Frau Heidrichs Augenbrauen einander an. »Halb vier wäre besser.«
»Aber da steht die Sonne schon so tief«, sagte Frau Heidrich. »Die schönste Zeit des Tages ist dann bereits vorbei. Die Luft wird feuchter, das ist gar nicht gut für meine Gesundheit.«
»Ja, aber um elf bin ich gerade bei den Vorbereitungen für das Mittagessen«, erklärte Theo. Er hatte ein schlechtes Gewissen, weil er der kranken Dame ihren Wunsch nicht erfüllen wollte. Andererseits wusste er aber wirklich nicht, wie er seinen Tagesplan einhalten sollte, wenn er mittendrin spazieren ging.
»Ach, dann gehen wir ein anderes Mal«, sagte Frau Heidrich mit leidender Stimme.
Theo versprach, ihr das Mittagessen pünktlich zu bringen, und ging zurück nach Hause.

# Verzuckerungsrast

*Das Vorgehen ist bekannt, die Temperatur wird um 1°C pro Minute auf 74°C erhöht und 40 Minuten konstant gehalten. Während des Temperaturanstiegs muss durchgängig, während der Verzuckerungsrast gelegentlich gerührt werden. Spätestens jetzt ist ein kleiner Snack fällig, den man mit der nicht rührenden Hand zu sich nehmen kann, denn wir sind schon über vier Stunden bei der Arbeit und bald geht das Gerödel los…*

Herr Fiedler nahm das Papier entgegen, steckte es in die Außentasche seiner Jacke, und verabschiedete sich freundlich von der Sprechstundenhilfe. Sie konnte schließlich nichts dafür. Niemand konnte etwas dafür, aber er war trotzdem in einer Stimmung, in der er gern einen Sündenbock gehabt hätte. Ein Hörgerät!
Er war nicht eitel, das war nicht das Problem. Vielmehr hatte er bei etlichen Bekannten verfolgen können, wie zeitaufwändig die Einstellung eines Hörgerätes ist. Bis man damit zurecht kam, war das Leben komplizierter als vorher. Danach wurde es vielleicht wieder einfacher, sicher würde Theo sich freuen, wenn er den Fernseher nicht immer so laut stellte, aber die Übergangszeit…
Zumal das Hörgerät ans rechte Ohr musste, wo doch die rechte Hand immer mit dem Stock beschäftigt und daher nicht frei zum Fummeln an einem Miniaturstecker war, der recht unzugänglich hinter der Ohrmuschel befestigt wurde.
Nun, er wollte sich nicht ins Bockshorn jagen lassen, das wäre ja noch schöner, das hatte er noch nie getan. Also auf zum Hörgeräteakustiker, was sein muss, muss sein.

\*

Herr Fiedler war am Telefon, als Theo von Frau Heidrich zurückkam.
»Sagen Sie noch einmal, wer Sie sind«, bat er den Anrufer, der sich mit einem unverständlichen Stakkato vorgestellt hatte.
»Behemmwehkirsch«, tönte es wieder aus dem Hörer.

Herr Fiedler seufzte.
»Mein Name ist Rüdiger Rötgens.«
Endlich! Ein verständliches Wort!
»Guten Tag Herr Rötgens«, sagte Herr Fiedler erleichtert.
»Herzlichen Glückwunsch, Herr Fiedler«, jubelte Rötgens ins Telefon. »Heute ist ein ganz besonderer Glückstag für Sie!«
Herr Fiedler war irritiert. Glückwunsch? Und was für ein besonderer Tag? Der Mann sprach aber wirklich undeutlich.
»Nein, heute ist nicht mein Geburtstag«, erwiderte Herr Fiedler. »Sie müssen mich verwechseln.«
»Nicht Geburtstag sondern Glückstag«, sagte der Anrufer. »Sie sind doch Piet Fiedler, nicht wahr? Und die Telefonnummer stimmt ja auch.«
Herr Fiedlers linkes Ohr begann zu schmerzen, so fest presste er den Hörer daran. Wenn er doch das Hörgerät schon hätte, das der Akustiker ihm anpassen wollte, dann hätte er vielleicht schon etwas mehr verstehen können. So musste er schon wieder nachfragen.
»Sprechen Sie doch bitte ein bisschen deutlicher.«
»Sie haben einen Mini gewonnen«, rief Rötgens.
»Eine Minnie?«, fragte Herr Fiedler. Dieser Kerl am Telefon wollte sich bestimmt einen Scherz mit ihm erlauben.
»Nein, einen Mini. Ein Auto«, brüllte Rötgens.
»Ein Auto?«, fragte Herr Fiedler zurück. »Mini?«
»Ja, genau!«
Herr Fiedler schüttelte den Kopf, aber dadurch verrutschte der Hörer, also hielt er schnell wieder still. Er hatte ein Mini-Auto gewonnen? Seltsam. Erstens konnte er sich überhaupt nicht erinnern, bei einem Preisausschreiben mitgemacht zu haben, und zweitens würde er doch kein Preisausschreiben machen, bei dem es ein Mini-Auto zu gewinnen gab. Oder hatte er sich vielleicht doch beteiligt, um ein Spielzeugauto für seine Urenkelin zu gewinnen? Aber sein Gedächtnis war für gewöhnlich noch sehr gut und da war nichts …
»… in Kirschrot und mit einem schwarzen Dach.«

Mist, jetzt hatte er gar nicht richtig zugehört und den Anfang des Satzes völlig verpasst. Immerhin kannte er die Farbe: rot.
»Ja, sehr schön«, sagte Herr Fiedler, weil er den Eindruck hatte, dass der Anrufer eine Erwiderung erwartete.
»Wann können Sie den Wagen denn abholen kommen?«, fragte Rötgens.
»Abholen? Können Sie mir den nicht einfach schicken?«, fragte Herr Fiedler zurück.
Einen Moment war es so still in der Leitung, dass Herr Fiedler befürchtete, sein Gehör vollständig verloren zu haben.
»Äh, nein, Sie müssten den Wagen schon abholen kommen.«
»Ja, ich werde sehen, wann sich das einrichten lässt«, sagte Herr Fiedler.
Er notierte die Adresse auf der Krefelder Straße und die Telefonnummer, unter der er einen Abholtermin vereinbaren sollte, und legte auf.
Theo blickte ihn erwartungsvoll an.
»Ich habe ein rotes Spielzeugauto gewonnen, das ich selbst abholen muss. Auf der Krefelder Straße«, sagte Herr Fiedler mit einem Kopfschütteln. »Das ist am anderen Ende der Stadt. Was für ein Aufwand!«

*

Die Herren hatten ihren Mittagsschlaf gerade beendet und saßen mit einer Kanne von Herrn Fiedlers starkem, schwarzem Tee im Wohnzimmer, als es an der Haustür klingelte. Siegfried Dengler stand vor der Tür, hinter dem hochgezogenen Schal kaum zu erkennen.
Theo, der die Tür geöffnet hatte, bat den Besucher herein.
»Da bin ich aber froh, euch beide gesund und munter anzutreffen«, sagte Siegfried, als er bei den Herren am Tisch saß und den Tee probierte. Sein Gesicht verzog sich augenblicklich, Theo reichte ihm wortlos Zuckerdose und Milchkännchen.
»Warum sollte es uns nicht gut gehen?«, fragte Herr Fiedler.

»Ihr wart gestern Abend nicht beim Kochkurs«, sagte Siegfried in vorwurfsvollem Ton. »Und da Bruno schon tot ist …«
Herr Fiedler schlug sich mit der flachen Hand an die Stirn. »Den Kochkurs haben wir ja vollkommen vergessen. Theo, wie konnten wir nur?«
Theo zuckte die Schultern. Heimlich rechnete er schon wieder aus, um wieviel Uhr er das Gemüse für Frau Heidrich aufsetzen müsste, damit es zum Abendessen gar aber nicht verkocht wäre. Gestern Abend … Ach, da waren sie doch bei der Altbierprämierung. Ja, den Kochkurs hatte er vollkommen vergessen. Im Moment hatte er einfach zu viel um die Ohren.
»Ich habe euch bei der Beerdigung gesehen«, sagte Siegfried.
»Du warst auch da?«, fragte Herr Fiedler verwundert.
Siegried nickte. »Die Gerbers und wir waren früher Nachbarn. Ich kenne seine Tochter Bettina gut, sie hat mit meinen Söhnen Fußball gespielt.«
»Hast du noch Kontakt zu ihr?«, fragte Herr Fiedler.
»Wir grüßen, wenn wir uns auf der Straße begegnen, sonst nicht.«
»Hältst du sie für glaubwürdig?«, fragte Herr Fiedler.
Siegfried runzelte die Augenbrauen. »In welcher Hinsicht?«
Herr Fiedler blickte Hilfe suchend zu Theo.
»Bettina hat uns erzählt, dass sie nicht an Selbstmord glaubt«, sagte Theo. »Sie bat uns, Augen und Ohren offen zu halten und uns umzuhören, ob es Gerüchte über einen anderen – Hergang gibt.«
»Hergang?«, fragte Siegfried. »Was meinst du mit Hergang?«
Herr Fiedler legte Siegfried die Hand auf den Arm. »Wir versuchen herauszufinden, ob Bruno wirklich Selbstmord begangen hat.«
»Was soll es denn sonst gewesen sein?«, flüsterte Siegfried.
»Es könnte ja ein Unfall gewesen sein«, sagte Theo schnell.
»Und wer sollte ein Interesse daran haben, einen Unfall als Selbstmord darzustellen?«, wollte Siegfried wissen.
»Der Arbeitgeber«, schlug Herr Fiedler vor. »Ein tödlicher Unfall am Arbeitsplatz macht immer einen schlechten Eindruck.«

Siegfried überlegte einen Moment. »Aber Bruno ist nachts gestorben. Das war doch kein Arbeitsunfall. Er hätte gar nicht mehr im Betrieb sein sollen.«

Einen Moment war es still. Die Argumentation von Siegfried war stimmig, daran gab es für Theo nichts zu rütteln. Außerdem existierte ein Abschiedsbrief, was eine für einen Unfall sehr ungewöhnliche Fügung wäre.

Siegfried erwachte aus seiner nachdenklichen Erstarrung. »Aber um eure Frage zu beantworten: Ja, ich halte Bettina für sehr glaubwürdig. Vielleicht hat sie sogar einen bestimmten Verdacht, dass es kein Selbstmord war. Was meint ihr?«

»Sie hat uns keinen konkreten Anhaltspunkt genannt«, sagte Herr Fiedler.

»Hat sie den Namen Hannes Becker erwähnt?«, fragte Siegfried.

Theo stockte der Atem. Hannes Becker, der Jungbraumeister, war nach dem bisherigen Ermittlungsstand der einzige gewesen, der eine nennenswerte Meinungsverschiedenheit mit Bruno Gerber hatte. Aber was wusste Siegfried darüber?

»Lass dir doch nicht die Würmer aus der Nase ziehen«, forderte Herr Fiedler Siegfried auf.

»Hannes und Bettina waren mal ein Paar«, sagte Siegfried.

Theo und Herr Fiedler blickten sich überrascht an.

»Wann?«, fragte Herr Fiedler.

»Vor acht oder neun Jahren, glaube ich.«

»Ist er der Vater ihrer Tochter?«, fragte Theo.

»Nein«, sagte Siegfried. »Die Kleine war ja schon da.«

»Vermutlich ist er nicht der Vater«, korrigierte Herr Fiedler. »So weit ich weiß, ist der Name des Vaters nur Bettina bekannt und die verrät ihn nicht. Es könnte also trotzdem Hannes sein.«

»Das klingt nicht sehr wahrscheinlich«, sagte Theo.

»Viel mehr interessiert mich, warum du Hannes Beckers Namen genannt hast«, sagte Herr Fiedler. »Heraus mit der Sprache: Warum sollte Bettina uns im Zusammenhang mit dem Tod ihres Vaters von Hannes Becker erzählen?«

Siegfried wand sich, trank einen Schluck Tee, verzog wieder das

Gesicht, schaufelte noch einen Löffel Zucker in die Tasse und rührte intensiv.
»Bruno hat mal geschworen, dass er den Hannes umbringt«, murmelte Siegfried in seine Tasse.
Theo zog hörbar die Luft ein.
Herr Fiedler schüttelte den Kopf. »Warum?«
»Weil Hannes der Bettina das Herz gebrochen hat, als er sie verließ.«

*

Herr Fiedler saß in seinem Lieblingssessel und wartete darauf, dass Theo von Frau Heidrich zurückkam. Zum dritten Mal hatte er jetzt diesen Abschnitt über die Entwicklung der Tulpenmanie gelesen, aber er konnte sich nicht darauf konzentrieren. Herr Fiedler legte das Buch weg.
Heute Abend sollte die private Altbierverkostung im Hause Fiedler-Streckbein starten. Das Bier befand sich draußen auf der Terrasse, damit es kühlte, aber nahe am Fenster, damit es nicht fror. Das dunkle Graubrot, das Herr Fiedler extra zu dem Zweck gekauft hatte, musste nur noch dünn geschnitten und mit salziger Butter bestrichen werden, um als Grundlage und Neutralisierungshappen zu dienen. Alles, was fehlte, war Theo. Er kümmerte sich um Frau Heidrich. Wieder einmal. Herr Fiedler diagnostizierte bei sich selbst ein Gefühl, das er selten im Leben empfunden hatte: Eifersucht.
War es Eifersucht, weil Theo der Nachbarin so viel Zeit widmete und für Herrn Fiedler und ihre gemeinsamen Spaziergänge oder das Teetrinken nach dem Mittagsschlaf weniger übrig blieb? Oder war es Eifersucht, weil Theo offenbar auf dem Weg war, eine neue Liebe zu finden?
Nein, Letzteres war es auf keinen Fall, entschied Herr Fiedler. Er hatte ein einziges Mal in all den Jahren seit Ilses Tod kurz überlegt, ob er eine neue Beziehung zu einer Frau eingehen sollte. Das war jetzt auch schon über zehn Jahre her, aber er erinnerte sich

noch ganz genau. Es war im Herbst gewesen und Herr Fiedler besuchte ein Konzert im Schloss Rheydt. Klavier. An die zum Vortrag gebrachten Stücke erinnerte er sich nicht mehr, wohl aber daran, dass die Dame neben ihm die ganze Zeit weinte. Er reichte ihr sein großes Stofftaschentuch, dann noch zwei Papiertaschentücher, danach zeigte er nur noch bedauernd den leeren Taschenbeutel. Daraufhin lächelte sie, weinte aber still weiter.

Nachdem das Konzert endlich beendet war, bedankte die Dame sich freundlich und erklärte Herrn Fiedler, dass sie eine schlimme Allergie gegen einen bestimmten Duftstoff habe, der sich offenbar im Parfum der vor ihr sitzenden Dame befände. Davon tränten ihr die Augen. Da sie erst kurz vor Beginn des Konzerts in den Saal gehuscht war, hatte sie den letzten freien Platz ergattert – und leider eineinhalb Stunden lang das Allergen eingeatmet.

Herr Fiedler hatte laut gelacht und seiner Erleichterung Ausdruck gegeben, dass der Grund für die Tränenflut nicht etwa eine lebensbedrohliche Verzweiflung sondern »nur« ein reizender Bestandteil eines kosmetischen Produkts sei. Sie hatten sich auf Anhieb verstanden.

Leider war Marialena, wie die temperamentvolle Halbspanierin hieß, nur vorübergehend in Rheydt. Bei einem ihrerseits tränenreichen Abschied, dessen Ursache diesmal nicht auf allergische Reaktionen zurückzuführen war, bat sie Herrn Fiedler, mit ihr zu kommen und in ihr großes Haus im katalonischen Vic zu ziehen. Tatsächlich überlegte Herr Fiedler zwei Tage und Nächte, bevor er sich dagegen entschied. Gelegentlich telefonierten sie miteinander, aber seine Entscheidung hatte er nicht bereut.

Bis heute?

Der Gedanke traf ihn plötzlich und unvorbereitet. Herr Fiedler holte tief Luft. Nein, das konnte nicht sein. Er fühlte sich wohl am Niederrhein, und er genoss das Zusammenleben mit Theo. Allerdings fragte er sich besorgt, wie lange es dieses Zusammenleben wohl noch geben würde?

»Wenn du lesen willst, musst du das Buch öffnen und vor die

Augen halten«, sagte Theo in diesem Moment hinter Herrn Fiedlers Sessel. Überrumpelt fuhr Herr Fiedler herum.
»Theo, was schleichst du dich an wie ein Einbrecher? Du hast mich furchtbar erschreckt!«
Herr Fiedler legte das Buch auf den Beistelltisch und stand mit Hilfe seines Stocks auf.
»Ich habe mich gar nicht angeschlichen«, entgegnete Theo. »Du hörst schwer.«
»Ich höre nicht schwer«, sagte Herr Fiedler. »Genau genommen höre ich fast gar nichts mehr.«
»Dann schaff dir ein Hörgerät an«, schlug Theo vor.
Herr Fiedler stellte fest, dass er Theo gar nichts von dem Besuch beim Arzt und Hörgeräteakustiker heute Vormittag erzählt hatte. Es war einfach alles so hektisch in letzter Zeit.
»Ich schleppe schon immer einen Stock mit mir herum«, sagte Herr Fiedler mit einem Grinsen. »Wenn ich demnächst noch ein Hörrohr brauche, habe ich gar keine Hand mehr frei.«
»Dann kannst du weder spülen noch saubermachen, ist es das, was du mir sagen willst?«, fragte Theo.
Das war es, was Herr Fiedler brauchte. Diese kleinen Wortfechtereien zwischen alten Freunden, die niemals beleidigt sind. Das Blödsinnplaudern, das die Einsamkeit vertreibt. Sich gegenseitig auf den Arm nehmen, wenn man schon niemanden mehr hat, den man in den Arm nehmen kann.
Herr Fiedler nickte eifrig. »Ja, ganz schwerer medizinischer Notfall. Keine Hausarbeit möglich.«
»Komisch, so einen Fall habe ich schon«, murmelte Theo.
»Wie geht es denn der holden Frau Heidrich?«, fragte Herr Fiedler.
»Wenn du mich fragst: bestens«, erwiderte Theo.
Herr Fiedler öffnete die Terrassentür und holte die ersten beiden der vier Flaschen Bier herein. »Platz zwei und drei?«, fragte er.
Theo nickte.
»Holst du das Brot?«
Theo nickte wieder. »Klar. Kein Stock, kein Hörrohr, ich bin

gewissermaßen prädestiniert für die niederen Handreichungen, nicht wahr?«

Sein Lächeln strafte die harten Worte Lügen.

Kurze Zeit später saßen die beiden am Tisch, jeder mit einem Teller mit gebutterten Graubrotschnitten und einem gut gefüllten Glas Altbier vor sich.

»Auf dein Wohl, Theo«, sagte Herr Fiedler. Es klang ernster, als er eigentlich beabsichtigt hatte.

»Auf dich und deine Familie«, sagte Theo.

Theo trank einen Schluck und stellte das Glas wieder ab.

Herr Fiedler wedelte mit der Hand über dem Glas hin und her, steckte die Nase in den Schaum, schlürfte ein kleines Schlückchen, legte den Kopf in den Nacken, rollte den Schluck Bier im Mund herum und musste husten, als ihm die Kohlensäure in die Nase stieg.

»Was sagt der Connaisseur?«, fragte Theo, der die Prozedur stirnrunzelnd beobachtet hatte.

»Prickelnd im Abgang«, krächzte Herr Fiedler. Dann musste er niesen.

»Ich habe keine Ahnung, wie das Zeug schmeckt«, gestand er, als er wieder klar sprechen konnte. »Durch das ganze Theater hat das Bier im Mund furchtbar geschäumt, aber überhaupt keinen Geschmack entwickelt.«

Er schnäuzte sich geräuschvoll die Nase.

»Wie gut, dass diese Jury keinen offiziellen Auftrag hat«, bemerkte Theo lakonisch. »Probier doch einfach noch einen Schluck. Deine Meinung interessiert mich sehr.«

Herr Fiedler blickte erstaunt auf. Die letzte Bemerkung klang spannend. Er beruhigte sich und trank einen großzügigen Schluck von der Neersener Quelle. Dann schloss er die Augen und konzentrierte sich ganz auf das Bier.

»Haben wir die Flaschen verwechselt?«, fragte Herr Fiedler, als er die Augen wieder öffnete.

»Aha«, sagte Theo. »Das war auch mein erster Gedanke.«

Gleichzeitig griffen sie nach der Flasche, Theo war schneller.

»Neersener Quelle« prangte auf dem unverwechselbaren dunkelroten Etikett, das eine Ansicht des Neersener Schlosses zierte.
»Da brat mir einer einen Storch«, sagte Herr Fiedler erstaunt. »Das schmeckt genau wie Boltens Ur-Alt.«

\*

Charlie saß mit Jens Weichgräber im Labor der Qualitätsprüfung. Genauer gesagt saß Jens auf dem einzig verfügbaren Stuhl und Charlie hockte auf einer Ecke des Schreibtisches, wie es sich zu den täglichen Arbeitsbesprechungen eingebürgert hatte. Jetzt allerdings war die Tür abgeschlossen, diese Zusammenkunft war nicht dienstlicher Natur sondern eine private Bierverkostung.
»Es kann doch nicht sein, dass die Jury das nicht bemerkt hat«, sagte Charlie.
Jens schüttelte den Kopf.
»Würdest du das für normal halten?«, fragte Charlie weiter, während sie abwechselnd aus beiden Flaschen trank.
»Jedes Altbier wird aus Wasser, Malz, Hopfen und Hefe gebraut«, sagte Jens. »Also sind die Unterschiede naturgemäß begrenzt.«
»Aber üblicherweise tendieren sie nicht gegen Null«, erwiderte Charlie.
»Nein«, sagte Jens. »Und das ist schon erstaunlich. Da hätte die Jury sich mal fragen sollen, ob das mit rechten Dingen zugehen kann.«
Charlie reichte die Flasche, die sie gerade abgesetzt hatte, an Jens weiter und nahm dafür seine entgegen. Inzwischen hatten die beiden Altbiere, die sie gegeneinander testeten, jeglichen Geschmacksunterschied verloren. Neersener Quelle und Boltens Ur-Alt, mit geschlossenen Augen nicht voneinander zu unterscheiden. Die Neersener Quelle war das Schädelbräu, dessen Ruf so grenzenlos schlecht gewesen war, dass kein Mitarbeiter von Bolten in den letzten Jahren freiwillig einen Schluck von dem Zeug zu sich genommen hatte. Erst gestern Abend, nach der Prämierungsfeier, kursierten die ersten Flaschen mit den schicken,

neu gestalteten Etiketten, und Jens war nüchtern genug gewesen, die Ähnlichkeit im Geschmack sofort festzustellen.
»Was machen wir denn jetzt?«, fragte Charlie.
Sie war sich nicht sicher, ob die Hitze, die sie auf ihren Wangen spürte, von dem Bier kam oder von der Tatsache, dass sie mit Jens nach Feierabend in diesem Zimmer hinter verschlossener Tür hockte und einem Geheimnis auf der Spur war.
»Testen natürlich«, sagte Jens mit breitem Grinsen und prostete ihr zu. »Das ist schließlich unser Job.«
»Dann los«, sagte Charlie und rutschte vom Tisch. Ihr war ein bisschen schwindelig.
»Moment, junge Dame«, rief Jens lachend und fing sie auf, als sie leicht schwankte. »Die Tests machen wir am Montag, jetzt ist Feierabend. Das Wochenende wird anstrengend genug.«
Charlie nickte. »Richtig, die Biergartenfete.«

\*

Charlie hatte versprochen, die beiden Herren abzuholen, und so stand um Punkt sieben Uhr abends eine hässliche Hexe vor der Tür. Theo wich erschrocken zurück.
»Ha! Verkleidung gelungen«, rief Charlie und drängte an Theo vorbei ins Haus. »Machen Sie die Tür zu, Herr Streckbein, draußen ist von der Klimaerwärmung nichts zu spüren. Es friert Stein und Bein.«
Theo trat zurück, schloss die Tür und betrachtete das hässliche Weib, das in seinem Flur von einem Fuß auf den anderen trat. Die rote Lockenmähne war das Einzige, das erkennbar zu der Charlie gehörte, die Theo recht gut kannte. Der Rest war – nun ja, gewagt. Sowohl die diversen dicken Warzen im Gesicht, bei deren Anblick Theo sich kurz fragte, woraus die wohl bestehen könnten, als auch der Höcker auf der Nase waren gut gemacht, allerdings auf den zweiten Blick als künstlich zu erkennen. Die Zahnlücke, die sich auftat, als Charlie den Mund zu einem breiten Grinsen verzog, entstellte das schon ziemlich verunstaltete Gesicht auf

geradezu unheimliche Weise. Das Drumherum vervollständigte den Eindruck von Hässlichkeit und Gehässigkeit gekonnt. Ein hoher Hut, schief und mit eingerissener Krempe bedeckte den Großteil der Haarpracht und der zerfetzte Mantel über langen, mit Flicken übersäten Röcken stank nach Mottenpulver.
»Himmel, wie konnten Sie es nur über sich bringen, sich so hässlich zu machen?«, fragte Theo.
»Die Alternative war ein Playboy-Häschen, aber das Kostüm war mir zu luftig für die eisigen Temperaturen«, entgegnete Charlie mit einem breiten, zahnlückigen Grinsen.
Theo lächelte zurück. Beide wussten, dass Charlies pfundige Figur im Häschenkostüm eher einem Mastkaninchen kurz vor dem Schlachttag geähnelt hätte.
»Und als was gehen Sie?«, fragte Charlie mit einem ausführlichen Blick auf Theos graue Bügelfaltenhose, sein hellblaues Hemd und den dunkelblauen Pullunder.
»Als verhexter Prinz«, antwortete Herr Fiedler, der – ebenfalls in Zivil – in den Flur trat. »Eine bösartige Hexe hat aus dem feschen Kerl, der Theo einmal war, einen langweiligen Pullunderträger gemacht.«
Theo lächelte nachsichtig, Charlie zwinkerte ihm zu.
»Frösche sind ja inzwischen aus der Mode, und Prinzen im Eimer über die Straße zu tragen ist sowieso irgendwie unwürdig, oder?«, setzte Herr Fiedler hinzu.
»Wir modernen Ökohexen«, sagte Charlie mit erhobenem Zeigefinger, »lehnen transgene Verhexungen von Mensch zu Tier sowieso ab. Ethisch bedingt, Sie wissen schon.«
»Ethisch, Öko, … In der Gewerkschaft sind Sie bestimmt auch, oder?«, fragte Herr Fiedler zurück.
»Klar, und deshalb wird heute Abend auch nicht gehext, denn es hat Jahrhunderte gedauert, die Fünf-Tage-Woche durchzusetzen. Also machen Sie sich keine Hoffnungen, dass ich Sie zu einem attraktiven, gesellschaftsfähigen, sympathischen, humorvollen Mann machen würde, damit Sie auch mal einen schönen Abend in Gesellschaft lustiger Menschen verbringen können.«

Herr Fiedler streckte Charlie die Zunge heraus.
Theo und Charlie blickten sich an und prusteten los.
»Was?«, fragte Herr Fiedler.
Charlie kugelte sich vor Lachen.
Herr Fiedler blickte Theo an. »Was ist denn los?«
»Hast du dir diese Verkleidung absichtlich einfallen lassen, oder war das jetzt ein Zufall?«, fragte Theo immer noch lächelnd.
»Verkleidung? Zufall?« Herr Fiedler blickte zunehmend verwirrt.
»Du siehst aus wie Einstein, wenn du die Zunge herausstreckst. Deine wirren Haare …«
»Der Ausdruck wirr ist völlig unangebracht«, warf Herr Fiedler ein.
»… und der freche Gesichtsausdruck …«, fuhr Theo fort.
»Wir sollten die Diskussion an dieser Stelle beenden, bevor weitere Gemeinheiten über mein äußeres Erscheinungsbild die Stimmung des Abends belasten könnten«, sagte Herr Fiedler, inzwischen mit einem breiten Grinsen auf dem Gesicht. »Alle Schuhe an? Dann los.«

*

Ganz Neersbroich war ein Lichtermeer. Was an Schützenfest die Wimpel, waren an diesem Abend die Lichterketten. Sie waren über die Straße gespannt, hingen vor den Häusern und leiteten die Besucher von Norden und Süden zum Biergarten, der an diesem einen Tag im Winter geöffnet hatte zur wärmsten-Biergarten-Karnevals-Feier am Niederrhein. Und tatsächlich waren erhebliche Anstrengungen unternommen worden, um die Feiernden zu wärmen. Der gesamte gepflasterte Platz war von Holzpodesten überspannt, die von unten beheizt wurden. Dieselbe Fläche war mit Zeltplanen überdacht, Terrassenheizstrahler wärmten von oben. Während draußen auf der Straße die Temperatur inzwischen deutlich unter Null lag, standen die Jecken bei angenehmen fünfzehn Grad in ihrer Wärmeblase. Das prämierte Ur-Alt floss zum halben Preis, die anderen Biere zum Normalpreis, und die

Stimmung war bereits ausgelassen, als Charlie mit ihren beiden Begleitern ankam. Sie überließ die Herren sich selbst und suchte im Gewühl nach den Kollegen.

»Ich weiß schon, warum wir normalerweise nicht zu solchen Veranstaltungen gehen«, brüllte Theo Herrn Fiedler ins linke Ohr. »Es ist doch sehr laut hier. Und kaum Sitzgelegenheiten.«

»Wir sind ja auch nicht zum Spaß hier«, brüllte Herr Fiedler zurück. »Wir haben Bettina Gerber versprochen, uns umzuhören, und da ist eine ausgelassene Feier genau der richtige Ort.«

Sie bestellten jeder ein Bier und mischten sich unter die Gäste. Selbst für Theos Ohren war die Geräuschkulisse eine Herausforderung, er konnte sich vorstellen, dass Herr Fiedler so gut wie nichts von dem verstand, was um ihn herum gesprochen wurde. Theo vernahm Gesprächsfetzen, während er sich langsam durch die Menge schob.

»… schon gehört, dass dem Knappsack die Frau weggelaufen ist?«

»… hat ja Schulden bis über beide Ohren …«

»… Sie heute ja ganz bezaubernd aus. Wollen wir woandershin gehen?«

»Wenn du noch mal zu der Tussi da drüben rüberglotzt, kannst du allein …«

Theo seufzte. Das Lauschen strengte ihn doch sehr an. Außerdem, ein schneller Blick zur Uhr beruhigte ihn vorübergehend, außerdem hatte er Frau Heidrich versprochen, heute Abend noch einmal bei ihr vorbeizuschauen. Sie hatte sich eben während des Abendessens nicht so recht wohl gefühlt. Ganz in Gedanken ging er weiter.

»… alte Braumeister vor einer Woche umgebracht. Hier im Turm«, hörte Theo plötzlich. Er machte Herrn Fiedler ein Zeichen mit dem Kopf und drehte sich selbst unauffällig um, so dass er den Sprecher sehen konnte. Der trug ein flauschiges Ganzkörperkostüm im Kuh-Look. Sogar die gesetzlich vorgeschriebenen gelben Erkennungsmarken waren an die großen Ohren aus Webpelz geheftet.

»Warum das denn?«, fragte die Frau im rosafarbenen Schweinekostüm, die ihm gegenüber stand.
»Das weiß man nicht genau«, antwortete die Kuh. »Aber man munkelt, dass es etwas mit der Prämierung zu tun hatte.«
»Das wäre aber komisch, immerhin ist doch sein Bier auf dem ersten Platz gelandet.«
»Ist ja auch nur ein Gerücht«, sagte die Kuh und drehte sich weg, um der Kellnerin zu winken.
Theo wiederholte schnell die Sätze, die Herr Fiedler nicht ganz mitbekommen hatte.
»Hilft uns das weiter?«, fragte Herr Fiedler nachdenklich. »Wir sollten bei unseren Ermittlungen auf jeden Fall überprüfen, ob die Prämierung vielleicht nicht ganz koscher verlaufen ist. Wer saß eigentlich in der Jury?«
Theo zuckte die Schultern. »Aber wenn jemand bestochen wurde, müsste man ja Geldbewegungen auf Brunos Konto sehen«, schlug er vor.
»Vielleicht wurde nicht bestochen sondern erpresst«, entgegnete Herr Fiedler.
Theo nickte. Wenn er sich selbst gegenüber allerdings ehrlich war, glaubte er an keine der beiden Versionen. Aber überprüfen musste man das.
»Gut, lass uns weiter horchen«, sagte Herr Fiedler.
Theo nickte ergeben. Er verkniff sich den Hinweis, dass er derjenige war, der so angestrengt horchte, dass er langsam Kopfweh davon bekam, während Herr Fiedler sowieso nichts verstand. Der alte Knabe brauchte wirklich dringend ein Hörgerät.
Beziehungsstress, Anbaggerei, Klatsch und Tratsch, Urlaubspläne, Krankheiten, noch mehr Klatsch, noch mehr Stress ...
Es war schon erstaunlich, was Menschen sich auf einer Karnevalsfeier erzählten, wie sie sich anbrüllten, sich zerstritten, vertrugen und zu privaten Versöhnungsfeiern zurückzogen. Meistens zu mir, selten zu dir.
Theo war erschöpft. Um halb zehn gab er auf.
»Ich kann nicht mehr«, erklärte Theo seinem Freund. »Außerdem

muss ich noch mal nach Frau Heidrich sehen, das habe ich ihr versprochen. Ich nehme mir ein Taxi. Kommst du mit?«
Herr Fiedler sah ihn mit einem, wie Theo fand, leicht vorwurfsvollen Blick an.
»Nein, ich wollte wenigstens bis zum Feuerwerk bleiben. Und ich hoffe immer noch auf mehr Information. Richtige, harte Fakten, nicht nur Gerüchte.«
Theo nickte, fühlte sich schuldig, weil er seine Ermittlungstätigkeit vorzeitig aufgab, fühlte sich auf der anderen Seite aber gut, weil er sein Versprechen Frau Heidrich gegenüber einhielt. Die Situation war verzwickt, da gab es nichts zu beschönigen. Er verabschiedete sich und stieg in eine der auf dem Parkplatz wartenden Taxen. Auf die Frage des Fahrers, ob er sich als Derrick verkleidet habe, nickte er wortlos.

Herr Fiedler bummelte, seiner Ersatzohren beraubt, durch die Menge. Ein Bier würde er noch trinken, dann fiel er mit seinem leeren Glas nicht so auf. Er machte sich auf den Weg zur Theke. Bereits nach ein paar Schritten blieb er abrupt stehen. Kaum drei Meter vor ihm stand Charlie in enger Umarmung mit Jens Weichgräber, dem Qualitätsmanager, der für die Dauer des Praxissemesters ihr direkter Vorgesetzter war. Herr Fiedler war schockiert. Nicht so sehr darüber, dass Charlie öffentlich ihren Vorgesetzten küsste, das war ja heute nicht mehr unnormal. Etwas mehr schockierte ihn der goldene Ring am Finger des Mannes. Aber was ihn am meisten ärgerte war die Tatsache, dass Charlie mit Martin zusammen war. Und Martin ging, genauso wie Charlie, in seinem Haus ein und aus. Herr Fiedler selbst hatte die beiden bekannt gemacht und er hatte sich gefreut, als es zwischen ihnen funkte. Wenn diese Liebelei nun vorbei war, dann war das für ihn in Ordnung, das mussten die beiden jungen Leute unter sich ausmachen. Aber das hier ging ihm gegen den Strich, denn eins war sicher: Martin war immer noch der Meinung, dass Charlie seine Freundin sei. Und nun stand Herr Fiedler hier und wurde Zeuge dieser Knutscherei und befand sich in dem ungewollten Dilemma des unfreiwilligen Zeugen. So ging das nicht. Herr Fiedler drängelte sich in Charlies Nähe und machte sich bemerkbar, als Weichgräber loszog, um neue Getränke zu besorgen.

»Was ist los?«, fragte Charlie mit breitem Grinsen. »Alles in Ordnung bei Ihnen?«

Herr Fiedler nickte. »Bei mir ja. Aber es gefällt mir nicht, dass Sie mich zum Zeugen Ihrer Knutscherei mit dem Qualitätsküsser machen. Sie bringen mich in eine blöde Situation, in der ich mich entscheiden muss, ob ich Sie decke oder Martin einen Tipp gebe.«

Charlie starrte ihn überrascht an. »Mensch, Herr Fiedler, nun machen Sie doch nicht so eine Szene daraus. Ein Küsschen in Ehren ...«

»Ich bin zwar sehr schwerhörig aber nicht blind, mein Deern. Das war kein Küsschen in Ehren, das war eine ausgewachsene Knutscherei. Und der Mann ist sogar verheiratet, wenn ich den Ring an seinem Finger richtig deute.«

»Haben wir beide Streit miteinander, oder was?«, maulte Charlie. »Donnerstagabend haben Sie mich angemacht, jetzt schon wieder. Ich hatte nicht gedacht, dass Sie so spießig sind.«

»Am Donnerstag hatte ich Angst um Ihr Leben!«, entgegnete Herr Fiedler heftig. Er bereute bereits, dass er Charlie direkt an Ort und Stelle angesprochen hatte. Das junge Ding wollte an einem Karnevalsabend mal ein bisschen über die Stränge schlagen, da hätte er besser beide Augen zugedrückt. Aber mit dem Augenzudrücken hatte er immer schon Schwierigkeiten gehabt. Jetzt war Charlie sauer, das hatte er nicht gewollt.

»Entschuldigen Sie, Sie haben recht, ich hätte mich nicht einmischen sollen«, sagte Herr Fiedler. »Vergessen Sie's.«

Er wollte ihr die Hand reichen, aber Charlie hatte sich bereits abgewandt. Mist.

Herrn Fiedler war die Lust auf ein weiteres Bier vergangen. Wie sollte er die Ermittlungen, um die Bettina Gerber ihn gebeten hatte, durchführen, wenn er solche Assistenten hatte? Der eine

kümmerte sich mehr um die Nachbarin als um die Ermittlungen und die andere benahm sich wie ein pubertierendes Gör und war jetzt auch noch beleidigt. Als ob die Ermittlungen in einem Fall, der für den Rest der Welt bereits als Selbstmord zu den Akten gelegt war, nicht schwierig genug wären, ließen seine beiden wichtigsten Mitstreiter ihn also nun auch noch im Stich.
Herr Fiedler beschloss, den erfolglosen Abend zu beenden und nach Hause zu fahren. Er drängelte langsam in Richtung Ausgang. Er selbst konnte aus den Gesprächen der Umstehenden nichts heraushören und selbst wenn, hätte er keine Lust mehr auf Gerüchte gehabt.
»Kein Taxi da?«, fragte Herr Fiedler den dicken Mann, der auf dem Parkplatz stand und auf das gegenüber liegende Brauereigebäude starrte.
»Sie wollen doch jetzt nicht weg?«, fragte der Mann zurück. »Das Feuerwerk geht gleich los.«
Herr Fiedler zuckte die Schultern. Er mochte Feuerwerke. Nicht die unkoordinierte, individuelle Geldverballerei zum deutschen Jahreswechsel, nach der tonnenweise Dreck auf den Straßen zurückblieb, den die Verursacher liegen ließen, bis die Stadtreinigung ihn beseitigte. Aber professionelle Feuerwerke, ja, die mochte er. Vielleicht sollte er doch noch die paar Minuten bleiben? Andererseits war es hier auf dem Parkplatz lausig kalt. Nun, er musste sich nicht sofort entscheiden, denn es war sowieso kein Taxi da. Er stellte sich zu dem dicken Mann und wartete, ohne genau zu wissen, ob er nun auf das Feuerwerk oder auf das Taxi wartete.

\*

Auf dem Flachdach zwischen dem Turm und dem hohen Gebäudeteil auf der rechten Seite der Brauerei waren Karsten und Sebastian Hansenstein mit den letzten Vorbereitungen beschäftigt. Die Holzgestelle hatten sie schon gestern installiert, die Feuerwerkskörper heute Nachmittag, die Restarbeiten innerhalb der

letzten halben Stunde. Es war das erste Mal, dass sie mit den neuen Nachtsichtgeräten arbeiteten. Sie erhofften sich durch diese Anschaffung einen Vorsprung vor der Konkurrenz. Wenn Vorbereitungen für ein manuell gezündetes Feuerwerk getroffen wurden, suchte man normalerweise einen Standort, der von den Zuschauern des Feuerwerks nicht eingesehen werden konnte, damit man Lampen installieren und im Hellen arbeiten konnte. Das war aber manchmal nicht möglich. Dann liefen die Vorbereitungen unter den Augen der Öffentlichkeit ab und das schmälerte den Effekt des Feuerwerks ganz erheblich. Mit den Nachtsichtgeräten war dieses Problem gelöst. Die Pyrotechniker hatten perfekte Sicht, ohne dass die Zuschauer etwas davon mitbekamen. Der Test verlief bis jetzt zufriedenstellend.
»Alles klar, Pyro eins?«, fragte Karsten seinen Bruder. Die Marotte, sich nicht mit Vornamen sondern mit der Position anzureden, hatten sie aus amerikanischen Filmen übernommen, in denen Helden in wichtigen Missionen im Funkverkehr Anreden wie »Flight Control« und »Zentrale« und »Houston« benutzten. Klingt irgendwie cooler. Und wenn eine Aushilfe einsprang, musste man sich nicht den Namen merken, sondern redete die Leute einfach mit der Position an.
»Alles klar, Pyro zwei«, antwortete Sebastian.
Sebastian, genannt Pyro eins, war der ältere der beiden Brüder und damit der Chef. Und der Chef entzündet das Feuerwerk. Das ist sein Vorrecht. In einigen Jahren, wenn sie sich eine richtige Profianlage würden leisten können, ginge die ganze Sache rein elektronisch vor sich, so wie bei den großen Feuerwerksshows wie »Rhein in Flammen«. Dann bestünde die Aufgabe des Chefs nur noch darin, auf einen roten Knopf zu drücken und die elektronische Schaltung übernahm die programmierten Starts. Bis zur Verwirklichung dieses Traums allerdings war die »Zündung« immer noch im wahrsten Sinne des Wortes das Entzünden der Startrakete mit einer Flamme. Und die Zündung war Chefsache und der Chef war Sebastian. Das coolste Feuerzeug der Welt allerdings gehörte Karsten und, da Pyrotechniker oft und die beiden

Hansensteinbrüder ganz besonders abergläubisch sind, wird das Feuerwerk immer mit demselben Feuerzeug entzündet und zwar mit Karstens. Wenn also die Ansage »Alles klar«, gekommen ist, wirft Karsten das Feuerzeug zu Sebastian, der entzündet die erste Rakete und dann geht alles seinen sorgfältig vorbereiteten Gang. Karsten richtete sich auf, Sebastian richtete sich auf, Karsten warf, Sebastian griff – daneben. Man hörte ein leises Klonk, dann nichts mehr.
»Scheiße, ich hab daneben gegriffen«, flüsterte Sebastian. »Die Brille verzerrt so komisch.«
Er blickte sich auf der Suche nach dem sturmsicheren Feuerzeug um. Es war nirgendwo zu sehen. Es musste in die alte ausgemusterte Sudpfanne gefallen sein, die als Dekoration auf dem Flachdach stand. Die Öffnung des geschwungenen Kupferkessels befand sich direkt hinter Sebastian ungefähr in seiner Kopfhöhe. Sebastian blickte in die Öffnung und schrie.

\*

Der dicke Mann neben Herrn Fiedler blickte wieder zur Uhr.
»Schon zehn nach«, maulte er. »Warum kann nicht einmal irgendetwas pünktlich anfangen?«
Herr Fiedler zuckte die Schultern. Ihn interessierte vielmehr die Frage, was dort oben vor sich ging. Er hatte Bewegungen wahrgenommen, das war wohl normal, die Pyrotechniker bereiteten dort oben das Feuerwerk vor. Aber dann war plötzlich die Tür zum Treppenhaus geöffnet worden, was man an dem Lichtschein, der kurz aufleuchtete, erkennen konnte. Jemand war ins Treppenhaus gerannt, kurze Zeit später wurde die Tür wieder geöffnet und zwei Leute kamen heraus. Jetzt tanzten die Lichtkegel von Taschenlampen auf dem Dach herum. Die Tür zum Treppenhaus ging wieder auf und zu. Herr Fiedler fragte sich belustigt, ob die Pyrotechniker die Streichhölzer vergessen hatten.
Die Belustigung verflog, als ein Streifenwagen mit Blaulicht vor dem Tor der Brauerei hielt, die Türen aufflogen, zwei Beamtinnen

ausstiegen und über den Hof rannten. Etliche weitere Gäste der Karnevalsfeier waren inzwischen auf den Parkplatz gekommen, um das Feuerwerk zu sehen. Sie verstummten, als sie den Polizeiwagen sahen und begannen um so aufgeregter durcheinander zu reden, sobald die Polizistinnen im Gebäude verschwunden waren.
Es dauerte weniger als eine Minute, bis die Uniformierten auf dem Flachdach auftauchten und mit starken Lampen in die Sudpfanne leuchteten. Eine der beiden Polizistinnen postierte sich dort, die andere kam schnellen Schrittes zum Einsatzfahrzeug zurück und führte offenbar ein Gespräch über Funk oder Telefon, das konnte Herr Fiedler nicht erkennen.
Das Taxi, das in diesem Moment auf der Suche nach Passagieren auf den Parkplatz fuhr, beachtete niemand.

\*

Leichenfund in Korschenbroich, steif gefroren, Mörder unbekannt. Natürlich hatte Kriminalkommissar Andreas Giehlen nicht damit gerechnet, in der heißen Phase vor Karneval ungeschoren durch den Bereitschaftsdienst zu kommen, aber diese Meldung war doch exotischer als erwartet, und zwar aus mehreren Gründen. Zunächst passierte es nicht so furchtbar häufig, dass die Kriminalhauptstellenverordnung in Kraft treten musste. Diese Verordnung mit dem fürchterlichen Titel besagte, dass Ermittlungen in Mordfällen mit unbekannten Tätern nicht im Kommissariat vor Ort, in dem Fall also Neuss, geführt wurden sondern in der zuständigen Kriminalhauptstelle, also Düsseldorf. Ebenfalls ungewöhnlich war der Zustand der Leiche. Samstags abends gefundene Leichen waren nämlich üblicherweise frisch, also zum Beispiel Opfer von Eifersuchtsmorden oder Kneipenschlägereien. »Kalte Leichen« hingegen wurden meist vormittags von Hundehaltern gefunden oder nachmittags von spielenden Kindern. Der Fund einer kalten Leiche auf dem Dach einer Brauerei durch einen Pyrotechniker an einem Samstagabend war also wirklich exotisch.

Das entschädigte vielleicht ein kleines bisschen, aber wirklich nur ein klitzekleines bisschen dafür, dass die besondere Art der Nachtschicht, die er gerade mit Kollegin Sabine Koch beginnen wollte, durch die Entdeckung der Leiche rüde unterbrochen wurde. Andreas Giehlen erblickte sein Bild im Spiegel und straffte unwillkürlich die Schultern. Ja, er sah verdammt gut aus.
»Verstanden«, sagte Kommissar Giehlen ins Telefon. »Die Sabine? Die bringe ich direkt mit.«
Er konnte sich das schmierige Grinsen des Diensthabenden vorstellen, machte sich aber nichts daraus. Affären zwischen Kollegen waren häufig, und auch häufig schnell wieder vorbei. Er selbst war erst wenige Monate auf der Wache gewesen, als die erste Kollegin ihn angegrabscht hatte. Verständlich, das junge Ding brauchte sicher mal jemanden, der ihr zeigte, wo es lang ging, aber er stand nun einmal nicht auf Mädchen, die für Boygroups schwärmten. Andreas Giehlen mochte ältere Frauen. Die waren nicht so flatterhaft und – dankbarer.
Dass das mit Sabine und ihm eine ernstere Sache war würden die Jungs spätestens dann erkennen, wenn Sabine, immerhin Kriminalhauptkommissarin, viel erfahrener und fünf Jahre älter als er, demnächst nicht mehr Koch sondern Giehlen hieße. Denn selbstverständlich ging er davon aus, dass seine Frau seinen Namen tragen würde. Er musste sich nur noch überwinden, sie zu fragen.
»Die gute Nachricht zuerst«, sagte Andreas Giehlen, als er Sabine sanft über den nackten Rücken strich. »Wir können auch den Rest der Nacht gemeinsam verbringen.«
»Hm«, schnurrte Sabine.
»Die schlechte Nachricht ist, dass wir das am Fundort einer Leiche auf dem Dach einer Brauerei in Neersbroich tun werden.«

\*

»Der gestern Abend in Korschenbroich aufgefundene Friedbert Hebestreit ist vermutlich schon seit einigen Tagen tot. Das gab die zuständige Kriminalpolizei heute in einer Pressekonferenz

bekannt. Der Tote, der nur wenige Hundert Meter entfernt wohnte, war seit Samstag vergangener Woche nicht mehr gesehen worden. Über den genauen Todeszeitpunkt gibt es aufgrund der sehr niedrigen Temperaturen bisher keine weiteren Erkenntnisse. Die Polizei bittet um Hinweise, falls Friedbert Hebestreit noch nach dem vergangenen Samstag lebend gesehen wurde.«
Herr Fiedler schaltete das Radio aus und blickte Theo aus kleinen Augen an.
»Der arme Mann lag mitsamt seinem Hund in der alten Sudpfanne«, sagte er. Das hatte er in der Nacht noch erfahren, während er, wie viele andere auch, vor der Brauerei ausharrte. »Er hatte eine große Kopfwunde, wurde also offenbar erschlagen und dann dort abgelegt. Wenn die Feuerwerker nicht zufällig in der Sudpfanne nach ihrem Feuerzeug gesucht hätten, wäre die Leiche wohl erst im Frühjahr entdeckt worden.«
»Hast du schon mit Charlie gesprochen?«, fragte Theo.
Herr Fiedler schüttelte den Kopf. Er hatte heute Morgen versucht, Charlie zu erreichen, aber ihr Telefon war ausgeschaltet. Abgesehen davon, dass er gern mit ihr über die Ereignisse der vergangenen Nacht gesprochen hätte, wollte er sich auch bei ihr entschuldigen. Ihr Liebesleben ging ihn nichts an, sie war kein kleines Kind mehr und er hätte sie nicht für ihr Verhalten maßregeln dürfen. Er seufzte.
»Was sagt uns der Mord an Friedbert Hebestreit?«, fragte Theo.
»Ich habe Bettina Gerber zwar von Anfang an für glaubwürdig gehalten, aber inzwischen bin ich mir absolut sicher, dass Brunos Tod kein einfacher Selbstmord war«, erwiderte Herr Fiedler sofort. »Zwei Tote in der Brauerei innerhalb einer Woche, das kann kein Zufall sein.«
Theo nickte. »Das sehe ich genauso. Allerdings frage ich mich, wie wir die Verbindung zwischen den beiden Todesfällen finden sollen?«
Herr Fiedler dachte einen Augenblick darüber nach, schüttelte dann aber den Kopf. »Die Kripo wird sich wohl auf den Fall Hebestreit stürzen, immerhin handelt es sich dabei ganz offensichtlich

um Mord. Denen dazwischen zu funken ist nicht sinnvoll, also überlassen wir die Ermittlungen im Fall Hebestreit den Profis.«
»Gute Idee.«
Herr Fiedler war sich nicht ganz sicher, ob er eine gewisse Erleichterung in Theos Stimme vernommen hatte.
»Wir hingegen«, fuhr Herr Fiedler fort, »kümmern uns weiter um Bruno. Irgendwann wird die Kripo ihre Ermittlungsergebnisse vorlegen, vielleicht stellen wir dann Berührungspunkte fest.«
Theo sah wieder auf die Uhr.
»Was drängt dich?«, fragte Herr Fiedler.
»Ich habe Frau Heidrich versprochen, mit ihr ein bisschen an die frische Luft zu gehen …«
Herr Fiedler nickte. »Heute ist Sonntag, da können wir sowieso nicht viel tun. Ich werde in meinem Tulpenbuch lesen, damit ich es Bettina Gerber bald zurückgeben kann. Später will ich versuchen, eine Übersicht über unsere bisherigen Erkenntnisse zu erstellen. Viel haben wir zwar noch nicht herausgefunden, aber wenn wir nach Gemeinsamkeiten zwischen Bruno Gerber und Friedbert Hebestreit suchen, ist es besser, jedes Detail vor Augen zu haben.«

Mit dem winterlich glitzernden Garten vor Augen nahm Herr Fiedler sich das Tulpenbuch vor und las weiter von der Spekulationsblase, die zum ersten großen Crash der Geschichte geführt hatte. Über die Episode mit dem Stoffhändler, der im Jahr 1562 ein Säckchen Tulpenzwiebeln zwischen der Tuchlieferung aus dem Orient fand und sie zum Abendessen briet, musste er lachen. Der Stoffhändler pflanzte einige Zwiebeln in sein Gemüsebeet und wunderte sich nicht schlecht, als er im folgenden Frühjahr gelbe und rote Blüten von unbekannter Schönheit zwischen seinen Kohlpflanzen entdeckte. Trotzdem dauerte es noch einmal dreißig Jahre, bevor die große Zeit der Tulpenmanie in Europa begann. Zu dieser Zeit war die Begeisterung für die Tulpe den wohlhabenden Schichten vorbehalten, die Gärten besaßen und Tulpen nicht selten als Statussymbol pflanzten. Die Vermehrung der beliebten Blume ging noch sehr langsam voran, denn eine Blumenzwiebel bildet pro Jahr nur eine oder zwei Brutzwiebeln, aus denen neue Tulpen wachsen. Die Nachfrage nach der botanischen Schönheit wuchs daher schneller als das Angebot.

Den halben Sonntag hatte Herr Fiedler mit seinem Tulpenbuch verbracht und sich nur mit Mühe davon losgerissen, um eine Übersicht über die bisherigen Erkenntnisse zu erstellen, deren Umfang erschreckend war. Erschreckend gering. Nachmittags hatte er einen kleinen Spaziergang gemacht, aber Theo vermisst, der nach dem kurzen Ausflug am Vormittag bei Frau Heidrich geblieben war. Erst abends zum Fernsehkrimi war er wieder aufgetaucht. Der Krimi war durchschaubar gewesen, etwas, das Herr Fiedler nicht leiden konnte, wenn er selbst in einem komplizierten Fall steckte. Und dieser hier bereitete ihm jede Menge Kopfzerbrechen.
Bettina Gerber hatte Theo und ihn gebeten, herauszufinden, ob ihr Vater Selbstmord begangen hatte und wenn ja, warum. Und obwohl inzwischen eine weitere Leiche aufgetaucht war, konnte Herr Fiedler bisher auf keine der beiden Fragen eine auch nur halbwegs sichere Antwort geben. Die Tatsache, dass auch Friedbert Hebestreit tot war, offenbar ermordet, hatte kein Fünkchen Licht in den Tod von Bruno Gerber gebracht. Dass es einen Zusammenhang gab, war wahrscheinlich, aber wie dieser Zusammenhang aussah, war völlig offen.
Vielleicht lag ein und dieselbe Ursache den beiden Todesfällen zugrunde, nur dass das eine Opfer diesen Grund zum Anlass genommen hatte, sein eigenes Leben zu beenden, und das andere Opfer ermordet worden war. Vielleicht waren aber auch beide ermordet worden. Ohne den Schimmer einer Ahnung, was die Ursache für die Todesfälle war, half auch die gestiegene Anzahl der Toten nicht weiter. Im Gegenteil. Nach dem Fund der zweiten Leiche war jede Frage nach Bruno Gerber auffällig, die Leute würden mit ihren Antworten deutlich vorsichtiger sein, da man wusste, dass es im Umfeld der Brauerei einen Mörder gab.

Zwei Stunden lang hatte Herr Fiedler über der Liste gebrütet, am Ende standen mehr Fragen als Erkenntnisse auf dem Blatt Papier. Aber immerhin hatte das angestrengte Nachdenken einen Plan für das weitere Vorgehen ergeben.
Bettina Gerber versprach telefonisch ihre Unterstützung.

## Jodprobe
*Zur Kontrolle, ob das stundenlange Maischen nun endlich fertig ist, gibt man einen Teelöffel der Würze auf einen kleinen weißen Teller, lässt sie kurz abkühlen und gibt dann 2 Tropfen Jod-N/50-Lösung (aus der Apotheke) dazu. Färbt sich die Probe blau oder rot wird das Maischen um 10 Minuten bei 73°C verlängert. Färbt sich die Probe braunrot oder am besten gelb, geht es endlich weiter!*

Gegen neun Uhr am Montagvormittag machte Herr Fiedler sich auf den Weg zum Bahnhof, kaufte ein Ticket an dem Schalter, an dem man einen Extra-Obulus für die Gnade bezahlen musste, dort ein Ticket kaufen zu dürfen, und nahm den Zug nach Dortmund. Der Taxifahrer kannte die Adresse und war so freundlich, die Unterhaltung wieder einzustellen als er bemerkte, dass sein Fahrgast nicht in Plauderlaune war.

Der Schulleiter des Berufskollegs, an dem Bruno eine Teilzeitstelle in der Brauer- und Mälzerausbildung hatte, empfing ihn mit freundlichem Lächeln. »Frankenheim, nicht verwandt, nicht verschwägert«, sagte er, als er ihm die Hand gab. »Trinken Sie Kaffee oder Tee? Bier gibt es hier nicht.«

Herr Fiedler schlug ein, wünschte sich einen Tee und nahm auf dem angebotenen Stuhl Platz.

»Frau Gerber hat Sie telefonisch angekündigt. Sie sagte, Sie wollen die Gründe für Bruno Gerbers Selbstmord herausfinden?«

Herr Fiedler nickte, erleichtert darüber, dass Bettina Gerber so getan hatte, als hätte sie den Selbstmord akzeptiert und wolle nur die Beweggründe verstehen.

»Wir waren auch sehr bestürzt«, fuhr Frankenheim fort. »Wir kannten Bruno Gerber ja schon seit fünfzehn Jahren, er war sehr beliebt. Wir hatten keine Ahnung, dass er verzweifelt war.«

»Eben«, hakte Herr Fiedler ein. »Niemand hat etwas bemerkt und in seinem Abschiedsbrief hat er nicht erklärt, was ihn zu der Tat getrieben hat. Seine Tochter findet keine Ruhe, solange sie über die Gründe grübelt …«

»Verstehe ich, verstehe ich«, brummte Frankenheim. »Also, was wollen Sie wissen?«
»Tja, das ist das Problem«, gab Herr Fiedler zu. »Ich weiß ja kaum, wonach ich fragen soll. Vielleicht erklären Sie mir erst einmal, was Bruno Gerber hier genau gemacht hat.«
»Gerber hatte ein zeitliches Problem, das wissen Sie ja, immerhin hatte er einen normalen Ganztagsjob als Braumeister. Wir sind aber immer sehr daran interessiert, Menschen mit praktischer Berufserfahrung in die Ausbildung zu integrieren, also wollten wir ihn als Ausbilder haben. Er machte meist Projektarbeiten. Wir besitzen hier eine Versuchsbrauerei, dort hat er mit den Klassen unterschiedliche Biere gebraut und auch ziemlich abstruse Versuche unternommen. Brauen nach Rezepten aus dem Mittelalter, ekelhaftes Zeug, wenn Sie mich fragen. Ohne Hopfen, nur mit diesem Zeug …« Frankenheim legte die Stirn in Falten, als ob er angestrengt nachdächte.
»Grut«, half Herr Fiedler aus. »Die Kräutermischung mit Torf.«
Frankenheim nickte. »Sie kennen sich aus, was?«
Herr Fiedler schüttelte den Kopf. »Zurück zu Gerber. War er beliebt?«
»Auf jeden Fall«, entgegnete Frankenheim im Brustton der Überzeugung. »Sowohl im Kollegium als auch im Sekretariat und sogar bei seinen Schülern.«
»Warum sagen Sie: und sogar?«, fragte Herr Fiedler.
»Er verlangte viel. Niemand bekam eine gute Note nur für Anwesenheit oder ein vorlautes Mundwerk. Bruno verlangte Leistung, und die honorierte er. Er war sehr fair.«
»War Hannes Becker auch sein Schüler?«, fragte Herr Fiedler.
Frankenheim grinste. »Sie meinen seinen Nachfolger? Nein, zum Glück nicht. Ich glaube, die beiden waren wie Hund und Katze.«
»Wie kommen Sie darauf?«, fragte Herr Fiedler.
»Er hat manchmal erzählt, was der Neue sich wieder geleistet hat. Diese Sache mit dem Kieselgur hat Bruno furchtbar aufgeregt. Sie wissen sicher, dass seine Enkelin schwer krank ist?«
Herr Fiedler nickte.

»Und dann kommt dieser Hannes und will das dicke Geld mit dem Kieselgur machen. Bruno ist fast ausgerastet, als einer seiner Schüler, der offenbar auch die Geschichte von der medizinischen Wirksamkeit gehört hatte, das Thema in seinem Kurs ansprach.«
»Aber prinzipiell ist das doch eine gute Idee, oder?« Herr Fiedler wusste, dass ihn seine private Neugier zu dieser Frage trieb, aber Frankenheim schien nicht in Eile zu sein, da konnte er ja einfach mal fragen.
Frankenheim wiegte den Kopf hin und her. »Ich bin weder Braumeister noch Hautarzt, von mir dürfen Sie keine fachliche Beurteilung erwarten. Eigentlich bin ich Kaufmann und jetzt Schulleiter, insofern denke ich meistens in Währungseinheiten und Kostenfaktoren. Und von dieser Seite ist die Idee wirklich gut. Denken Sie an all die kleinen Brauereien, die gegen die Millionen-Hektoliter-Konkurrenz bestehen wollen. Wenn Sie den Herstellungspreis für einen Liter Bier einer kleinen Privatbrauerei mit dem Preis eines Industriebieres vergleichen, verstehen Sie, warum das eine teurer verkauft wird als das andere. Wenn also die Vermarktung von etwas, das bisher als Abfall entsorgt werden muss, zusätzliches Geld einbringt, sinken vielleicht die Preise für das Bier, vielleicht steigt die Überlebenschance der Privatbrauerei, vielleicht sogar beides. Aus kaufmännischer Sicht ist die Idee also genial. Davon abgesehen steht meine Frau auf Naturmedizin und ich weiß, dass es vielen Leuten ähnlich geht. Die nehmen sicher lieber eine Arznei, die aus Mineralien und Bierhefe besteht als eine, deren Beipackzettel sich liest wie der Katastrophenbericht eines Chemieunfalls.«
»Und was spräche dagegen?«, fragte Herr Fiedler.
»Bisher gibt die Brauerei das Zeug kostenlos an Nachbarn ab, soviel ich weiß«, sagte Frankenheim. »Eine Professionalisierung würde also diese Nachbarschaftshilfe beenden. Ich glaube, dass Bruno dieser Punkt gestört hat. Profit machen aus dem Leid der anderen.«
»Werden solche innovativen Ideen hier in der Schule besprochen?«

»Das kommt auf die Dozenten an. Manche haben ein Steckenpferd und versuchen, dieses Thema in den Unterricht einzubauen. Bruno hatte keins, soweit ich weiß.«
Herr Fiedler dachte an die Tulpen, aber diese Thema konnte man wohl schwerlich in die Brauerausbildung integrieren.
»Ist Ihnen an Bruno eine Veränderung aufgefallen in den letzten Wochen?«, fragte Herr Fiedler. »War er stiller? Traurig? Unkonzentriert?«
Frankenheim schüttelte den Kopf. »Ich habe nicht viel Umgang mit den Dozenten, es sei denn, sie sprechen mich an, wenn es ein Problem gibt. Aber Bruno hat mich nicht angesprochen. Sie sollten Frau Schüller fragen, die hat den engsten Kontakt. Sie organisiert die Raumpläne, Urlaubs- und Krankheitsvertretungen.«
Herr Fiedler bedankte sich und ließ sich von Frankenheim durch die Gänge zum Sekretariat führen. Im Flur hingen großformatige Fotos der Abschlussklassen, die entsprechende Jahreszahl stand jeweils auf einer Tafel, die einer der Absolventen in die Kamera hielt. Die Herren in der letzten Reihe waren auf fast jedem Foto dieselben, Bruno war immer dabei.
»Ihre erfolgreichen Abgänger?«, fragte Herr Fiedler.
»Jawohl, alles Brauer und Mälzer. Die Klassen werden, wie Sie sehen, wieder größer.«
»Das war mir nicht aufgefallen«, sagte Herr Fiedler.
»Ja, es gab einen Rückgang in dem Beruf, aber jetzt ziehen die Anmeldezahlen wieder an. Hier« Frankenheim zeigte auf ein Foto, »in dem Jahr hatten wir nur fünf Absolventen. Eine finanzielle Katastrophe für die Schule, das können Sie sich ja vorstellen.«
Herr Fiedler streifte das Foto mit einem flüchtigen Blick, aber dann schaute er noch einmal genauer hin. In der letzten Reihe standen, wie immer, die Dozenten, davor drei Absolventen und ganz vorn noch einmal zwei junge Männer, von denen einer die Tafel mit der Jahreszahl hielt. Der Dozent, der direkt neben Bruno stand, war zwar etwas jünger, aber für Herrn Fiedler problemlos erkennbar. Es war Joachim Nesgraf, neuer Inhaber der Neersener Quelle.

»Herr Nesgraf war auch Dozent hier?«, fragte Herr Fiedler aufgeregt.
Frankenheim rückte seine Brille zurecht, betrachtete das Foto aufmerksam und nickte. »Richtig. Im Gegenteil zu Bruno Gerber, der ja aufgrund seiner Arbeitsstelle in einer Privatbrauerei hier immer nur Blockunterricht geben konnte, war Nesgraf ganztags tätig. Er ist Diplom-Braumeister, ging nach dem Universitätsabschluss in den elterlichen Betrieb, blieb aber nicht lang dort. Er hat dann hier unterrichtet, jetzt hat der den Familienbetrieb übernommen. Schade, er war ein guter Lehrer.«
»Hatte er ein besonderes Verhältnis zu Bruno Gerber?«, fragte Herr Fiedler.
Frankenheim zuckte die Schultern. »Kommen Sie, wir fragen Frau Schüller.«

»Nesgraf und Bruno Gerber?«, fragte Frau Schüller und überlegte einen Moment mit schief gelegtem Kopf. »Ich weiß nicht. Nesgraf ist ein sehr kontaktfreudiger Mensch, der kam mit allen Leuten gut aus.«
Auch alle weiteren Fragen beantwortete Frau Schüller bereitwillig, aber ihre Antworten waren ähnlich unergiebig. Nein, sie hatte an Bruno keine Veränderung in den letzten Wochen festgestellt, still sei er schließlich schon immer gewesen. Nein, die Schüler hätten sich nicht über ihn beschwert. Nein, er habe nicht gefehlt, sei nicht krank gewesen und immer pünktlich zum Unterricht erschienen. Sie könne sich den Selbstmord nicht erklären, aber man schaue den Leuten eben immer nur vor den Kopf.

Herr Fiedler dankte, ließ sich ein Taxi rufen und nahm den Zug nach Rheydt. Er hatte Hunger und hoffte, Theo anzutreffen. Er aß nicht mehr gern allein.

# Abläutern

*Da unser Bier kein Brei sondern ein Getränk werden soll, müssen die Reste des Malzes jetzt raus aus der Würze. Im Haushalt haben sich Baumwollwindeln als Filter bewährt, durch die die Würze gegossen wird. Leider verstopfen die Poren immer wieder, das Abläutern dauert daher 1-2 Stunden. Wenn Sie Hühner, Schweine oder Schafe haben, geben Sie denen den Treber (das sind die Malzreste aus dem Filter), ansonsten kommt er auf den Kompost. Mittag ist übrigens längst vorbei.*

»Die Suppe war ganz vorzüglich«, seufzte Herr Fiedler und lehnte sich zurück. »Jetzt fühle ich mich stark genug, über die neuesten Erkenntnisse nachzudenken.«

Theo lächelte. »Du bist wie ein Baby. Essen, schlafen und zwischendurch ein bisschen quengeln.«

»Ich quengle nicht«, erwiderte Herr Fiedler mit strengem Gesichtsausdruck. »Ich ermittle.«

Theo verkniff sich ein weiteres Lächeln. Er hatte sich von Frau Heidrich schnell verabschiedet und war nach Hause gekommen in der Hoffnung, seinen alten Freund anzutreffen. Tatsächlich hatte der schon in der Küche gestanden, die Jacke noch an, aber die Nase schon über dem Suppentopf. Die Welle der Freude, die Theo überrollte, als er dieses vertraute Bild sah, hatte ihn kurzzeitig aus der Fassung gebracht.

»Dann lass hören, was du ermittelt hast«, sagte Theo.

Herr Fiedler berichtete von seinem Besuch in der Schule. »Nesgraf und Bruno Gerber kannten sich gut, daran besteht kein Zweifel«, fasste er zusammen.

»Sie kannten sich«, korrigierte Theo. Piet Fiedler schoss gern über das Ziel hinaus, da musste er gelegentlich mäßigend eingreifen. »Wie gut sie sich kannten, wissen wir nicht.«

Herr Fiedler winkte ab. »Nun gut, du Erbsenzähler, sie kannten sich. Wir sollten Bettina Gerber gelegentlich fragen, ob ihr Vater den Namen Nesgraf zuhause erwähnt hat. Vielleicht kann sie uns Genaueres über die Art der Beziehung sagen.«

»Einverstanden«, sagte Theo.

»Jetzt haben wir folgenden Sachverhalt«, sagte Herr Fiedler mit erhobenem Zeigefinger. »Es gibt zwei Altbiere, die fast gleich schmecken. Für das eine zeichnet Bruno Gerber verantwortlich, für das andere Joachim Nesgraf. Die beiden Männer kannten sich.«

Theo nickte.

»Das kann kein Zufall sein«, rief Herr Fiedler.

»Kann schon«, sagte Theo. »Ist aber unwahrscheinlich.«

»Besonders deswegen sehr unwahrscheinlich, weil die Neersener Quelle früher als Schädelbräu berüchtigt war und jetzt plötzlich ein Spitzenbier ist.«

»Aber möglich ist ein Zufall schon«, sagte Theo.

Er hatte nicht viel Ahnung vom Brauen, wusste nur das, was zur Allgemeinbildung gehörte. Hopfen und Malz, Gott erhalts. Dieses Wissen reichte nicht aus, die Frage nach dem Zufall oder Nicht-Zufall der Geschmacksgleichheit zu entscheiden. Er musste mehr über den Brauprozess wissen.

»Wir sollten herausfinden, wie ein bestimmter Biergeschmack eigentlich entsteht«, schlug er vor.

Herr Fiedler nickte. »Daran habe ich auch schon gedacht«, sagte er. »Ich werde nach dem Mittagsschlaf ein bisschen surfen, im Internet ist bestimmt einiges zu dem Thema zu finden.«

Das Wort Internet erinnerte Theo an den angekündigten Besuch von Piet Fiedlers Enkel Patrick mit Frau und Kind. Ende Februar sollte es so weit sein, wenn nichts dazwischen kam. Theo seufzte leise. Sein Freund hatte großes Glück, im fortgeschrittenen Alter plötzlich noch Familie gefunden zu haben. Und wenn er ganz ehrlich war, war er ein bisschen neidisch.

\*

Heiliger Klabautermann, was im Internet alles zu finden war! Herr Fiedler musste sich sehr beherrschen, nicht jeden in-

teressant klingenden Link anzuklicken, sondern sich auf seine Suche zu konzentrieren. Natürlich wusste er wie Bier gebraut wurde, das hatte er oft genug selbst getan. Geschrotetes Malz wird in Wasser erwärmt und in drei unterschiedlichen Temperaturstufen gemaischt. Dann wird das nun »ausgekochte« Malz ausgefiltert, das ist der »Treber«. Das Wasser, in dem sich das gelöste Malz befindet, heißt nun Würze und wird mit dem Hopfen gekocht. Dann wird nochmals gefiltert, nach dem Abkühlen die Hefe hinzugegeben, dann folgt die Gärung. Aufwändiges Verfahren kurz erklärt.
Je nach Art des Malzes, des Hopfens und der Hefe bekam man helles oder dunkles, mehr oder weniger herbes, obergäriges oder untergäriges Bier. Selbst das Wasser machte einen Unterschied. Die Härte, der Gehalt an Mineralien oder Eisen hatten ihre Auswirkungen auf das Bier. Die Frage war: Könnte die Übereinstimmung der Biere Zufall sein? Waren das Korschenbroicher Wasser und das Neersener Wasser gleich? Würden zwei gleiche Biere entstehen, wenn beide Brauereien dasselbe Malz vom gleichen Hersteller beziehen?
Nach zwei Stunden Recherche war Herr Fiedler zwar erschöpft, aber hundertprozentig sicher war er immer noch nicht, obgleich seine Meinung, dass die Geschmacksgleichheit kein Zufall sein konnte, inzwischen deutlich fundierter war.
Selbst wenn die Zutaten wie Wasser, Malz, Hopfen und Hefe vollkommen identisch wären, würden bei zwei unterschiedlichen Brauprozessen keine identischen Biere entstehen. Die Mengen, Temperaturen, Maischezeiten, ja sogar die Gärtemperatur waren wichtig, all diese Faktoren hatten Auswirkungen auf das Endprodukt. Nesgraf hätte monate-, vielleicht sogar jahrelang herumexperimentieren müssen, um das Bier der Konkurrenz zu kopieren. So viel Zeit hatte er gar nicht gehabt, seit er die Brauerei übernommen hatte. Es musste eine andere Lösung geben: Jemand hatte ihm das Rezept verraten!

Theo kam mit Schürze und nassen Händen ins Wohnzimmer.
»Bist du immer noch nicht fündig geworden?«, fragte er.
»Ist das Abendessen für Frau Heidrich immer noch nicht fertig?«, fragte Herr Fiedler zurück.
»Fast«, sagte Theo.
»Mehr als fast«, entgegnete Herr Fiedler. »Ich würde mit diesen Beweisen zwar keinen Prozess gewinnen, aber für eine Anklageerhebung könnten die Indizien ausreichen. Es ist so gut wie sicher, dass Nesgraf das Bolten-Rezept kennt und kopiert.«
»Was glaubst du, woher Nesgraf das Rezept hat?«, fragte Theo.
Herr Fiedler schaltete den Computer aus, nicht ohne vorher nochmals nach neuen E-Mails geschaut zu haben. Schade, sein Enkel hatte sich heute nicht gemeldet.
»Das ist eben die große Frage«, sagte Herr Fiedler nachdenklich. »Es gibt zwei Möglichkeiten: Er hat es geklaut, oder jemand von Bolten hat es ihm verraten.«
Theo überlegte einen Moment. »Wenn ein Mitarbeiter von Bolten das Rezept verrät, schadet er damit dem eigenen Unternehmen und riskiert seinen Arbeitsplatz.«
Herr Fiedler nickte.
»Warum sollte jemand so etwas tun?«, fragte Theo.
»Rache«, schlug Herr Fiedler vor.
»Wofür?«, fragte Theo.
Herr Fiedler verdrehte die Augen. »Für eine Kündigung. Für eine persönliche Beleidigung. Weil dem Verräter die Krawatte des Chefs nicht gefällt, was weiß denn ich?«
Theo lächelte. »Der Chef trägt keine Krawatten.«
Herr Fiedler grinste zurück. »Jetzt nicht mehr.«
»Vielleicht hat jemand das Rezept verkauft«, sagte Theo.
»Endlich höre ich ein vernünftiges Wort von dir«, entgegnete Herr Fiedler. »Geld ist schließlich immer ein gutes Motiv. Wer kommt als Täter in Frage?«
»Mein Huhn!«, rief Theo und eilte zurück in die Küche.
»Wenn dein Huhn der Täter war, hat es seine Todesstrafe schon angetreten. Dann gibt es also heute Verräterfrikassee.«

Herr Fiedler nahm einen Notizblock und seinen Lieblingsstift zur Hand, den seine Frau ihm vor einem Vierteljahrhundert geschenkt hatte. Wie immer strich er einmal sanft mit zitternden Händen über das glatte Metall, bevor er die Kappe aufdrehte.
Bruno Gerber, schrieb er in die oberste Zeile.
Darunter: Hannes Becker.
Er überlegte. Wer hatte noch das Rezept des Bieres so gut gekannt, dass er es hätte verraten oder verkaufen können?
Dritte Zeile: Jens Weichgräber, Qualitätsmanager.
Michel Hollmeier, Brauereichef.
Vier Namen. Ein Mann war tot, vielleicht, weil er das Rezept verraten hatte. Das mochte Grund genug für einen Selbstmord gewesen sein, allerdings auch für einen Mord. Aber aus welchem Grund hätte Bruno zum Verräter werden sollen? Um Nesgraf zu helfen? War ihm der ehemalige Lehrerkollege näher als das Unternehmen, in dem er fünfzig Jahre lang gearbeitet hatte?
Hannes Becker war Brunos designierter Nachfolger und gefährdete seinen Arbeitsplatz, wenn er das Rezept verriet. War er in so großer Geldnot, dass er es verkauft hatte? Oder war er erpresst worden?
Der Qualitätsmanager kannte das Rezept ebenfalls, aber auch bei ihm konnte Herr Fiedler auf Anhieb kein Motiv für einen Verrat erkennen.


Diese drei Männer kamen als Verräter in Frage, der vierte wohl kaum. Aus welchem Grund hätte Hollmeier, der die Brauerei gerade erst übernommen hatte, sich selbst die Geschäftsgrundlage entziehen sollen, indem er sein bestes Bier der Konkurrenz überlässt? Blödsinn.
Nächste Frage: Wie passte der Mord an Friedbert Hebestreit in die Theorie von dem Rezeptverrat?
Herr Fiedler seufzte. Er hatte keinen Überblick, sah überall Fragezeichen aber keine Verbindung zwischen den beiden Todesfällen. Er würde einfach eine Frage nach der anderen klären müssen, vielleicht ergab sich der Zusammenhang dann

von ganz allein. Denn dass sich die beiden Todesfälle unabhängig voneinander ereignet hatten, war undenkbar.

\*

Die Pressekonferenz fand größeres Interesse als Kriminalkommissar Andreas Giehlen erwartet hatte. Die gesamte Presse der Region einschließlich der Zeitungen mit den großen Buchstaben, die öffentlich-rechtlichen Radio- und Fernsehsender und die Lokalradios waren gekommen, um die neuesten Erkenntnisse im Fall des »Mordopfers im Maischebottich« zu erfahren. Die Formulierung hatte eine Sensationsjournalistin geprägt und der Terminus hatte sich, sehr zum Missfallen der Mordkommission und sicherlich, wie Giehlen vermutete, auch sehr zum Missfallen der Brauerei, verselbstständigt.
»Vielen Dank, dass Sie gekommen sind«, begann der Pressesprecher der Kriminalhauptstelle. Giehlen musste sich ein zynisches Grinsen verkneifen. Dankt man den Hyänen, wenn sie sich über ein wehrloses Opfer hermachen? Oder den Geiern, wenn sie mit ihren großen Schnäbeln das Fleisch aus toten Körpern reißen? Nein. Aber den Journalisten, die ihr Geld damit verdienen, eine sachliche Nachricht durch Übertreibung, Spekulation oder einfach unangemessene Vergleiche zu einer Sensationsmeldung zu machen, denen dankt man für ihr Kommen.
Sabine Koch stieß ihren Kollegen und Liebhaber unter dem Tisch an. Sie verstand ihn, das wusste Giehlen. Sie mochte die Sensationspresse genauso wenig wie er, aber sie konnte sich besser beherrschen. Giehlen seufzte. Fairerweise musste er zugeben, dass die meisten der anwesenden Journalisten vernünftig waren und ordentliche Arbeit leisteten. Naja, hoffentlich die meisten …
»…Kommissar Giehlen wird Ihnen den Stand der Erkenntnisse darlegen.«
Aha, sein Einsatz. Er sah gut aus, das hatte er vorhin noch im halb blinden Spiegel des Präsidiums überprüft. Ein bisschen verwegen, ein bisschen draufgängerisch, das war sein Stil. Heute trug er eine

Krawatte, der Chef hatte darauf bestanden. Dabei waren Krawatten etwas für Bürohocker, für Buchhalter, für Parteisekretäre. Nicht für Macher. Aber er hatte sich ohne großes Palaver gefügt. Wer wirklich cool sein will, diskutiert nicht mit seinem Chef über Krawatten. Er löst den Knoten einfach in dem Moment, in dem er mit seinem Bericht beginnt. Genau das tat Andreas Giehlen jetzt.
»Unsere Ermittlungen haben die Erkenntnis bestätigt, dass der Fundort der Leiche nicht der Tatort des Tötungsdeliktes ist.«
Aus dem Augenwinkel sah Giehlen, dass Sabine sich ein Grinsen verkniff. Himmel, manchmal war sie wirklich albern. Vor allem im Bett. Giehlen verbot sich diesen Gedanken. Zur Sache.
»Das Opfer wurde mit einem Kantholz erschlagen. Die Tatwaffe selbst wurde bisher nicht identifiziert, aber es kann als gesichert gelten, dass es sich um ein Kantholz von der Sorte handelt, wie sie in großer Anzahl im alten Turm des Brauereigebäudes liegen. Das Opfer wurde im Brauereigebäude, genauer gesagt in einem heute nicht mehr genutzten Teil im Bereich des alten Turms getötet, durch ein Fenster auf das Flachdach geschafft und in die alte Sudpfanne geworfen. Zu diesem Zeitpunkt lebte das Opfer noch.«
Giehlen machte eine Kunstpause und tatsächlich hörte er mehrere unterdrückte Ausrufe des Erstaunens.
»Todesursache war ein hämorrhagischer Schock in Kombination mit Hypothermie.«
Giehlen sah, wie die Presseleute unsichere Blicke nach rechts und links warfen. Er verkniff sich ein Grinsen.
»Das bedeutet Verbluten in Kombination mit Unterkühlung. Bedenken Sie, dass die Außentemperaturen seit drei Wochen konstant unter dem Gefrierpunkt liegen. Der Leichnam war zum Zeitpunkt des Auffindens vollkommen gefroren. Eine genaue Bestimmung des Todeszeitpunktes ist daher leider nicht möglich.«
Enttäuschung zeigte sich auf den Gesichtern einzelner Journalisten.
»Wie kann es sein, dass der Tote über längere Zeit unentdeckt blieb?«, fragte ein junger Kerl mit hängenden Schultern, Pickeln im Gesicht und einer quäkenden Stimme. Ein Schwächling, noch

dazu einer mit Quark in den Ohren, denn warum sonst sollte er eine solch dämliche Frage stellen? Oder hatte er zwar zugehört, war aber nicht in der Lage, die Konsequenzen selbst zu erkennen? Andreas Giehlen unterdrückte eine entsprechende Bemerkung und antwortete gelassen.

»Die Leiche lag auf einem Dach im Innern des Sudkessels, war also den Blicken sowohl von der Straße als auch von höher gelegenen Fenstern des Gebäudes entzogen. Durch die tiefen Temperaturen gab es keine Verwesung, also auch keinen dadurch hervorgerufenen Geruch.«

»Wenn Sie den Todeszeitpunkt schon nicht genau bestimmen können, so haben Sie aber doch sicherlich eine Vorstellung von einer Zeitspanne, in der die Tat geschehen ist?«, fragte eine sehr gut aussehende junge Frau.

Tolles Äußeres, gewandte Formulierung, manchmal konnte der Job richtig Spaß machen. Andererseits war die Beantwortung der Frage nicht ganz einfach.

Der Rechtsmediziner hatte auf die Frage, wie lange es dauert, bis eine Leiche bei zehn Grad vollständig durchgefroren ist, die Schultern gezuckt. Diese Frage solle die Kripo doch bitteschön dem Metzger ihres Vertrauens stellen, denn Fleisch sei Fleisch, ob Schwein oder Mensch sei beim Einfrieren wohl egal. Der Metzger wiederum hatte sich nicht festlegen wollen, die Professorin am Fachbereich Oecotrophologie der Hochschule Niederrhein hatte die Frage für einen dummen Scherz gehalten und den Hörer aufgelegt. Letztlich hatten sich mehrere Fachleute auf den kleinsten gemeinsamen Nenner geeinigt. Giehlen fuhr sich mit der rechten Hand durch die Frisur.

»Das Opfer wurde acht Tage vor Auffinden der Leiche zuletzt lebend gesehen. Zum Zeitpunkt des Auffindens war die Leiche komplett durchgefroren, also seit ungefähr zwanzig Stunden tot. Dazwischen ist alles möglich.«

»Inwiefern gibt es Verbindungen zu dem Tod des Braumeisters? Er starb in der Nacht, in der Friedbert Hebestreit verschwand, richtig?«

Diese Frage hatte Kriminalhauptkommissar Andreas Giehlen natürlich kommen sehen, trotzdem spürte er, wie er sich jetzt verkrampfte. Dass diese Pressekonferenz eigentlich Sache der ranghöheren Hauptkommissarin Sabine Koch gewesen wäre, wussten alle Beteiligten. Aber Sabine hatte ihm das Wort überlassen. Das übt, hatte sie gesagt. Er hatte sich über die Formulierung geärgert, immerhin war er kein Grünschnabel. Manchmal ließ sie ihren höheren Status etwas zu sehr heraushängen. Er hatte ihr mit sorgfältig dosierter Herablassung erklärt, dass er das Kind schon schaukeln werde, jetzt musste er zusehen, wie er sich aus der Bredouille zog.

Das Problem war die fehlende Untersuchung des Braumeister Falles. Der Tod war von den Neusser Kollegen aufgenommen und schnell als Selbstmord erkannt worden. Niemand konnte ihnen einen Vorwurf machen, immerhin gab es einen Abschiedsbrief. Der Fall war geklärt und zu den Akten gelegt, bis eine Woche später nur wenige Meter entfernt eine zweite Leiche gefunden wurde, die sehr wohl in derselben Nacht ums Leben gekommen sein konnte. Zu dem Zeitpunkt waren alle Spuren im Fall Bruno Gerber schon alt und kalt.

Eine spurentechnische Untersuchung des Turms wurde angeordnet, erwies sich aber als verdammt schwierig, da man den Turm kaum betreten konnte, ohne sich in Lebensgefahr zu begeben. Dann stellte sich auch noch heraus, dass jemand dort herumgekrochen war – und zwar nach dem Tod des Braumeisters. Um Spuren zu verwischen? Um Spuren zu suchen? Und was hatte das alles mit Friedbert Hebestreit zu tun? Oder hatte es eben nichts mit ihm zu tun? Sie tappten vollkommen im Dunkeln. Aber das, so hatte Sabine ihm eingeschärft, geben wir niemals zu.

»Die Ermittlungen dauern noch an, daher darf ich Ihnen zu diesem Zeitpunkt keine Details nennen«, sagte Giehlen. Diesen Spruch konnte jeder Bulle, der je mit der Journaille gesprochen hatte, nachts um zwei Uhr auswendig hersagen. Diesen Spruch lernte man als erstes. Dieser Spruch hatte zwei Seiten. Meistens war er wahr und wurde als Wahrheit erkannt. Im jetzigen Augen-

blick allerdings war er ein »Abbügler«. Im Klartext hieß das, dass man nichts wusste und deshalb nichts sagen konnte. Gute Journalisten erkennen das sofort, hatte Sabine Koch ihn gewarnt. Ein leises Murren aus den hinteren Reihen bestätigte die Richtigkeit ihrer Einschätzung.
»Gibt es Verdächtige?«, fragte der pickelige Jüngling.
»Auch dazu kann ich Ihnen im Moment nichts sagen, weil das die Ermittlungen gefährden könnte«, sagte Giehlen. Er lehnte sich zurück und verschränkte die Arme vor der Brust. Für ihn war alles gesagt.

*

»Es ist zum Verzweifeln«, sagte Charlie, als sie die Teetasse absetzte.
»Der Tee?«, fragte Herr Fiedler grinsend.
»Der auch, aber den meinte ich jetzt nicht«, erwiderte Charlie. Sie musste auch grinsen. Der alte Knabe brachte es immer wieder fertig, sie zum Lachen zu bringen, deshalb konnte sie ihm auch nie lang böse sein. Obwohl sie ihm die Standpauke, die er ihr am Samstagabend gehalten hatte, eigentlich noch nicht ganz verziehen hatte. »Die Polizei macht uns alle wahnsinnig. Es ist kein vernünftiges Arbeiten mehr möglich. Genau genommen ist eigentlich überhaupt kein Arbeiten mehr möglich. Und das in der Woche vor Karneval!«
»Erzählen Sie mir von den polizeilichen Ermittlungen. Vielleicht komme ich dann auf eine Idee, die mir weiterhilft.«
Charlie seufzte. »Zuerst hat die Spurensicherung sich breit gemacht. Sie sind auf dem Dach herumgekrochen, in den dahinter liegenden Räumen, die praktisch nicht mehr genutzt werden, dann sind sie in den Turm gestiegen.«
»Und?«, fragte Herr Fiedler.
Charlie wurde rot, als sie sich an ihren unrühmlichen nächtlichen Ausflug erinnerte. »Sie haben festgestellt, dass es dort Spuren von einer Person gibt, die durch alte Bodenbretter gebrochen ist, sich

mühsam auf einen Träger gerettet hat und dann auf dem Hosenboden rutschend wieder in sichere Gefilde gekrochen ist.«
»Kann man diese Spur zu Ihnen verfolgen?«, fragte Herr Fiedler.
»Ich glaube nicht.«
Herr Fiedler sah erleichtert aus. »Weiter«, forderte er.
»Abgesehen davon gibt es offenbar jede Menge Spuren, die aber nicht gesichert werden konnten, weil die Böden so morsch sind, dass auch die Kriminaltechniker dort nicht herumlaufen können.«
Herr Fiedler seufzte.
»Fast den ganzen Tag durften wir nicht in unser Labor, weil das ja schließlich am Aufgang zum Turm liegt und die wichtigen Herrschaften der Kripo den ganzen Bereich abgesperrt hatten.«
»Sie beschweren sich darüber, dass Sie nicht arbeiten konnten?«, fragte Herr Fiedler lächelnd. »Das hätte ich nicht von Ihnen erwartet.«
Mit einem breiten Grinsen signalisierte Charlie Herrn Fiedler, dass seine Einschätzung so falsch nicht war. Aber: »Wir wollten doch die Laboranalyse der Neersener Quelle im Vergleich zu unserem Altbier machen.«
»Stimmt. Mist.«
»Dann wurde jeder Mitarbeiter befragt. Wann er Friedbert zuletzt gesehen habe, ob Friedbert Streit mit jemandem hatte, was man über sein Privatleben weiß …«
»Was weiß man denn über sein Privatleben?«, hakte Herr Fiedler nach.
»Sein Privatleben beschränkte sich auf seinen Hund und seinen Fernseher«, erwiderte Charlie. »Er war geschieden, hat keine Kinder, ging einmal im Monat zum Kegeln, und das war's. Sagen zumindest die Kollegen, die ihn schon länger kannten.«
»Traurig«, murmelte Herr Fiedler.
»Hm«, stimmte Charlie zu.
»Und sonst?«, fragte Herr Fiedler.
»Nichts. Gar nichts. Keiner weiß etwas. Zumindest sagt jeder, dass er nichts weiß.«

»Heißt das, dass es jetzt Misstrauen unter den Mitarbeitern gibt?«, fragte Herr Fiedler mit gerunzelten Augenbrauen.
Charlie überlegte einen Moment, bevor sie mit sorgfältig gewählten Worten antwortete. »Ich würde es noch nicht Misstrauen nennen, aber es geht in die Richtung. Immerhin waren bis Samstag alle der Meinung, dass Bruno Selbstmord begangen hat aus Gründen, die vermutlich nichts mit der Brauerei zu tun hatten. Jetzt gibt es plötzlich einen waschechten Mord, der alles in Frage stellt, was die Leute bisher glaubten.«
»Gibt es Vermutungen, Gerüchte, heimliches Getuschel?«, fragte Herr Fiedler.
Charlie schüttelte den Kopf. Ihr war nichts zu Ohren gekommen, aber sie gehörte natürlich auch nicht wirklich dazu, war nur Praktikantin auf Zeit.
»Was wollte die Kripo noch wissen?«, fragte Herr Fiedler.
»Alles über den Freitag, an dem Bruno starb«, antwortete Charlie. »Aber auch da gab es nichts Besonderes. Alles war wie immer. Bruno war wie immer, Friedbert auch. Wir haben zu den üblichen Zeiten Feierabend gemacht, der Verkauf war wie üblich geöffnet, danach kam noch ein verspäteter Lastwagen mit Leergut, dann hat Friedbert abgeschlossen.«
»War er der letzte? Woher weiß man dann, dass er abgeschlossen hat?«, fragte Herr Fiedler.
»Der Chef ist zusammen mit ihm gegangen.«
»Wo ist der Schlüssel?«, fragte Herr Fiedler.
Charlie starrte ihn an. Natürlich! Friedbert hatte einen Schlüsselbund besessen, der so groß und schwer war, dass er ihn an einer dicken Lederschlaufe an seinem Gürtel trug. Wo war das Ding abgeblieben? Sie hatte nichts darüber gehört.
»Friedberts Schlüsselbund kann nicht bei seiner Leiche gewesen sein, oder?«, sagte Charlie.
»Warum?«, fragte Herr Fiedler.
»Weil sein Mörder die Brauerei verlassen und ordnungsgemäß alle Türen und Tore abgeschlossen hat. Dazu musste er wohl Friedberts Schlüssel benutzen, also können die nicht bei der Leiche sein.«

»Der Mörder musste nur dann Friedberts Schlüssel benutzen, wenn er selbst keine hatte«, sagte Herr Fiedler.
Charlie wurde blass. Natürlich, daran hatte sie gar nicht gedacht. Wenn der Mörder ein Kollege aus der Brauerei war, hatte er selbst einen Schlüssel. Halt, nicht jeder Kollege besaß Schlüssel zum Haupttor oder zur Außentür. Damit konnte man vielleicht den Kreis der Verdächtigen einschränken. Allerdings konnte der Mörder auch so schlau sein, Friedberts Schlüssel mitzunehmen, um so zu tun, als hätte er keine eigenen, obwohl er sehr wohl im Besitz derselben war.
Charlie seufzte. »Dieser Fall ist so undurchsichtig wie Altbiermaische vor der Läuterung.«

\*

»Es ist zum Verzweifeln«, sagte auch Frau Heidrich, und Theo dankte der Vorsehung, dass er gerade mit dem Rücken zu ihr stehend das Geschirr in die Spülmaschine räumte, so dass sie nicht sehen konnte, wie er die Augen verdrehte. »Zum Verzweifeln«, wiederholte sie seufzend.
Der Grund ihrer Verzweiflung schien Theo so lächerlich, dass er lieber nichts entgegnete. Das Fernsehprogramm! Wie konnte man allen Ernstes über das Fernsehprogramm in Verzweifelung geraten? Natürlich war er selbst nicht der Meinung, das Programm sei gut, weiß Gott nicht. Es war sogar ausgesprochen schlecht. Theo hatte nichts übrig für Seifenopern, nichts für Talkshows und rein gar nichts für Quiz-Shows. Er hielt nichts von albernen Wetten, vom Moderator noch viel weniger und Volksmusik mochte er nicht hören, geschweige denn toupierte Frauen in lächerlichen Dirndln anschauen. Die Werbung war meist unerträglich, weil sie die Zuschauer für so unfassbar dumm verkaufte, dass man sich als denkender Mensch geradezu beleidigt fühlen musste. Nein, gut war das Programm schon lange nicht mehr, und da nahm Theo die öffentlich-rechtlichen Sendeanstalten nicht aus. Eigentlich schaute er nur zwei Sorten von Sendungen gern:

Krimis und Tier- oder Reisedokumentationen. Letztere sah er am liebsten mit seinem alten Freund Piet Fiedler, der als Kapitän der Handelsmarine die ganze Welt gesehen hatte, allerdings »nur die Küsten und einen zehn Kilometer breiten Streifen dahinter«, wie er selbst gern spöttisch bemerkte. Wenn Herr Fiedler die Dokumentarfilme mit seinen eigenen Anekdoten würzte, verstand Theo zwar oft die Kommentare aus dem Fernseher kaum, aber das störte ihn nicht. Diese Abende waren unterhaltsam, die Krimiabende spannend und ansonsten blieb das Gerät eben abgeschaltet. Zum Verzweifeln jedenfalls war an einem so nebensächlichen Thema wie dem Fernsehprogramm sicherlich nichts. Da gab es wichtigere Themen, um die man sich sorgen musste.
»Dann lesen Sie doch ein gutes Buch«, schlug Theo vor, als er sich wieder zu Frau Heidrich umwandte, die ihn bei seiner Arbeit beobachtete.
»Ach, gute Bücher gibt es auch schon lange nicht mehr«, jammerte sie.
Theo war es leid, ihr zuzureden wie einem kranken Pferd. In seinem Leben gab es Tausende guter Bücher, er konnte sich gar nicht entscheiden, welches er zuerst lesen sollte. Er machte jeden Tag vier verschiedene Augenübungen um seine Sehkraft zu erhalten, denn eines Tages nicht mehr lesen zu können war seine größte Sorge. Aber dann müsste er eben auf Hörbücher umsteigen, das Angebot wurde von Tag zu Tag größer. Nein, all das war kein Grund zum Verzweifeln.
Theo spürte plötzlich den Verdacht in sich aufsteigen, dass Frau Heidrich ihn um all diese Besorgungen und Handreichungen bat, weil sie schlicht und einfach Langeweile hatte. Er schalt sich selbst für diesen niederträchtigen Gedanken. Nein, das würde sie nicht tun – oder doch? Theo fühlte sich schlecht, weil er sich ausgenutzt vorkam, und dann fühlte er sich schlecht, weil er der lieben Frau Heidrich eine solche Schummelei unterstellte.
»Lassen Sie uns ins Wohnzimmer gehen, Herr Streckbein«, schlug Frau Heidrich vor und ging voraus. Sie holte die Karaffe mit dem Likör vom Beistelltisch. »Sie nehmen doch ein Likörchen?«

Theo schüttelte den Kopf. Er nahm nie einen Likör, ebenso wenig wie einen Weinbrand, das müsste Frau Heidrich doch inzwischen wissen.

»Wie kommen denn Ihre Ermittlungen voran?«, fragte Frau Heidrich, während sie die Lippen spitzte und das klebrig-rote Zeug in einem Zug in sich hinein kippte.

»Sehr schleppend«, erwiderte Theo lustlos. Wie sollten die Ermittlungen auch vorankommen, wenn er drei Mal am Tag seiner Nachbarin das Essen bringen musste, das er zuvor eingekauft und vorbereitet hatte?

»Sie sind ja so still heute«, sagte sie. »Nun lassen Sie sich doch nicht jedes Wort aus der Nase ziehen. Haben Sie schon eine Idee, wie die beiden Todesfälle zusammenhängen?«

»Leider nein«, sagte Theo. »Aber ich habe eben aus dem Küchenfenster gesehen, dass Charlie gekommen ist. Ich sollte wohl hinüber gehen und sehen, ob es neue Erkenntnisse gibt.«

Er ignorierte die Aufforderungen, noch zu bleiben oder wenigstens später noch einmal herüber zu kommen, versprach aber, morgen wieder für das Frühstück zu sorgen und ging nach Hause.

# Spindeln
*Mithilfe der Bier- oder Zuckerspindel wird in dem Sud, den wir über Stunden hinweg erwärmt und gefiltert haben, der Würzgehalt geprüft. Liegt er über 12 %, wird noch klares Brauwasser zugegeben, liegt er unter 11 %, wird die Würze anschließend etwas stärker eingekocht.*

Herr Fiedler starrte seit zehn Minuten auf seinen Zettel mit den vier Namen und überlegte, wie er am besten vorgehen sollte. Bruno war tot, er hätte zwar das Wissen gehabt, um das Rezept zu verraten, aber kein erkennbares Motiv. Oder?
Herr Fiedler griff zum Telefon
»Bettina Gerber«, meldete sich die Stimme gleich nach dem zweiten Klingeln.
»Fiedler. Ich hätte ein paar Fragen, die ich Ihnen gern stellen möchte. Darf ich Sie noch einmal besuchen kommen?«, fragte Herr Fiedler.
»Aber natürlich«, sagte Bettina Gerber. »Ich bin doch froh, dass Sie sich so viel Mühe geben, um mir zu helfen. Wann möchten Sie denn kommen?«
»Mir ist jede Zeit recht außer zwischen zwölf und drei«, sagte Herr Fiedler.
Sie einigten sich auf vier Uhr am Nachmittag.
Diese Vereinbarung ließ Herrn Fiedler reichlich Zeit, sich auch die anderen Namen einmal anzusehen. Er schaltete den Computer ein. Weichgräber war ein Name, der sicherlich nicht allzu häufig vorkam und so startete er eine Abfrage im elektronischen Telefonbuch. Aha, da war der Eintrag. Weichgräber, Jens und Verena, eine Adresse in Odenkirchen. Moment mal, war das nicht das Neubaugebiet? Herr Fiedler gab den Straßennamen in die Suchmaschine ein und erhielt prompt mehrere Immobilienangebote. Er pfiff durch die Zähne, wobei sich das Unterteil seines Gebisses lockerte. Herrje, er hätte schon längst mal wieder zum Zahnarzt gehen sollen.
Zwar unterließ er das Pfeifen, aber beeindruckt war er schon.

Die Häuser waren nicht gerade günstig. Großzügige Grundstücke, riesige Wohnflächen, gesalzene Preise. Herr Fiedler hatte gar nicht gewusst, dass Qualitätsmanager in mittelständischen Brauereien so gut verdienten. Aber vielleicht war es gar nicht Weichgräber, der das Haus finanzierte. Die modernen Frauen waren heutzutage genau so gut ausgebildet wie die Männer, vielleicht brachte in dieser Ehe die Gattin das große Geld nach Hause.

Herr Fiedler notierte die Telefonnummer des Maklers und die Nummer der Weichgräbers und überlegte, wie er an weitere Informationen gelangen könnte. Er könnte versuchen, den Makler auszuhorchen, hatte aber wenig Hoffnung, dass diese Taktik sehr erfolgreich wäre.

Er könnte anrufen, hoffen, dass Frau Weichgräber zuhause ist und sie in ein Gespräch verwickeln. Auch eher unsicher, denn am Telefon ist es so einfach, den Hörer aufzulegen. Er entschied sich für Plan C und bestellte ein Taxi. Zum ersten Mal seit zwei Wochen bedauerte er Theos Abwesenheit nicht, denn für diesen Plan war es sowieso besser, allein aufzutreten.

Vor dem Haus der Weichgräbers stieg Herr Fiedler aus dem Taxi, sah sich in aller Ruhe um und klingelte.

»Guten Tag, ich hoffe, ich störe Sie nicht, ich möchte Ihnen nichts verkaufen, im Gegenteil, mein Enkel und seine Frau, die zurzeit noch in Australien leben, möchten gern ein Haus kaufen und Ihres gefällt uns so gut, dass ich dachte, ich könnte vielleicht mal einen Blick hineinwerfen?«

Herr Fiedler holte tief Luft. Manchmal war es am besten, die Leute direkt zu überfahren.

Verena Weichgräber starrte den Mann vor ihrer Haustür an – ungläubig, müsste Herr Fiedler zugeben, wenn man ihn nach seiner Einschätzung gefragt hätte. Verständlich auch, denn was Frau Weichgräber sah, war ein ziemlich kleiner, offenbar recht alter, schmächtiger Mann in Trekkingklamotten und mit Gehstock, auf den er sich schwer stützte.

»Entschuldigung, was sagten Sie gerade?«, fragte sie nach einem Moment.

»Ich würde gern Ihr Haus ansehen«, wiederholte Herr Fiedler. »Mein Enkel und seine Frau …«

»Also, ich weiß nicht …«, stammelte Frau Weichgräber.

»Ich verspreche Ihnen, Sie nicht mit dem Enkeltrick übers Ohr zu hauen«, sagte Herr Fiedler mit ernstem Gesichtsausdruck.

Verena Weichgräber brauchte einen Augenblick, bis sie den Witz verstanden hatte, dann lächelte sie. »Aber warum gerade meins?«, fragte sie.

»Es gefällt mir«, sagte Herr Fiedler schlicht. Er hoffte, damit den richtigen Ton getroffen zu haben. Ein so ausgefallenes Haus musste die Besitzer mit Stolz erfüllen und eine gewisse Eitelkeit, die sich über entsprechendes Lob von Fremden freute, durfte man der Besitzerin sicher unterstellen.

»Na, dann kommen Sie mal herein«, sagte Frau Weichgräber.

Herr Fiedler musste sich ein zufriedenes Grinsen verkneifen, seine Strategie schien erfolgreich zu sein.

»Was möchten Sie denn sehen?«, fragte Frau Weichgräber, der anzusehen war, dass sie die Rolle, in die sie ganz unvermittelt gedrängt worden war, nicht beherrschte, auch wenn das Interesse des Mannes ihr schmeichelte.

»Alles«, entgegnete Herr Fiedler, sah aber an dem leicht erschreckten Gesichtsausdruck seines Gegenübers, dass er jetzt übertrieben hatte. »Aber nur, wenn es Ihnen recht ist«, schränkte er schnell ein. »Wissen Sie, es ist ja so schwer, ein Haus zu finden, das nicht so null-acht-fünfzehn ist, wie zigtausend andere Häuser auch. Alle reden über die Käfighaltung bei den Hühnern, aber über die Reihenhäuser, die alle nach einem langweiligen sechziger-Jahre-Schema gebaut, alle nach Süd-Osten ausgerichtet und alle nach zwanzig Jahren sanierungsbedürftig sind, redet niemand.«

»Äh, ja«, sagte Frau Weichgräber zögerlich, wobei sie allerdings bestätigend mit dem Kopf nickte.

»Sie wohnen hier zu zweit?«, fragte Herr Fiedler weiter.

»Ja«, sie machte eine kleine Pause, in der sie sich eine Haarsträhne aus dem Gesicht schob. »Wir haben leider keine Kinder. Deshalb

haben wir auch einige bauliche Veränderungen gleich von Anfang an eingeplant.«
Herr Fiedler hatte das Gefühl, dass Frau Weichgräber sich jetzt in ihrem Element befand.
»Sehen Sie, das Erdgeschoss entspricht noch ungefähr der normalen Aufteilung. Wohnzimmer, Esszimmer, Küche, Gäste-WC.«
Frau Weichgräber ging in das Licht durchflutete Wohnzimmer, das sich durch eine Glasfront zu dem kleinen Garten hin öffnete. Die zierliche, dezent geschminkte Frau in Jeans und Pullover, deren blondiertes Haar perfekt frisiert mit einer großen Spange im Nacken zusammengehalten wurde, deutete mit großer Geste nach oben.
»Die Galerie ist allerdings nicht mehr Bestandteil der Standardausführung. Die haben wir entworfen.«
Herr Fiedler musste seine Überraschung nicht spielen. Der Blick bis unter das zwei Stockwerke höher liegende Dach war wirklich beeindruckend.
»Ein großes Wohnzimmer ist gut und schön, aber wirklich luftig wird es nur durch ausreichend Raum nach oben«, sagte Verena Weichgräber mit stolzem Lächeln.
»Das ist nicht nur luftig sondern auch sehr geschmackvoll«, sagte Herr Fiedler. Die Bemerkung kam ihm leicht über die Lippen, auch wenn das geschätzte acht Meter hohe Wohnzimmer für seine Begriffe ein bisschen übertrieben wirkte.
Frau Weichgräber blühte bei diesem Lob förmlich auf. »Danke. Ja, wissen Sie, man muss ein Händchen für so etwas haben. Ich habe mich schon immer sehr für Innenarchitektur interessiert.«
»Ach, dann sind Sie der schöpferische Geist dieses Hauses«, sagte Herr Fiedler. Er wunderte sich über sich selbst, dass ihm Worte wie »schöpferischer Geist des Hauses« flüssig über die Lippen kamen.
»Ja, mein Mann ist mehr der praktische Typ. Er ist handwerklich sehr geschickt, aber das Vorstellungsvermögen und die Kreativität bei der Gestaltung ist mein Part.«
Herr Fiedler hatte nur mit halbem Ohr zugehört. Seit er dieses

Haus betreten hatte wurde er den Eindruck nicht los, dass hier viel Geld verbaut worden war. Furchtbar viel Geld. Nicht nur die architektonischen Highlights, auch jedes noch so kleine Detail sah aus, als sei es teuer gewesen. Die Bodenplatten, die Möbel, die Handläufe aus dunklem Holz, die Lampen, die Bilder an der Wand, einfach alles.

»Ich muss Ihnen recht geben, Sie haben ein wunderschönes Haus«, sagte Herr Fiedler. »Leider wird mein Enkel sich so viel Extravaganz nicht leisten können.«

»Extravaganz?«, wiederholte Frau Weichgräber mit einem Gesichtsausdruck, als sei das Wort an sich schon so ekelig wie eine Kakerlake im Bett. »Das Wort ist doch wohl ein bisschen übertrieben. Ich denke, dass man sich in der Umgebung, in der man die meiste Zeit seines Lebens verbringt, einfach wohlfühlen muss. Das Umfeld muss zu einem passen.«

»Nun, so lange ich noch von meinen Ersparnissen leben muss, bekommt mein Enkel kein Erbe, seine Frau arbeitet zurzeit wegen des Kindes nicht und von seinem Gehalt allein …« Herr Fiedler ließ den Satz absichtlich unvollendet.

Frau Weichgräber lief in seine Falle. »Ach, wir hatten auch kein Erbe, aber wenn man einen sicheren Arbeitsplatz und ein wenig Eigenkapital hat, finanzieren die Banken schon größere Summen.«

Herr Fiedler nickte. Er wusste, dass es Banken gab, die selbst ganz ohne Eigenkapital bis zu einhundert Prozent finanzierten, und er hielt diese Praxis für höchst unseriös. Aber das sagte er natürlich nicht.

»Zur Not könnte ich natürlich wieder in meinen alten Beruf zurück, aber das ist gar nicht notwendig. So kann ich mich viel besser um alles kümmern«, fuhr Frau Weichgräber fort. Herr Fiedler fand es seltsam, dass eine moderne Frau nicht mehr vom Leben verlangte, als Zeit für die Instandhaltung und Ausstattung ihres Heims zu haben, aber bekanntlich gibt es für jedes Steckenpferd einen Reiter, und ihm war es herzlich gleichgültig, wie die Menschen glücklich wurden – Hauptsache sie wurden glücklich.

»Ja, es ist wirklich alles sehr gepflegt«, sagte Herr Fiedler und wandte sich zur Haustür. »Vielen Dank, dass Sie mir einen Blick gewährt haben, ich werde meinem Enkel davon vorschwärmen.«
»Sie können gern noch die Galerie oben …«, sagte Frau Weichgräber.
»Ach, das Treppensteigen fällt mir so schwer, das erspare ich mir lieber«, entgegnete Herr Fiedler und verabschiedete sich mit Handschlag. »Wenn Sie mir nur ein Taxi rufen würden …«

Zuhause fand er Theo vor, dessen Miene sich aufhellte, als sein alter Freund zur Tür hereinkam.
»Wo hast du denn gesteckt?«, fragte er.
»Du wirst es nicht glauben, aber ich habe Frau Weichgräber einen Besuch abgestattet. Und jetzt rufen wir den Makler an.«
Theo sah seinen Freund mit gerunzelten Augenbrauen an. »Die Frau des Qualitätsmanagers? Und was willst du mit einem Makler?«
»Das erzähle ich dir gleich«, murmelte Herr Fiedler, während er die Nummer von dem Notizzettel wählte.
»Ich interessiere mich für eins der Häuser, die Sie in Odenkirchen bauen«, sagte Herr Fiedler. »Aber ich habe einige Sonderwünsche, ein bereits Fertiges kommt also nicht in Frage.«
»Was stellen Sie sich denn vor?«, fragte der junge Mann, der sich am Telefon mit einem vollkommen unverständlichen Gebrabbel gemeldet hatte.
»So etwas wie Hausnummer 27. Das Haus der Weichgräbers.«
»Oh, da haben Sie sich aber ein sehr ausgefallenes Objekt als Vorbild ausgesucht«, erwiderte der Makler. Seine Stimme klang plötzlich viel deutlicher und ein wenig servil.
»Wenn wir von dem Haustyp ›Marbella‹ als Grundlage ausgehen und ein nach oben offenes Wohnzimmer mit Galerie planen, in welcher Größenordnung würde sich da der Preis wohl bewegen?«, fragte Herr Fiedler.
»Nun, das kann man ja nicht so einfach Knall auf Fall …«
»Doch, junger Mann, das kann man«, unterbrach Herr Fiedler

ihn. »Geben Sie mir mal einen Anhaltspunkt«, verlangte er. »Nur über den Daumen. Ich werde Sie nicht darauf festnageln, ich möchte nur eine ungefähre Idee haben.«
»Nun«, der Stimme war deutlich anzuhören, dass der Mann sich unbehaglich fühlte. »Sechzig bis achtzigtausend Euro zusätzlich müssten Sie schon einkalkulieren.«
Herr Fiedler dankte und legte auf. Er sah Theo erwartungsvoll an.
»Das klang für mich sehr kryptisch«, entgegnete Theo. »Ich habe noch nicht verstanden, worum es überhaupt geht.«
Herr Fiedler notierte die Zahl auf seinem Zettelchen und lehnte sich zurück. »Die Zusammenfassung: Weichgräbers Haus in Odenkirchen basiert auf einem Haustyp namens ›Marbella‹, den ich vorhin im Internetangebot des Maklers gesehen habe. Zusätzlich haben die Weichgräbers aber den ersten Stock nur zur Hälfte richtig ausgebaut, wodurch eine Galerie entsteht. Das Wohnzimmer reicht also ohne Zwischendecken bis unter das Dach. Alles zusammengenommen hat das Weichgräber'sche Heim um die dreihunderttausend Euro gekostet.«
Theo machte ein erstauntes Gesicht.
»Seine Frau geht nicht arbeiten, sie haben nichts geerbt, er muss mit seinem Gehalt die ganze Belastung allein tragen«, fuhr Herr Fiedler fort.
Theo rechnete mit geschlossenen Augen. »Entweder stimmt der Preis nicht, oder das Gehaltsniveau in der Brauerei ist ungewöhnlich hoch, oder …«
»Oder?«, setzte Herr Fiedler nach.
»Oder der Mann hat ein Problem«, sagte Theo.
»Genau. Ein finanzielles Problem, das sich zum Beispiel dadurch lösen lässt, dass man Industriespionage betreibt und das Rezept des eigenen Altbiers an die Konkurrenz verkauft.«
Einen Moment war es still.
»Wenn Weichgräber wirklich derjenige ist, der das Rezept verkauft hat, ist er dann auch der Mörder?«, fragte Theo.
»Wir wissen ja noch nicht einmal, ob er der Verräter ist«, seufzte

Herr Fiedler. »Lass uns die anderen Verdächtigen auch unter die Lupe nehmen, dann sehen wir weiter.«

\*

Charlie betrat das Labor der Qualitätssicherung, schob Jens' Füße vom einzig freien Fleck auf dem Schreibtisch, stellte die großen Probengefäße dort ab und schloss die Tür hinter sich.
»Was wollte er denn?«, fragte Jens den Telefonhörer. Er setzte sich aufrechter hin, beachtete Charlie aber gar nicht.
»Und du hast ihm das ganze Haus gezeigt?«
»Wer weiß, was der Typ ausspionieren wollte.« Jens schüttelte den Kopf.
Charlie horchte auf. Mit wem Jens wohl telefonierte?
»Sag das noch mal!«, rief Jens, dann sprang er auf. »Den kenne ich doch!«
Er lauschte wieder. »Nein, nein, du brauchst nichts zu unternehmen. Schon gar nicht die Polizei rufen. Es ist alles in Ordnung.«
Er legte den Hörer auf die Gabel und starrte Charlie an. »Dein alter Freund, der letztens mit dem Bollerwagen hier war, der hat bei mir zuhause herumgeschnüffelt.«
Charlie wurde blass. »Was meinst du mit herumgeschnüffelt?«
»Er hat meiner Frau eine wirre Geschichte von seinem Enkel erzählt und sich das Haus zeigen lassen.«
»Und dann?«, fragte Charlie entgeistert.
»Dann ist er wieder verschwunden.«
Jens starrte sie an. Verwirrung lag in seinem Blick. Und Ärger.
»Was weißt du darüber?«, fragte er.
»Ich? Nichts!« Charlie fühlte, wie ihr das Blut in die Wangen schoss. Mist, das konnte man auch als Zeichen schlechten Gewissens interpretieren. »Herr Fiedler hat mir keinen Ton gesagt. Wenn es sich bei dem geheimnisvollen Mann überhaupt um Herrn Fiedler handelt.«
Jens verzog die Miene zu einem spöttischen Grinsen. »Wie viele Männer deutlich über siebzig kennst du, die mit Trekkingschuhen, Outdoorjacke und Gehstock durch die Gegend humpeln?«

Charlie sagte vorsichtshalber gar nichts mehr. Sie kochte vor Wut. Was dachte Herr Fiedler sich dabei, in Jens' Privatleben herumzuschnüffeln? Er hielt ihn doch nicht etwa für verdächtig? Charlie schnappte nach Luft. Oder etwa doch? Wie konnte er auf solch eine abwegige Idee kommen?

Jens stand ihr in dem engen Labor immer noch in der Haltung eines spanischen Kampfhahns gegenüber. Dieser Vergleich, der ihr plötzlich durch den Kopf schoss, hätte Charlie fast zum Lachen gebracht, aber eigentlich war die Situation nicht witzig. Im Gegenteil. Die Stimmung in der Brauerei war schlecht genug, die ständige Gegenwart der Kriminalpolizei, die Befragungen hinter verschlossenen Türen, die Blicke, die die Kollegen sich gegenseitig zuwarfen, hatten den normalerweise lockeren Umgangston vergiftet. Man sprach kaum noch miteinander, jeder beobachtete jeden, zumindest kam es Charlie so vor. Nur zwischen Jens und ihr war alles beim Alten geblieben, sie waren weiterhin ein Team. Gewesen.

Das war jetzt offenbar vorbei.

Jens warf ihr noch einen anklagenden Blick zu, drängte sie zur Seite und verließ das Labor.

Charlie holte ihr Handy aus der Jacke, suchte den Namen aus dem Telefonbuch und stellte die Verbindung her. Noch bevor Herr Fiedler seinen Namen ganz aussprechen konnte, brüllte sie los: »Warum zum Teufel spionieren Sie Jens hinterher? Sind Sie völlig wahnsinnig? Auf mich ist er jetzt sauer, mein einziger Freund, den ich in diesem paranoiden Laden noch hatte!«

Wie gern hätte sie den Hörer schwungvoll auf die Gabel geknallt, aber das ging ja bei Mobiltelefonen leider nicht. Mit deutlich mehr Kraft als notwendig drückte sie die Taste, um die Verbindung zu beenden, ließ sich auf den Stuhl fallen und heulte.

\*

»Das war aber ein kurzes Telefonat«, sagte Theo, als Herr Fiedler wieder zum Tisch trat. Er war etwas blass um die Nase.

»Das war Charlie.«

Theo wartete auf weitere Erklärungen, die aber nicht kamen. Offenbar war das Gespräch nicht erfreulich gewesen, denn sein alter Freund ließ die Schultern hängen und blickte traurig vor sich hin.

Theo wartete ab.

»Sie hat mich angebrüllt«, murmelte Herr Fiedler.

»Das hat sie nicht getan, weil du schlecht hörst, oder?«

Herr Fiedler schüttelte den Kopf.

»Lass mich raten: Sie hat gehört, dass du bei Frau Weichgräber warst und ist sauer, dass du ihrem Jens hinterher spionierst.«

Herr Fiedler nickte. »Da bist du aber schnell drauf gekommen, Theo.«

Theo begnügte sich mit einem Nicken. Wenn er von dem Plan erfahren hätte, bevor Herr Fiedler ihn ausführte, hätte er diese Bedenken geäußert. Aber sein ungeduldiger Freund hatte nicht warten können und war Hals über Kopf losgesaust zu Frau Weichgräber, offenbar ohne vorher über die möglichen Konsequenzen nachzudenken. Nun war es also geschehen, da brachte es nur noch mehr Verdruss, wenn Theo hinterher den Besserwisser spielte.

»Du hast mit dieser Reaktion gerechnet«, vermutete Herr Fiedler.

»Hinterher ist es leicht, alles besser gewusst zu haben«, sagte Theo. Er lächelte seinen ältesten Freund an. »Sie wird dir vergeben.«

»Ich weiß nicht«, sagte Herr Fiedler. »Erst die Standpauke von Samstag, jetzt das ...«

»Ach was, nun lass den Kopf nicht hängen«, forderte Theo ihn auf. »Sie ist ein wenig impulsiv, deshalb explodiert sie gleich, wenn ihr etwas nicht passt, aber später wird sie sich wieder einkriegen.«

»Dein Wort in Gottes Ohr«, sagte Herr Fiedler. »Und wollen wir hoffen, dass er besser hört als ich.«

Er versuchte schon wieder zu lächeln, was allerdings nicht ganz gelang.

Theo war erleichtert. So schnell ließ sich Piet Fiedler nicht unterkriegen.
»Los geht's, damit wir rechtzeitig bei Frau Gerber sind.«

Bettina Gerber trug wieder Jeans und eine Strickjacke, hatte die Haare aber kürzer als beim letzten Besuch.
»Ja«, sagte sie mit einem matten Lächeln, als sie Theos Blick bemerkte, »Sie wissen ja, wie Frauen den Katastrophen des Lebens begegnen: Sie gehen zum Friseur.«
Die Frisur gefiel Theo ausgesprochen gut und er wollte Bettina Gerber gern etwas Nettes sagen, daher murmelte er: »Wenn ich ein paar Jahre jünger wäre …«
»Dann müssten wir uns duellieren«, schnabulierte Herr Fiedler dazwischen. Theo atmete auf und fragte sich, ob sein alter Freund bemerkt hatte, dass er nicht gewusst hätte, wie er den Satz mit Anstand zu Ende hätte bringen können. Wahrscheinlicher allerdings war, dass Herrn Fiedler einfach eine gute Pointe eingefallen war und er sich nicht hatte bremsen können, sie sofort zum Besten zu geben. Egal, jedenfalls hatte ihre gemeinschaftliche Schmeichelei Bettina Gerber zum Lachen gebracht. »Kommen Sie herein und machen Sie mir weiter Komplimente«, forderte sie die Herren auf und ging voran.
Sie brachte Tee, Kandis und Sahne auf einem Tablett zum Couchtisch, Herr Fiedler lobte die Zutaten und nahm Bettina Gerber wortreich in den Freundeskreis Friesischer Teetrinker auf, den er offenbar gerade gründete, denn Theo hatte noch nie davon gehört. Bettina Gerber dankte.
»Ich hoffe, das Sofa ist Ihnen recht«, sagte Frau Gerber. »Auf dem Esstisch liegen die Bankunterlagen, die ich für Bert herausgesucht habe.«
»Bert?«, fragte Herr Fiedler. »Ach, Herr Stechmüller, nicht wahr? Der Patenonkel Ihrer Tochter.«
»Und Vorsitzender des Tulpenzüchtervereins«, setzte Frau Gerber mit einem Seufzen hinzu. »Diese Tulpen sind sein Leben.

Er ist noch verrückter als mein Vater.«
»Da fällt mir ein, dass ich ein Buch von Bruno geliehen hatte. Darf ich es noch auslesen, bevor ich es Ihnen zurückgebe?«, fragte Herr Fiedler.
»Meinen Sie den Tulpenwahn?«, fragte Frau Gerber.
Herr Fiedler nickte.
»Natürlich, lesen Sie es in Ruhe zu Ende. Von mir aus dürfen Sie es auch behalten. Um ehrlich zu sein: Ich habe dieses ganze Theater um die Tulpen nie verstanden. Es sind hübsche Blumen, aber das sind viele andere auch.«
»Und die Unterlagen, die Herr Stechmüller mit Ihnen durchgehen möchte …«, sagte Herr Fiedler, während er die Sahne vorsichtig am Tassenrand entlang in den Tee laufen ließ.
Theo spürte, wie sich jeder Muskel in seinem Rücken verkrampfte. Dass sein Freund aber auch immer so direkt war. So offen neugierig. Es ging ihn doch überhaupt nichts an, welche Unterlagen Frau Gerber und Herr Stechmüller besprechen wollten.
Frau Gerber schien keine derartigen Bedenken zu hegen, sie antwortete in ihrem gewohnt freundlichen Tonfall: »Es geht um das Erbe. Bert hat mir angeboten, sich zusammen mit mir einen Überblick über die Vermögensverhältnisse meines Vaters zu verschaffen. Damit ich weiß, was auf mich zukommt.«
»Aha«, sagte Herr Fiedler, und Theo kannte seinen Freund gut genug, um anhand der ansteigenden Betonung auf der letzten Silbe genau die gleiche Überraschung aus diesem Wort herauszuhören, die er selbst empfand.
»Haben Sie denn keinen Überblick?«
»Doch, ich glaube schon.« Bettina Gerber spielte mit einem Stück Kandis, das sie sich in den Mund geschoben hatte. »Ich kenne seine Kontobewegungen, weil ich oft die Auszüge für ihn von der Bank geholt habe. Es war alles ganz normal. Das Haus ist seit ein paar Jahren schuldenfrei. Mein Vater hat von seinem Gehalt etwas auf ein Sparkonto überwiesen, von dem Rest hat er gelebt, die Nebenkosten bezahlt, Urlaub gemacht. Die Auszüge von dem Sparkonto habe ich noch nicht gesehen, weil ich dort

nicht verfügungsberechtigt bin und erst das Erbe antreten muss, um an das Konto zu kommen. Aber was soll es dort für eine Überraschung geben? Es ist ein Sparkonto, kann also nicht im Minus sein.«

»Ist dieses Konto auch hier bei seiner Hausbank?«, fragte Theo.

»Nein, es ist bei einer Direktbank. Dort sind die Bedingungen günstiger.«

Herr Fiedler schlürfte seine Teetasse geräuschvoll leer. »Es sieht also alles normal aus, eigentlich kein Grund, sich zu beunruhigen.«

Bettina Gerber nickte. »Stimmt. Aber solange ich nicht weiß, aus welchem Grund mein Vater Selbstmord begangen hat, bin ich lieber vorsichtig. Es könnte immerhin theoretisch möglich sein, dass er finanzielle Sorgen hatte, die er vor mir geheim hielt. Deshalb habe ich Berts Angebot, mit mir die Papiere durchzugehen, gern angenommen. Er ist ja vom Fach, er arbeitet bei der Girozentrale.«

Theo bemühte sich, die Gedanken, die ihm durch den Kopf schossen, festzuhalten. Es war von entscheidender Bedeutung, dass er sich später in Ruhe noch an die Punkte erinnerte, die ihm seltsam erschienen.

Herr Fiedler und Theo nickten.

»Wie sieht es denn mit Ihren Ermittlungen aus?«, fragte Frau Gerber. »Haben Sie inzwischen etwas herausgefunden?«

Herr Fiedler berichtete über ihre Nachforschungen, musste aber zugeben, dass es keine ernsthaften Ergebnisse gab. Weder solche, die einen Selbstmord wahrscheinlicher machten noch solche, die auf einen Unfall oder Mord hingedeutet hätten. Der einzig stichhaltige Beweis für die eine oder andere Theorie war der Abschiedsbrief, aber gerade an einen Selbstmord glaubte Bettina Gerber immer noch nicht. Allerdings war sie inzwischen etwas weniger überzeugt, als noch vor ein paar Tagen. Das war zumindest Theos Eindruck.

»Da sind wir jetzt nicht viel schlauer als letzte Woche«, sagte Frau Gerber.

»Oh doch«, widersprach Herr Fiedler. »Mit dem Auftauchen von

Friedbert Hebestreits Leiche erscheint die ganze Sache in einem neuen Licht.«

»Inwiefern?«, fragte Frau Gerber.

»Nun, wir wissen zwar immer noch nicht, auf welche Art und Weise Ihr Vater zu Tode kam, aber dass in der Brauerei etwas nicht stimmt, davon müssen wir ausgehen«, sagte Herr Fiedler. »Sonst gäbe es ja keine zweite Leiche.«

»Ja, das mit Friedbert ist auch schrecklich«, sagte Frau Gerber. »Aber ich sehe keinen Zusammenhang.«

»Wussten Sie eigentlich, dass Ihr Vater und Joachim Nesgraf sich gut kannten?«, fragte Herr Fiedler.

»Wer ist das?«, fragte Frau Gerber.

»Der neue Inhaber der Neersener Quelle.«

»Ach, der Achim!«, rief sie aus. »Ja, mein Vater hat manchmal von ihm gesprochen. Achim tat ihm Leid, solange er aus dem Familienbetrieb ausgeschlossen war. Mein Vater wusste, dass er nichts lieber wollte, als den Betrieb zu führen und für die Zukunft neu aufzustellen, wie er das nannte.«

»Die beiden mochten sich also?«, fragte Herr Fiedler.

»Ob sie sich wirklich mochten, oder ob mein Vater nur Mitleid mit ihm hatte, weiß ich nicht«, sagte Frau Gerber. »Warum ist das für Sie wichtig?«

»Weil die Neersener Quelle genau so schmeckt wie das Ur-Alt von Bolten «, sagte Herr Fiedler.

Bettina Gerber reagierte erst gar nicht, aber dann begriff sie, riss die Augen auf und schlug die Hand vor den Mund. »Sie meinen doch nicht, dass mein Vater ihm das Rezept verraten hat?«, flüsterte sie.

Herr Fiedler zuckte die Schultern. »Das wissen wir nicht. Wir unterstellen auch nichts, aber die Übereinstimmung kann kein Zufall sein.«

»Aber warum hätte mein Vater das tun sollen?«, fragte Bettina Gerber stockend.

»Genau das ist auch unser Problem«, gab Herr Fiedler zu. »Geld wäre eine Möglichkeit, aber dieses Motiv hätten auch andere

haben können. Wie wäre es mit Hannes Becker? Trauen Sie ihm zu, dass er das Rezept verkauft hat?«
Bettina Gerber wurde noch blasser. »Hannes? Ich weiß nicht. Auch bei ihm würde ich mich fragen, warum er das hätte tun sollen. Er lebt recht komfortabel in dem kleinen Haus, das seine Großeltern ihm hinterlassen haben. Er trinkt nicht, spielt nicht, hat keine teuren Hobbies, …«
»Hat er vielleicht einen Groll gegen seinen Chef?«, fragte Herr Fiedler.
»Einen Groll? Keinesfalls! Die beiden sind ein Herz und eine Seele, so sagte zumindest mein Vater immer. Ich glaube fast, dass er manchmal ein bisschen eifersüchtig …«
Bettina Gerber stockte und schüttelte erschreckt den Kopf. »Das hört sich jetzt an, als hätte mein Vater das Rezept vielleicht aus Rache verraten, aber das glaube ich keinesfalls. Diese Brauerei war sein Leben. Er hat fünfzig Jahre in dem Betrieb gearbeitet. Ein halbes Jahrhundert. Er hing an jedem Ziegelstein, an jedem Bottich, an dem Blick, den man vom Turm aus hat. Ich habe immer damit gerechnet, dass er sich eines Tages versehentlich am Telefon mit dem Namen »Bolten« meldet.«
»Vielleicht bezog sich seine sentimentale Anhänglichkeit mehr auf die Vergangenheit und weniger auf den neuen Inhaber«, schlug Herr Fiedler vor.
»Nein, definitiv: nein.« Frau Gerber gewann ihre Selbstsicherheit zurück. »Er war ja glücklich, dass wieder investiert wird, damit auch die Zukunft der Brauerei gesichert ist. Er war nicht immer einer Meinung mit dem Chef, aber er hat ihn bei allen Maßnahmen unterstützt. Zu einhundert Prozent.«
Einen Moment war es still.
»Kann ich noch eine Tasse von diesem wunderbaren Tee haben?«, fragte Herr Fiedler.
Theo bewunderte seinen Freund wieder einmal für sein Gespür. Die Spannung fiel von allen dreien ab, Frau Gerber versuchte sogar ein zaghaftes Lächeln.
»Vielleicht sollte ich einmal mit Hannes reden«, murmelte sie.

»Wenn es etwas in der Brauerei gibt, von dem wir wissen sollten, dann kann er es mir vielleicht sagen.«

\*

Charlie wischte sich mit dem Ärmel des Pullovers die Tränen von den Wangen und holte ein paar Mal tief Luft. Seltsam, sonst war sie doch nicht so dünnhäutig. Aber die gespannte Situation ging ihr langsam an die Nieren. Das schlechte Gewissen, das sie Martin gegenüber hatte, den sie auf Distanz hielt, seit sie sich – ohne jede Aussicht auf Erfolg – in Jens verknallt hatte. Brunos Tod, Friedberts Ermordung, die Polizei im Betrieb und jetzt auch noch der Streit mit Jens und mit Herrn Fiedler, den sie am Telefon angebrüllt hatte. Gab es noch irgendjemanden, mit dem sie es sich nicht verscherzt hatte?
Sie schloss die Augen und tat das, was ihr in den schlimmeren Phasen ihres Lebens schon oft geholfen hatte: Sie rief sich frühere Katastrophen in Erinnerung und wie sie darüber hinweggekommen war. Meist war die Lösung eines Problems zwar nicht in einem Handstreich zu realisieren, aber verzagtes Abwarten hatte noch nie geholfen. Die Gewinnertaktik lautete: Den Stier bei den Hörnern fassen. Was bedeutete das in ihrer aktuellen Lage? Sie musste sich Klarheit über Jens verschaffen.
Charlie schloss die Tür des Labors ab und nahm Jens' Jacke von der Stuhllehne. Mit zitternden Händen fühlte sie in die Außentaschen. Der private Schlüsselbund interessierte sie nicht – oder doch? Schnell nahm sie den Ring mit der LED-Taschenlampe heraus und zählte die Schlüssel. Auto, Haustür, Briefkasten. Noch zwei weitere Schlüssel, die sie nicht zuordnen konnte. Vermutlich Garage und …? Jedenfalls nicht der Schlüssel zum Tor der Brauerei, denn das Schloss des Hoftors war alt und der Schlüssel entsprechend groß, das wusste sie.
In der rechten Außentasche befand sich eine Tankquittung, zwei einzeln eingepackte Salbei-Bonbons und ein benutztes Taschentuch. Igitt.

Mit einem schlechten Gewissen aber dem festen Vorsatz, den Verdacht gegen Jens entweder erhärten oder, viel lieber, als lächerlich entlarven zu können, öffnete Charlie die Brieftasche ihres Vorgesetzten.
Zwei weitere Tankquittungen steckten in einem Fach unter der Bankkarte. Was für ein Pedant, dachte Charlie. Wie kommt ein normaler Mensch auf die Idee, Tankquittungen aufzuheben? Wollte er eine persönliche Statistik der Preissteigerungen im Energiesektor erstellen? Dabei hatte er offenbar ein Geschick darin, günstig zu tanken, denn der Preis pro Liter lag um fünf Cent unter dem Preis, den Charlie üblicherweise bezahlte. Sie warf einen Blick auf den Kopf der Quittung. Eine Tankstelle in Neersen.
NEERSEN?
Charlie musste sich setzen. Warum fuhr Jens nach Neersen? Und zwar regelmäßig, wenn sie den Quittungen Glauben schenken durfte. Jeden Montag, direkt nach der Arbeit. Montags hatte er Sport, das hatte er ihr zumindest erzählt. Und zwar im Polizeisportverein auf der Theodor-Heuss-Straße. Für einen Mann, der in Odenkirchen wohnte, in Neersbroich arbeitete und am Polizeipräsidium Sport trieb, lag die Tankstelle in Neersen nicht auf dem Weg. Was also lockte Jens nach Neersen? Der Verkauf von Betriebsgeheimnissen an die Konkurrenz?
Charlie verwünschte sich für ihre Neugier, denn sie sah ihre schlimmsten Befürchtungen bestätigt. Sie steckte die Brieftasche zurück in die Jacke und schloss die Tür wieder auf. Sie war nervöser als zuvor. Hoffentlich hatte niemand gehört, wie sich der Schlüssel im Schloss gedreht hatte, dann würde man sich fragen, warum sich die Praktikantin mitten am Tag im Labor einschloss. Möglichst unauffällig öffnete sie die Tür und ließ ihren Blick die Treppe hinunter und so weit es ging in die Gänge schweifen. Dabei fiel ihr Blick auf die Jacken, die über dem Treppengeländer hingen. Die braune Steppjacke mit dem Cordkragen gehörte Jens, da war Charlie sich ziemlich sicher. Sie lag praktisch immer dort. Diese Jacke zog er nur an, wenn er sich für längere Zeit in den Gär- oder Lagerkellern aufhalten musste, denn dort waren die

Temperaturen so niedrig, dass ein längerer Aufenthalt ohne wärmende Hülle nicht nur unangenehm sondern gesundheitsgefährdend war. Charlie machte einen Schritt auf die Jacke zu, zögerte aber noch. Eigentlich wollte sie kein weiteres Belastungsmaterial mehr sehen.

Das Telefon erlöste sie aus ihrem Zwiespalt. Hannes Becker benötigte die Ergebnisse der Proben, die sie eben ins Labor getragen hatte. Jetzt musste sie sich sputen den Stammwürzegehalt zu bestimmen, sonst würde es nicht nur Ärger wegen Schludrigkeit geben, sondern vielleicht käme auch jemand auf die Idee zu fragen, was sie denn die ganze Zeit im Labor gemacht hätte. Charlie griff nach der Zuckerspindel und machte sich an die Arbeit.

# Würze kochen

*Die Vorderwürze wird nun sprudelnd gekocht: Nach 10 Minuten gibt man drei Viertel der Hopfenmenge zu, kocht 60 Minuten weiter, gibt das restliche Viertel des Hopfens dazu und kocht nochmal 15 Minuten weiter. Ja, allein das Würzekochen dauert eineinhalb Stunden. Zum Glück muss aber nicht dauernd gerührt werden! Seit Braubeginn sind ungefähr neun Stunden vergangen, drei liegen noch vor uns. Nur Mut!*

Frau Heidrich überraschte Theo mit einem Päckchen in rotem Geschenkpapier und Kräuselband.
»Oh«, sagte Theo. Ihm wurde warm ums Herz. Er hätte natürlich niemals erwartet, dass all seine Bemühungen mit einem Geschenk bedacht werden, aber, nun ja, was sollte er sagen, er freute sich schon. »Für mich?«
Frau Heidrich lachte auf, winkte mit der linken Hand ab, in der rechten hielt sie ja das schön verpackte Geschenk, und schüttelte den Kopf. »Mein Cousin hat Geburtstag. Würden Sie das bitte zur Post bringen? Hier, ich habe Ihnen die Adresse aufgeschrieben.«
Sie drückte Theo zu dem Paket ein Zettelchen in die Hand. Mit kleiner, ungelenker, schwer entzifferbarer Schrift waren Name und Adresse des alternden Surflehrers auf Mallorca darauf notiert. Mit Handschriften kannte Theo sich aus, das war nicht der Grund für seinen plötzlichen Missmut.
»Wann haben Sie das denn besorgt?«, fragte er und hoffte, dass ihm seine Verstimmung nicht anzuhören war.
»Gestern Nachmittag, als Sie so schnell wieder verschwunden sind, hat mich die Sonne herausgelockt. Nur ein paar Schritte, bis zur Buchhandlung und zurück.«
»Aha«, murmelte Theo und legte das Geschenk mit dem Zettel neben die Haustür. Das war ja eine schöne Überraschung. Er ging jeden Morgen wie ein treuer Hund zur Bäckerei, um die gewünschten Brötchen zu besorgen, kochte mittags eine Kleinigkeit, abends richtig, erledigte sämtliche Botengänge und Hausarbeiten und dann das. Ein Geschenk, schön verpackt, aber nicht für ihn.

Er würde es auch noch in einen Karton stecken oder mit Packpapier umwickeln müssen, damit es auf dem Postweg nicht kaputt ging. Er fühlte sich ausgenutzt.
War er zu empfindlich?
»Was sagen Sie?«, fragte Frau Heidrich.
»Entschuldigung, wozu?«, fragte Theo zurück.
»Zu einer Partie Mühle. Sie sind ja mit Ihren Gedanken ganz weit weg. Träumen Sie von Urlaub? Wenn das Wetter wieder etwas besser ist, könnten wir doch vielleicht mal für ein Wochenende an die Ahr fahren. Da war ich schon ewig nicht mehr.«
Theo nickte, obwohl er gar nicht genau wusste, wozu er gerade seine Zustimmung gab. Als Zustimmung hatte er das Nicken vielleicht auch gar nicht gemeint. Ach, er wusste nicht, wo ihm der Kopf stand. Sicher war er zu empfindlich. Es war ja schön, dass es Frau Heidrich wieder so gut ging, dass sie ein paar Schritte an die frische Luft gehen konnte. Und es war wohl ganz natürlich, dass sie ein Geburtstagsgeschenk für ihren einzigen Verwandten selbst aussuchte, wenn es irgend ging. Deshalb hatte sie ihm gar nichts davon gesagt. Oder hatte sie ihn vielleicht sogar gebeten, mit ihm in die Stadt zu gehen, und er hatte ihr diesen Wunsch abgeschlagen? Er konnte sich nicht erinnern, im Moment war einfach alles zu viel.
Das Spielbrett lag inzwischen auf dem Tisch, Frau Heidrich legte die Spielsteine bereit. Hatte er nun ja gesagt, oder nicht? Theo seufzte leise und setzte sich ihr gegenüber. Wie waren doch gleich die Öffnungszeiten des Postamtes?

\*

Um das Jahr 1620 hatte sich die Begeisterung für die Tulpe in ganz Europa ausgebreitet, aber in der Republik der Vereinigten Niederlande, die sich erst wenige Jahre zuvor von der Spanischen Herrschaft befreit hatte und noch immer unter den Kriegsfolgen litt, war sie besonders ausgeprägt. Dafür gab es mehrere Gründe. Der strenge Calvinismus lehnte bunte Kleidung und persön-

lichen Schmuck ab. Die reichen Kaufleute aber wollten das im Ostindienhandel verdiente Geld investieren und ihren Reichtum zeigen. Also bauten sie schöne Häuser und statteten diese mit Gemälden aus, sie legten Gärten an und pflanzten die Königin der Blumen: die Tulpe. Jene, die besonders seltene Arten besaßen, waren berühmte Männer. Die schönste Tulpe des siebzehnten Jahrhunderts, die Semper Augustus, existierte zu dieser Zeit nur in einem Dutzend Exemplaren, die sich alle im Besitz eines einzigen Mannes befanden. Er hätte jeden Preis für ein Exemplar dieser Sorte verlangen können, und tatsächlich verkaufte er eine einzige Zwiebel für ein Vermögen. Diese eine Zwiebel besaß eine Brutzwiebel. Eine einzige. Diese Brutzwiebel machte den Erwerber des einen in den Verkauf gelangten Exemplars der Semper Augustus über Nacht zu einem sehr reichen Mann.
Die Semper Augustus war eine Tulpe, die auf weißen Blütenblättern blutrote Flammen und getupfte Ränder zeigte, hervorgerufen durch das Mosaikvirus – eine Krankheit, die erst im zwanzigsten Jahrhundert entdeckt wurde. Zur Zeit der Tulpenmanie versuchten Züchter noch, dunkelrote Tulpen zu züchten, indem sie Rotwein über die Blumenbeete schütteten.
Herr Fiedler lächelte. Er ließ sich durch die außergewöhnliche Geschichte des Tulpenfiebers gern für eine Zeit von den düsteren Gedanken der stockenden Ermittlung ablenken und tauchte wieder in die Geschehnisse des siebzehnten Jahrhunderts ein.
Der Verkauf der Semper Augustus für einen Preis, der das Überleben einer ganzen Familie für zwanzig Jahre sichern konnte, rief ein großes Interesse bei der breiten Bevölkerung hervor. Die meisten Niederländer arbeiteten damals sechzehn Stunden am Tag sechs Tage die Woche, um ihren Lebensunterhalt zu sichern. Das war in anderen Ländern Europas auch so, aber in der Republik der Vereinigten Niederlande hatte jeder noch so kleine Bauer, Handwerker oder Tagelöhner die Möglichkeit des sozialen Aufstiegs. Er musste nur zu Geld kommen. Genau das schien plötzlich mit Tulpen möglich zu sein. Handwerker, Ladenbesitzer, Zimmerleute, Schweinemetzger und Schmiede, Holzfäller, Glasbläser,

Barbiere und Zuckerbäcker kauften Tulpen und pflanzten sie in ihre Gemüsegärten, um sie mit Gewinn weiter zu verkaufen. Die Tulpenmanie hatte begonnen.

Herr Fiedler war so sehr in die unglaubliche Entwicklung des Tulpenwahns des siebzehnten Jahrhunderts vertieft gewesen, dass er heftig erschrak, als er die Gestalt durch den Garten schleichen sah. Wieder ein Einbrecher, wie damals in dem Fall mit dem Münsterschatz? Oder ein Ausreißer wie der kleine Robin, der sich im Gartenhaus einquartiert hatte? Aber dann sah er die flammend rote Mähne und erkannte Charlie, die ihn durch die Scheibe entdeckt hatte und mit beiden Händen wilde Zeichen machte.
»Warum klingeln Sie nicht wie jeder normale Mensch auch?«, fragte Herr Fiedler, als er Charlie endlich an der Haustür gegenüber stand.
»Habe ich doch, Methusalem. Es ist ein Wunder, dass das Stromkabel nicht heiß gelaufen und in Brand geraten ist, so lange habe ich die Klingel malträtiert. Sie sollten sich wirklich mal ein Hörgerät anschaffen.«
Herr Fiedler seufzte. Das Gerät, das er ausprobieren sollte, lag im Badezimmer herum. Bei der ganzen Hektik fehlte ihm wirklich die Muße, das Ding ans Ohr zu fummeln.
»Wollen Sie nun hereinkommen oder wie ein Staubsaugerverkäufer vor der Tür stehen und mir die Vorteile eines Horchgerätes anpreisen?«, fragte Herr Fiedler.
Charlie musste ein sehr schlechtes Gewissen haben, denn normalerweise war sie schon in der Wohnung, bevor die Tür ganz geöffnet war. Nun, das geschah ihr recht. Es war schließlich kein sehr feiner Zug, ihn anzurufen, loszubrüllen und dann wieder aufzulegen, bevor er nur ein Wort zur Erklärung hatte sagen können.
»Ziehen Sie alles aus, was für einundzwanzig Grad Raumtemperatur zu viel ist, und kommen Sie herein, wenn Sie so weit sind«, sagte Herr Fiedler und ging voran ins Wohnzimmer. Er wollte sie so lange schmoren lassen, bis sie sich entschuldigte, war sich aber nicht sicher, ob er das Durchhaltevermögen dazu besaß. Mal sehen.

Charlie betrat das Wohnzimmer in den roten Filzlatschen, die für Gäste reserviert waren, und blieb mitten im Raum stehen.
»Was führt sie zu mir?«, fragte Herr Fiedler.
Das arme Ding sah mitgenommen aus. Ihre normalerweise strahlend grünen Augen hatten die Farbe eines veralgten Tümpels und die Nase, die sie so gern kraus zog, stand ein bisschen spitz im Gesicht.
»Es tut mir Leid, Herr Fiedler, ich möchte mich entschuldigen. Ich weiß auch nicht, was in mich gefahren ist, aber die ganze Sache …«
Zwei dicke Tränen kullerten über ihre pausbäckigen Wangen.
Herr Fiedler konnte kaum schnell genug auf die Füße kommen, so drängte es ihn, das arme Deern in den Arm zu nehmen. Schluchzend warf Charlie sich an die schmächtige Brust des alten Mannes, der kaum so groß war wie sie.
»Na, nun lassen Sie mal alles heraus«, sagte Herr Fiedler. »Machen Sie sich um mich keine Sorgen, ich habe schon salzigeres Wasser überstanden als Ihre Tränen.«
Charlie heulte und lachte gleichzeitig. Das Geräusch, das dabei durch ihre Nase kam, klang beunruhigend.
»Taschentuch?«, fragte Herr Fiedler.
»Hmmpfm«, antwortete Charlie, ließ ihn aber nicht los.
Herr Fiedler überließ sich ihrer Umklammerung und strich mit der linken Hand über Charlies Rücken. Die Taschentücher konnten warten.
»Sind Sie mir noch böse?«, fragte Charlie nach einer Weile.
Zum Glück war ihr Mund neben dem Ohr, das noch die ihm zugedachte Arbeit versah.
»Nein, mein Deern, den Tränen einer schönen Frau konnte ich nie widerstehen.«
Charlie ließ ihn los und trat einen Schritt zurück.
»Okay, das mit der Schönheit nehme ich zurück«, sagte Herr Fiedler. »Sie sehen furchtbar aus.«
»Dann passen wir ja gut zusammen«, konterte Charlie und wischte sich mit dem Ärmel über das Gesicht. »Wo sind die Taschentücher?«

Herr Fiedler zeigte auf die Schublade und setzte sich, während Charlie sich lautstark die Nase putzte. Das lange Stehen, wenn auch in der Umarmung einer jungen Frau nicht unangenehm, war doch recht anstrengend.
»Wollen Sie reden?«, fragte Herr Fiedler.
»Lieber trinken«, entgegnete Charlie. »Haben Sie Bier?«
»Ich habe jede Menge Bier, aber Sie bekommen keins«, sagte Herr Fiedler. »Sie können Tee haben, Wasser, Apfelsaft oder eine Tasse von meinem sagenhaft guten Kakao, aber Alkohol gibt es nur für Menschen in seelisch stabilem Zustand.«
»Dann bitte einen Kakao«, sagte Charlie.
Sie folgte Herr Fiedler in die Küche, setzte sich mit baumelnden Beinen auf den Küchentisch und beobachtete, wie Herr Fiedler die Milch aufsetzte, einen Teelöffel dunkles Kakaopulver, einen Teelöffel braunen Zucker, eine Prise Zimt, eine Prise Kardamom und eine Prise Chilipulver dazugab und mit dem Schneebesen rührte, damit die Milch nicht anbrannte.
»Wenn Sie Sahne wollen, müssen Sie sie selber schlagen«, sagte er.
»Sie haben wohl noch nie etwas von Sprühsahne gehört?«, fragte Charlie.
»Sogar probiert«, entgegnete Herr Fiedler. »Aber Sie glauben doch nicht im Ernst, dass ich einen erstklassigen Kakao mit einem Würstchen Sprühsahne verunstalte. Das wäre Majestätsbeleidigung.«
Charlie suchte seufzend die hohe Schüssel, den handbetriebenen Rührer, Sahne und Vanillezucker zusammen und machte sich an die Arbeit.
»Jens fährt regelmäßig nach Neersen«, sagte sie, als der Kakao in den Tassen dampfte und zwei Sahnehäubchen langsam in der Hitze schmolzen.
»Woher wissen Sie das?«, fragte Herr Fiedler.
»Ich habe Tankquittungen in seiner Brieftasche gefunden.«
Herr Fiedler meinte, sich verhört zu haben. Immerhin sagten ihm die Leute ständig, dass seine Horchleistung nicht mehr den An-

forderungen entsprach und er wusste, dass sie recht hatten. Es musste sich also bei dem, was er gehört zu haben glaubte, um ein Missverständnis handeln. Aber ein Blick in Charlies Gesicht, das sie tief über den Kakao gebeugt hatte, belehrte ihn eines besseren.

»Sie haben in seinen Sachen herumspioniert«, stellte er fest.
Charlie nickte.
»Und das ist alles, was Sie herausgefunden haben?«, fragte Herr Fiedler.
Charlie nickte wieder.
»Das kann alles bedeuten.«
»Genau«, sagte Charlie. Sie blickte hoch. »Alles. Auch das.«
»Aber auch alles andere«, sagte Herr Fiedler. »Eine Geliebte, ein alter Schulfreund, mit dem er Kickern geht, eine anonyme Lotto-Annahmestelle, eine Peepshow …«
Charlie zog eine Grimasse. »Hören Sie auf, das weiß ich selbst.«
Herr Fiedler überlegte, ob er das Thema fortsetzen sollte. Einerseits wollte er Charlie nicht noch mehr quälen, andererseits war es kaum möglich, dass seine Erkenntnis sie aus der Bahn warf.
»Seine Frau lebt gern auf großem Fuß«, sagte er.
»Hm.«
»Das ist weder ein Beweis für seine Schuld, noch einer für seine Unschuld. Aber wenn er neben seinem Job in der Brauerei keine weiteren Einkünfte hat, dürfte er in finanziellen Schwierigkeiten stecken.«
»Wer tut das nicht?«, fragte Charlie mit einem leisen Seufzen.
Sie schwiegen und tranken den Kakao aus.
»Können wir uns vor die Glotze hängen und ein bisschen fernsehen?«, fragte Charlie.
»Statt Besäufnis?«, fragte Herr Fiedler mit einem Augenzwinkern.
»Ich weiß kaum, was gefährlicher ist für die Hirnzellen, aber ich denke, dass wir das Risiko eingehen können.«
Sie gingen ins Wohnzimmer hinüber, setzten sich nebeneinander auf das Sofa mit dem grünen Samtbezug, auf dem Charlie schon einmal übernachtet hatte, und zappten durch die Programme.

Eine Talkshow konnten sie zehn Minuten ertragen, eine schnulzige Romanverfilmung fünfzehn. Mehrere Spielfilme hatten schon begonnen und waren daher uninteressant. Dann kam ein Delfin ins Bild.
»Den kenne ich!«, rief Charlie. »Das ist Flipper!«
»Ach was«, widersprach Herr Fiedler. »Flipper war ein Großer Tümmler. Der hier ist ein Gemeiner Delfin, lebt in warmen Gewässern, ist etwas kleiner und ist der Delfin der griechischen Mythologie …«
Er brach ab, als das Bild wechselte und ein Mädchen zeigte, das langsam von einer erwachsenen Frau zu dem Delfin geleitet wurde. Das Kind trug einen Schwimmreifen und Schwimmflügel in lustigem gelb-orange-farbenem Streifendesign. Aber was Herrn Fiedlers Blick gefangen hielt, war ihr Gesicht. Das Kind war eindeutig geistig behindert.
Charlie zappte weiter.
»Nein, schalten Sie zurück«, forderte Herr Fiedler aufgeregt. »Mir kam da gerade eine Idee.«
Der Fernsehbericht zeigte in beeindruckenden Bildern, wie autistische und behinderte Kinder, die keinen Kontakt zur Außenwelt herstellen konnten, plötzlich eine Beziehung zu den Delfinen aufbauten. In Florida, so erläuterte die Reporterin, war diese Form der Therapie seit langem bekannt, inzwischen kamen aber auch immer mehr Europäer, die hier Hilfe suchten. Leider wurden die Kosten nicht von den Krankenkassen getragen.
»Brunos Enkelin?«, fragte Charlie, als der Bericht zu Ende war.
Herr Fiedler nickte. Der Gedanke war zumindest nicht ganz abwegig.

\*

»Morgen«, sagte Charlie, als sie das Labor betrat.
»Morgen«, gab Jens zurück.
Mist, aus dem einen Wort ließ sich nicht auf seine Stimmung schließen.

»Was liegt an?«, fragte Charlie. Damit, so dachte sie, konnte sowohl die Arbeit als auch Jens' Befindlichkeit gemeint sein. Mit ein bisschen Glück …

»Brauwasseranalyse. Der ph-Wert ist zu niedrig, da müssen wir uns gleich drum kümmern.«

Okay, kein Glück. Charlie stand weiter gegen die Tür gelehnt und sah Jens an, der die Augen wieder auf die Papiere gerichtet hatte.

»Was ist denn?«, fragte er jetzt.

Charlie überlegte, wie lange sie diesen Zustand würde ertragen können. Jens kühl und abweisend, sie mit einem schlechten Gewissen, einer schrecklichen Vermutung und der damit einhergehenden Ungewissheit. Nicht lang. Genauer gesagt: überhaupt nicht.

»Was machst du montags in Neersen?«, fragte sie.

Jens hob ruckartig den Kopf und starrte sie an.

»Wie kommst du denn darauf?«

Charlie zuckte die Schultern und blickte ihm fest in die Augen.

»Das geht dich nichts an«, sagte Jens und blickte wieder auf den Schreibtisch.

»Das sehe ich anders«, entgegnete Charlie. »Es gibt da einen ganz fiesen Verdacht, der mit dem Verrat unseres Altbierrezeptes an die Konkurrenz in Neersen zu tun hat. Und du fährst montags genau dorthin. Nach Neersen. Da fragt man sich doch, was du dort tust.«

»Wer fragt sich das?«, fragte Jens zurück.

»Ich«, sagte Charlie.

»Und dieser alte Kauz«, fügte Jens mit ärgerlichem Gesichtsausdruck hinzu.

»Herr Fiedler.«

»Mir egal, wie der heißt. Er hat meine Frau ausgehorcht.«

»Ich weiß.«

»Und weißt du auch, was er herausgefunden hat?«, fragte Jens.

»Dass deine Frau mehr Geld ausgibt, als du eigentlich verdienen kannst.«

Jens blieb einen Moment regungslos am Schreibtisch sitzen, dann stützte er den Kopf in die Hände und stöhnte leise.

»Jens, sag etwas zu deiner Verteidigung«, bat Charlie.

»Ach, hast du mich angeklagt?«, fragte er schnippisch zurück.

»Nein, aber andere werden es tun«, erwiderte Charlie nicht weniger heftig.

Jens raufte sich die Haare. »Sie hat das Maß verloren«, murmelte er. »Es musste das größte Haus der ganzen Siedlung sein, obwohl wir doch nur zu zweit sind. Aber unter dem Dach hat sie ihr Atelier, dort malt und töpfert sie. Das Wohnzimmer hat ein Raumvolumen wie ein ganzes Einfamilienhaus. Hast du eine Ahnung, was allein der Schmuckputz für die fast acht Meter hohen Wände gekostet hat? Und die Heizkosten! Und der Garten musste von einem Landschaftsplaner angelegt werden, ihr Zweitwagen ist ein Mercedes, jedes noch so lausige T-Shirt, das sie trägt, ist von einem Designerlabel.«

»Warum sagst du ihr nicht, dass das so nicht geht?«, fragte Charlie lauter als beabsichtigt. Was dachte sich dieses Mäuschen eigentlich dabei, das Geld, das immerhin Jens allein verdiente, mit so großen Händen auszugeben?

»Ich habe Angst, dass sie dann wieder zusammenbricht.«

Charlie glaubte, sich verhört zu haben, aber da sprach Jens schon weiter.

»Wir haben früher in einer wirklich schönen Zwei-Zimmer-Wohnung gelebt. Dann wurde Verena schwanger. Endlich! Jahrelang hatte sie darauf gehofft, plötzlich kündigten sich Zwillinge an. Wir suchten ein Haus. Etwas Normales. Links Küche, rechts Gästeklo, du weißt schon.«

Charlie nickte.

»Dann kam die Fehlgeburt, die Information, dass sie keine Kinder mehr haben könne und die Depression. Aber anstatt in Lethargie zu verfallen, wurde Verena extrem aktiv. Ich hielt das natürlich für gut. Wir hatten den Kaufvertrag für das Haus noch nicht unterschrieben. Sie sagte dem Makler, dass sich die Bedingungen geändert hätten, und wir nun ein anderes Objekt suchten. Sie entschied sich für das größte Haus und verhandelte mit Architekten wegen der Änderungen. Mir erzählte sie nichts davon. Als die Planungen feststanden, sollte ich den Kaufvertrag unterschreiben. Als ich den Kaufpreis sah, wurde mir schlecht. Wirklich. Das ist nicht nur so dahingesagt. Mir wurde so schlecht, dass ich dachte, mich übergeben zu müssen. Ich habe ihr gesagt, dass wir uns das nicht leisten können.«

Jens nahm einen Stift aus dem Halter und begann, damit zu spielen.

»Daraufhin erlitt sie einen Nervenzusammenbruch. Du kannst dir nicht vorstellen, wie schlimm so etwas ist.«

Charlie konnte sich das sehr gut vorstellen, aber das wussten die Wenigsten, und so sollte es bleiben.

»Ich habe mich gefügt. Ich bekam einen geradezu unanständig hohen Kredit bei unserer Bank, weil meine Mutter als Bürge eintrat. Mein Elternhaus gilt als Sicherheit. Gar nicht auszudenken, was passiert, wenn sie wirklich eines Tages für meine Schulden …«

Charlies Gefühle waren in Aufruhr. Sie verachtete Verena, obwohl sie sie überhaupt nicht kannte. Allerdings hütete sie sich davor, Jens gegenüber negative Äußerungen über seine Frau zu machen.

»Geht es deiner Frau jetzt besser?«, fragte sie stattdessen.

»Der Arzt sagt, dass ihr Zustand stabil ist«, erwiderte Jens.

»Dann verkauf das Haus«, riet Charlie ihm.

Jens lachte auf, freudlos. »Ich habe bereits entsprechende Erkundigungen eingezogen. Sehr diskret, natürlich.«

»Und?«

»Der Wert des Hauses ist gesunken! Es sind mehr Schulden darauf, als die Hütte bei den heutigen Immobilienpreisen einbringen kann. Vorausgesetzt, man fände überhaupt einen Geisteskranken, der zweihundert Quadratmeter Wohnraum verteilt auf dreieinhalb Zimmer haben will und glaubt, sich die Energiekosten leisten zu können.«

»Und weil du Schulden bis zur Halskrause hast und nicht weißt, wie du aus der Nummer auf legalem Weg wieder herauskommst,

deshalb hast du das Altbierrezept an die Konkurrenz verkauft.«
Charlie hatte ihren Verdacht als Feststellung, nicht als Frage formuliert. Es dauerte einige Sekunden, bis Jens die Bedeutung ihrer Worte begriffen hatte.
»Nein!«, rief er. »Wie kommst du denn darauf?«
Charlie hatte den Eindruck, dass er wirklich schockiert war. Aber der Schreck konnte natürlich verschiedene Gründe haben. Vielleicht war er unschuldig und entsprechend erschüttert, dass sie ihn einer solchen Tat für fähig hielt. Vielleicht war er aber auch schuldig – und entsetzt, dass sie ihn durchschaut hatte. Sein gequälter Blick aus den wunderschönen Augen jedenfalls konnte so oder so interpretiert werden. Charlie spürte den Drang, Jens in den Arm zu nehmen und zu trösten, aber sie beherrschte sich.
»Was machst du montags in Neersen?«, fragte sie.
»Das geht dich nichts an.« Jens' Gesicht verschloss sich. »Wenn du der Meinung bist, dass ich die Zukunft meines eigenen Arbeitsplatzes aufs Spiel setze, indem ich das Rezept der Konkurrenz verrate, dann sag das doch der Kripo. Die schwirren bestimmt gerade wieder hier irgendwo durchs Haus.«
Jens drehte sich zum Schreibtisch und tat so, als lese er aufmerksam die Papiere, die dort lagen.
Charlie überlegte einen Augenblick, sagte »Okay« und verließ das Labor. Aus dem Augenwinkel sah sie, dass Jens ihr mit ungläubigem Blick hinterher starrte.

## Ausschlagen
*Jetzt heißt es, noch einmal alle Kraft zusammenzunehmen, denn ab sofort muss steril gearbeitet werden. Die Würze wird ausgeschlagen, d.h. zum zweiten Mal gefiltert, damit der Hopfen und noch vorhandene Eiweißreste wieder verschwinden. Eine frische Windel muss her, diese wird vor dem Ausschlagen auch noch ausgekocht. Dann kommt die Würze in den ebenfalls mit kochendem Wasser sterilisierten Gärbehälter.*

Herr Fiedler saß wieder einmal vor dem Computer und recherchierte. Unfassbar, wie er ohne Computer und Internet gelebt hatte. Bevor er allerdings nach Informationen über Delfintherapien suchte, rief er seine E-Mails ab. Erfreut lud er die Nachricht seines australischen Enkels herunter. Der kleinen Familie ging es sehr gut und der Plan, Ende Februar nach Mönchengladbach zu kommen, nahm langsam Formen an. Zwei mögliche Flugdaten hatte Patrick herausgefunden und fragte an, welcher Termin Herrn Fiedler lieber wäre.
»So schnell wie möglich!«, antwortete Herr Fiedler, setzte dann aber noch hinzu: »Nimm den Flug, der euch besser passt, mein Junge, wir sind mit allem einverstanden.«
Er freute sich riesig auf die Familie seines Enkels.
Das brachte ihn wieder auf seine Recherche zurück. Erstaunt stellte er fest, wie viele unterschiedliche Therapien mit Tieren inzwischen angeboten wurden. Ebenso unterschiedlich waren die Anwendungsgebiete. Die Hund-Katze-Maustherapien, wie Herr Fiedler sie für sich selbst nannte, schienen allerdings für schwere geistige Behinderungen nicht in Frage zu kommen. Dafür waren die Therapien mit Delfinen besser geeignet, was man schon seit einigen Jahrzehnten wusste und nutzte. Tatsächlich gab es Therapiezentren in Ägypten oder Israel, in denen die Patienten mit frei lebenden Delfinen schwimmen können – sofern die Delfine gerade vor Ort sind. Die Zentren, die mit gefangenen Tieren arbeiten, bieten in dieser Frage eine größere Sicherheit, befinden sich aber vorzugsweise in den Vereinigten Staaten.

Ein Flug dorthin, die Therapie und ein mehrwöchiger Hotelaufenthalt für mindestens zwei Personen war sicher nicht preiswert. Gut möglich, dass Bruno von dieser Therapie erfahren hatte. Selbst er, Piet Fiedler, hatte bereits früher von solchen Tiertherapien gehört, obwohl er niemanden kannte, für den eine solche Behandlung infrage gekommen wäre. Aber Zeitungen berichteten gelegentlich über diese Fälle und im Fernsehen war bestimmt auch früher schon ein Bericht gewesen. Da konnte es wohl als gesichert gelten, dass ein Betroffener erst recht von derartigen Möglichkeiten wusste.
Auf einer der Seiten im Internet war eine deutschsprachige Kontaktadresse angegeben, bei der man weitere Informationen bekommen konnte. Listen mit Adressen von Einrichtungen, die solche Behandlungen anboten. Erfahrungsberichte Betroffener, Möglichkeiten der Kostenübernahme durch die Krankenkasse und welche Bedingungen dafür erfüllt sein mussten. Leider war der Kontakt nur per E-Mail möglich. Ein Anruf wäre Herrn Fiedler lieber gewesen, aber er war ja schon froh, dass er überhaupt einen Ansprechpartner gefunden hatte, von dem er sich eine Antwort erhoffte. Eine Antwort auf die Frage, ob ein gewisser Bruno Gerber sich näher für die Delfintherapie interessiert hatte.

\*

Charlie hatte zwar so getan, als wolle sie die Kripo von ihrem Verdacht in Kenntnis setzen, aber das war zu keinem Zeitpunkt ihr Plan gewesen. Sie hatte die Brauerei verlassen und sich auf den Weg nach Odenkirchen gemacht.
Das Neubaugebiet gefiel ihr nicht, aber das überraschte sie keineswegs. Neubaugebiete waren ihr immer schon verhasst gewesen, dieses hier machte keine Ausnahme. Gewollt unterschiedliche Bauweisen sollten das Bild der Siedlung wohl auflockern, auf Charlie wirkte das allerdings sehr aufgesetzt. Zumal etliche Fassaden einfach nur geschmacklos waren. Ausgefallen, ja. Damit war der vermutlich vorrangige Zweck auch erfüllt, aber leider reichte

der Drang nach Individualität allein noch nicht aus, um dem Besonderen auch Stil zu verleihen. Viele Häuser waren schlichtweg besonders hässlich. Stein gewordener Größenwahn.
Der Gipfel des Größenwahns war Jens' Haus. Oder sollte sie sagen: Verenas Haus? Galt bei dieser Frage die Finanzierung oder die Planung als ausschlaggebend? Egal. Auch ohne die Hausnummer zu kennen hätte Charlie das Haus nach Jens' Beschreibung sofort gefunden. Es war das protzigste Gebäude der ganzen Siedlung.
Verena öffnete die Tür gerade so weit, wie die vorgelegte Sicherheitskette es zuließ.
»Ja bitte?«
»Privatbrauerei Bolten, mein Name ist Charlotte Wagenrad. Darf ich kurz hereinkommen?«
Frau Weichgräber riss die Augen auf, stammelte »ist etwas mit Jens? Moment, ich muss die Kette lösen …«, schlug die Tür zu und öffnete sie einen Augenblick später mit viel zu viel Schwung.
»Was ist mit Jens, ist ihm etwas passiert?«
Charlie trat ein, schloss die Tür hinter sich und betrachtete die hübsche Frau mit Widerwillen. Ihre Frisur war lässig chic, das Make-up dezent und passend, die Figur hätte jedem Modedesigner gefallen, es war einfach alles perfekt. Charlie hasste Verena Weichgräber von der ersten Sekunde an aus tiefster Seele.
»Nein, ihm ist nichts passiert. Abgesehen davon, dass er verdächtigt wird, Betriebsgeheimnisse verraten zu haben«, sagte sie kühl.
Frau Weichgräber setzte ihren Hang zu Extremen fort, sie wurde nicht blass sondern weiß. Charlie erschrak. War sie zu weit gegangen?
»Ich, ich …« Frau Weichgräber schwankte.
»Setzen Sie sich«, sagte Charlie, fasste die Frau am Arm und führte sie durch die offen stehende Flurtür ins Wohnzimmer, wo sie sich ungläubig umsah. Das Zimmer, wenn man es überhaupt mit solche einem profanen Ausdruck benennen durfte, war atemberaubend.
»Wasser …«, stammelte Frau Weichgräber.
Charlie ging in die Küche, öffnete zwei Schränke bis sie ein Glas

fand, füllte es am Wasserhahn und brachte es zu dem Sofa, auf dem Frau Weichgräber mehr lag als saß.
»Danke.« Das Wort war nur ein Hauch. Charlie hätte der Frau links und rechts eine schallern können, so ging ihr dieses Kameliendamengetue auf den Sender.
»Frau Weichgräber, Ihr Mann steckt in ernsten Schwierigkeiten«, sagte sie. Die erhoffte Antwort blieb aus. Verena Weichgräber blickte sie nur aus ihren weit aufgerissenen Rehaugen verschreckt an.
»Er verdient nicht genug, um dieses riesige Haus und all Ihre Extrawünsche zu finanzieren. Seit einigen Tagen geht die Kriminalpolizei im Betrieb ein und aus, und Ihr Mann gehört zum Kreis der Verdächtigen.«
Frau Weichgräber blinzelte, schüttelte den Kopf, blickte Charlie wieder an und sah aus, als fiele sie aus allen Wolken. »Aber das verstehe ich nicht …« Sie erklärte nicht, was sie nicht verstand. Charlie befürchtete, dass sie rein gar nichts verstand. Oder verstehen wollte.
»Haben Sie gehört, dass Bruno Gerber tot ist?«, fragte Charlie.
»Wer ist das?«, fragte die Weichgräber.
Charlie schüttelte ungläubig den Kopf. Vermutlich erzählte Jens ihr überhaupt nichts von seiner Arbeit, von seinem Leben außerhalb dieser Mauern – aus Angst, dass sie einen Nervenzusammenbruch erlitt. Was für ein armseliges Leben.
»Interessieren Sie sich nicht für das Leben Ihres Mannes?«, fragte Charlie. Sie wusste, dass sie fies war, aber sie empfand kein Mitleid. Sie war hier, weil sie eine Antwort auf ihre Frage suchte. Die Frage, ob Jens Weichgräber der Verräter war.
»Ich, also, doch, natürlich«, stammelte Frau Weichgräber. »Ich war nur in letzter Zeit selbst sehr krank …«
Jede normale Frau hätte sich die Frage verbeten. Hätte gesagt, dass es Charlie nichts anginge, ob sie sich für das Leben ihres Mannes interessierte. Aber Verena Weichgräber war keine normale Frau. Sie war offenbar psychologischen Beistand gewöhnt, denn psychologischer Beistand bedeutet in erster Linie, dass eine total fremde Person die indiskretesten und intimsten Fragen stell-

te, die man sich vorstellen konnte – und Antworten erwartete. Die gute Patientin lernte, auf jede noch so persönliche, peinliche oder taktlose Frage zu antworten.

Oder man lernte, die Klappe zu halten. Charlie hatte immer diese Option gewählt, weshalb sich Dutzende Sozialarbeiter, Psychologen und Betreuer die Zähne an ihr ausgebissen hatten. Allerdings waren die Dentalverluste der besserwissenden Berufe ihr schon immer herzlich egal gewesen. Kein Problem wurde dadurch besser, dass man ständig darüber palaverte. Im Gegenteil. Es gab einen Punkt, an dem man einen Strich ziehen und neu beginnen musste. Nur konnten die Psychotanten den Punkt meist nicht erkennen. Oder sie wollten nicht, immerhin verdienten sie ihr Geld damit, indiskrete Fragen zu stellen und alte Wunden wieder und wieder aufzureißen. Oh, falsches Wort. Aufarbeiten hieß es, nicht aufreißen.

Charlie beherrschte sich mühsam.

»Ich bitte Sie um zwei Gefälligkeiten, die Sie Ihrem Mann erweisen können.«

Frau Weichgräber starrte sie mit ihren weit aufgerissenen Kulleraugen an.

»Erstens: Sagen Sie ihm nichts von meinem Besuch.«

Frau Weichgräber nickte.

»Zweitens: Sparen Sie, wo Sie nur können. Am besten suchen Sie sich eine Arbeit. Das wird Ihnen gut tun und Ihren Mann entlasten.«

Dieses Mal nickte Verena Weichgräber nicht. »Das ist nicht so einfach, wie Sie sich das vorstellen«, jammerte sie.

»Ich habe mir noch nie vorgestellt, dass irgend etwas in diesem Leben einfach ist«, stellte Charlie in schneidendem Ton klar. »Aber wenn man etwas will, dann geht es auch. Wollen erzwingt Können. Holen Sie Ihren Kopf aus dem Sand, bevor es zu spät ist. Denken Sie zur Abwechslung mal nicht immer nur an sich selbst, sondern auch an Ihren Mann!«

Charlie bemerkte selbst, dass sie sich in Rage redete, und atmete zur Beruhigung tief aus und wieder ein.

»Ihr Mann reißt sich ...« den Arsch auf, hatte sie sagen wollen, aber dann wäre das Frauchen vielleicht in Ohnmacht gefallen. »... die Beine für Sie aus«, fuhr sie stattdessen fort. »Sie können immer auf ihn zählen, das wissen Sie doch, oder?«
Verenalein nickte.
»Aber er benötigt umgekehrt auch Ihre Unterstützung.«
Verena Weichgräber nickte wieder. »Gut, gut, wenn Sie meinen.«
Erbärmlich. Die Frau kuschte und versprach, etwas zu tun, von dem jemand anders ihr gesagt hatte, dass sie es tun sollte. Wie ein Hündchen, das hechelnd auf den Befehl wartet, Männchen zu machen.
»Ich möchte zwar, dass Sie Ihren Mann unterstützen, aber ich hätte lieber, dass Sie es nicht mir zuliebe tun sondern sich selbst zuliebe. Oder für Ihren Mann, aber nicht für mich, okay?«
Frau Weichgräber schien ihr nicht ganz folgen zu können, nickte aber wieder.
Charlie hatte den Eindruck, noch etwas Tröstliches sagen zu müssen, aber ihr fiel beim besten Willen nichts mehr ein. Sie stand auf.
»Denken Sie daran, dass Ihr Mann Sie jetzt braucht«, ermahnte sie Frau Weichgräber noch einmal, dann verließ sie das Haus.

Charlie fuhr zurück zur Brauerei, fest entschlossen, Jens zur Rede zu stellen und keine Ruhe zu geben, bis sie erfahren hatte, was er montags in Neersen zu suchen hatte. Sie parkte ihr Auto gegenüber, überquerte die Straße, ging durchs Tor und sah Jens auf sich zukommen. Er wurde von den beiden Kripotäubchen flankiert, wie die einander in Liebe zugetanen Kommissare Giehlen und Koch im Hause spöttisch genannt wurden. Sabine Koch trug eine braune Steppjacke in der linken Hand.
»Jens, ich muss mit dir sprechen«, sagte Charlie. »Ich habe ...«
»Das wird wohl warten müssen«, sagte Kommissar Giehlen und baute sich mit seiner imposanten Statur vor ihr auf. Kommissarin Koch nahm Jens am Arm und zog ihn zur Seite. »Herr Weichgräber begleitet uns.«

Charlie sah den festen Griff an Jens' Oberarm, die entschlossenen Gesichter der beiden Polizeibeamten, die braune Steppjacke in Frau Kochs Hand und blieb wie angewurzelt stehen.
»Jens …?«
»Danke sehr«, sagte Jens. Seine Stimme ätzte, sein Blick war so kalt, dass Charlie sich fühlte, als habe ihr jemand einen Eiszapfen unter die Jacke geschoben. »Ich weiß nicht, was du ihnen erzählt hast, aber es muss ja ein Knaller gewesen sein.«
Sprachlos beobachtete Charlie, wie die drei an ihr vorbei gingen und den Hof verließen.
»Das glaube ich nicht«, flüsterte sie, als der Wagen der Kommissare an der Einfahrt vorbei schoss.
»Was meinte er damit?«, fragte eine Stimme hinter ihr.
Charlie drehte sich wie in Zeitlupe um. Der Chef stand vor ihr.
»Keine Ahnung«, murmelte sie.
Michel Hollmeier betrachtete sie mit ausdruckslosem Gesicht.
»Ich kann mir leider nicht erlauben, Ihr Praktikum hier zu beenden – da die Polizei offenbar glaubt, meinen Qualitätsmanager dringender zu benötigen als ich. Sind Sie in der Lage, Jens zu vertreten?«
»Ist er verhaftet?«, fragte Charlie.
»Nein. Bisher nicht.«
Charlie hatte den Eindruck, dass ihr Kopf in einem Goldfischglas steckte. Sie konnte kaum klar sehen, klar denken konnte sie schon gar nicht. Auch die Geräusche drangen nur wie von ferne an ihr Ohr.
»Wenn Sie sich nicht dazu in der Lage fühlen, die laufenden Kontrollen zu übernehmen, muss ich den Betrieb schließen, bis Jens wieder da ist«, sagte Hollmeier.
»Ich kann es ja versuchen. Einen oder zwei Tage kann ich das Nötigste schon erledigen«, flüsterte Charlie. Sie räusperte sich. »Aber erwarten Sie keine Wunder von mir, ich bin im Praktikum.«
Hollmeier nickte. »Okay, danke.«
Er drehte sich um und verschwand im Verwaltungstrakt. Charlie starrte hinter ihm her. Der Typ redete nie viel, und heute war es

ihr gerade recht. Einen Sermon über Zusammenhalt, Teamgeist oder ähnlichen Blödsinn hätte sie jetzt nicht ertragen. Sie stieg die Treppe zum Labor hoch, vergewisserte sich mit einem schnellen Blick, dass Jens' braune Steppjacke nicht, wie sonst üblich, über dem Treppengeländer hing, trat ein und ließ sich auf den Schreibtischstuhl fallen. Was, zum Teufel, hatte die Polizei gegen Jens in der Hand?

*

»Name?«
»Jens Weichgräber.«
»Alter?«
»Sechsunddreißig.«
»Adresse, Beruf, Arbeitgeber?«
Jens gab bereitwillig und mit zitternder Stimme Auskunft, obwohl die Kriminalbeamten die Daten kannten.
»Was haben Sie an dem Abend gemacht, an dem Bruno Gerber zu Tode kam?«, fragte Sabine Koch.
Sie hatte bisher alle Fragen gestellt, niemand machte Notizen, dazu gab es ja das Aufzeichnungsgerät, das vor Jens auf dem Tisch stand.
»Ich war vermutlich zuhause.«
»Vermutlich?«
»Ich kann es jetzt nicht beschwören, aber ich erinnere mich kaum, dass wir freitags mal aus waren.«
»Kann Ihre Frau das bestätigen?«
»Natürlich«, erwiderte Jens.
»Für die gesamte Nacht?«, fragte Frau Koch.
Jens zögerte. Sie hatten getrennte Schlafzimmer. Verena hatte nach der Fehlgeburt den Spaß am Sex verloren. »Das führt ja zu nichts«, hatte sie gesagt. Jens' Erwiderung, dass sie nicht nach dem Dogma des Papstes lebten, der Sex nur zum Zwecke der Fortpflanzung erlaubte, hatte zu einem Weinkrampf und dem Wunsch nach einem eigenen Zimmer geführt. Auch sein Ar-

gument, dass er sie einfach gern in seinen schützenden Armen halten und über ihren Schlaf wachen wolle, hatte sie nicht davon abbringen können, aus dem Ehebett auszuziehen. Sie nahm regelmäßig Schlafmittel. Wenn sie ehrlich war, würde sie zugeben müssen, dass sie keine Ahnung hatte, ob ihr Mann nachts im Zimmer nebenan schlief oder in seiner Firma Kollegen ermordete.
»Ja«, sagte er. Er hoffte, dass die Antwort glaubwürdig klang.
»Sie wissen, was wir in der Tasche Ihrer Jacke gefunden haben?«, fragte Sabine Koch.
»Nein«, sagte Jens wahrheitsgemäß.
Er hatte mitbekommen, dass die Kriminalbeamten mit einer neuen Idee in der Brauerei aufgetaucht waren und mit Hilfe zweier weiterer Kollegen alle möglichen Ecken abgesucht hatten. Sie hatten in Schränke, Schaltkästen und Werkzeugkisten geschaut, jede Ecke inspiziert und sogar die Spülkästen der Toiletten untersucht. Sie hatten die Klappen geöffnet, hinter denen sich Feuerlöschschläuche befanden und die Apparatur betastet, in der die selbstkühlenden Fässer nach der Reinigung wieder gebrauchsfertig gemacht werden. Die Apparatur wurde im Februar wenig genutzt. Sie hatten mit starken Lampen in die Abstellkammern unter den Treppen geleuchtet, mit Spiegeln das Wasserreservoir hinter dem Braukeller inspiziert und sogar die Malzschütte durchwühlt.
Was sie suchten, wusste er nicht. Es hatte ihn auch nicht wirklich interessiert. Bis sie plötzlich seine braune Steppjacke in der Hand hielten. Die Jacke, die seit Jahr und Tag über dem Geländer vor dem Labor hing und nur benutzt wurde, wenn er leicht bekleidet – was im Winter praktisch nie der Fall war – in die Gärkeller musste. Sie fuhren mit den Händen in die Taschen und warfen sich bedeutungsschwere Blicke zu. Erst da begann Jens ein sehr ausgeprägtes Interesse am Objekt der akribischen Suche zu entwickeln, aber das hatte ihm nichts genutzt. Von dem Moment an sprach niemand mehr mit ihm, als unbedingt notwendig war um ihm zu sagen, dass er zu einer Befragung

aufs Präsidium gebracht würde. Er hatte immer noch nicht den Schimmer einer Ahnung, was eigentlich los war.

\*

Diesmal hatte Theo den Absprung geschafft. Er hatte Frau Heidrich das gewünschte Stück Kuchen gebracht und das vorbereitete Abendessen gleich mitgeliefert, noch ein Weilchen mit ihr geplaudert und sich dann verabschiedet. Sie hatte einen Schmollmund gezogen, aber Theo hatte heute einfach keine Lust, später wiederzukommen und den Abend mit ihr zu verbringen.
Sie hatte sich verändert. Oder hatte er sich verändert? Seine Einstellung zu ihr? Auch möglich. Jedenfalls mochte Theo die Art nicht, wie sie sich über alles und jeden beschwerte. Der Nachbar auf der anderen Straßenseite, ein netter Mann, der im Schichtdienst arbeitete, immer fleißig war und freundlich grüßte, konnte ihr nichts recht machen. Wenn er seinen Gehweg fegte, dann war das zu laut, fegte er nicht, war es zu schmutzig. Pflanzte er ein Buchsbäumchen vor das Haus, war er ein Angeber, pflanzte er einen Flieder, dann machte der Dreck. Reparierte er das Dach seiner Garage, dann stank es nach Dachpappe, reparierte er nicht, warf Frau Heidrich ihm vor, seinen Besitz verkommen zu lassen. Die Kinder, die auf dem Gehweg Fußball spielten, waren zu laut, die Nachbarin schräg gegenüber putzte nur viermal im Jahr die Fenster. (Theo vermutete, dass sie sie sogar nur zweimal jährlich putzte, und ihn störte das überhaupt nicht.) Das Auto von dem Herrn, der drei Häuser weiter auf derselben Straßenseite wohnte, könnte auch mal wieder eine Wäsche vertragen, aber der Mann, der sein Auto jeden Samstag putzte, schadete der Umwelt.
Theo hielt es nicht mehr aus.
Er ging nach Hause in der Hoffnung, dort seine Ruhe zu haben.
»Gut, dass du kommst, Theo, ich habe eine interessante neue Entwicklung in unserem Fall entdeckt und könnte dringend jemanden brauchen, der mir meine verworrenen Gedanken

ordnen hilft«, rief Herr Fiedler, kaum dass Theo die Tür hinter sich geschlossen hatte.

Theo lächelte. Gerade noch hatte er sich Ruhe gewünscht, da überfiel der Privatdetektiv Fiedler ihn mit einem ganzen Schwall von Worten und krausen Ideen und – Theo war glücklich. Ja, glücklich. Er hätte jetzt in diesem Moment nirgendwo lieber sein wollen als mit seinem ältesten Freund am Wohnzimmertisch, auf dem ein ganzer Wust von Zetteln lag, die Piet Fiedler vor sich ausgebreitet hatte.

»Was bringt dich zum Lachen?«, fragte Herr Fiedler erstaunt.

»Ich freue mich, dass ich dir nützlich sein darf«, sagte Theo.

Herr Fiedler legte den Kopf schief und sah ihn zweifelnd an. »Du willst mich veräppeln.«

»Nein, ich meine es ernst. Also, wie ist der Stand der Ermittlungen?«

Herr Fiedler ordnete seine Zettel – zumindest nahm Theo an, dass er sie ordnete. Eigentlich war für ihn nur erkennbar, dass er einige Zettel von rechts nach links und andere von links nach rechts schob.

»Bruno Gerbers Enkelin ist geistig behindert«, erklärte Herr Fiedler. Theo nickte.

»Ich habe mit Bettina Gerber gesprochen, sie hat mir alle möglichen medizinischen Details erklärt, aber das wenige, das ich verstanden habe, lässt sich so zusammenfassen: Anna-Sophie leidet an einer sehr speziellen Erkrankung. Das muss man sich vorstellen wie einen Staudamm, der die normale Tätigkeit des Gehirns behindert.«

»Aha.« Theo konnte sich unter dem, was sein Freund da von sich gab, nicht viel vorstellen, aber das musste er hoffentlich auch nicht.

»Es gibt Berichte über Kinder, die an derselben Störung erkrankt waren, und mit einer bestimmten Therapie geradezu unglaubliche Fortschritte erzielten. Man muss sich diesen Fortschritt so vorstellen, als ob der Staudamm eingerissen wird und das Wasser wieder normal fließen kann.«

Mit einem Kopfnicken gab Theo zu erkennen, dass er noch folgte.

»Diese Behandlung ist die Delfintherapie. Bruno hat mit Bettina darüber gesprochen, er hielt offenbar recht viel davon.«

»Und Bettina selbst?«, fragte Theo.

»Sie ist generell von der Wirksamkeit der Therapie nicht so überzeugt, wie Bruno es war. Außerdem hat sie die Sorge, dass das ganze Drumherum für Anna-Sophie ein solch großer Stress ist, dass sich ihre Situation zunächst verschlechtert. Das Kind reagiert wohl sehr empfindlich auf Veränderungen der Umgebung und ihres Tagesablaufes.«

»Bruno und Bettina Gerber waren also unterschiedlicher Auffassung«, fasste Theo zusammen.

Herr Fiedler nickte. »Bettina brachte außerdem das Argument der Kosten gegen die Therapie vor. Sie wird nämlich von den Krankenkassen nicht bezahlt.«

»Das wundert mich nicht«, sagte Theo.

»Die Kosten für eine derartige Behandlung sind astronomisch. Der Flug für das Kind und mindestens eine Begleitperson in die Vereinigten Staaten, die Unterbringung und natürlich die Kosten für die eigentliche Therapie, die bis zu mehreren Wochen dauern kann.«

»Das geht in die Zigtausende«, sagte Theo.

»Genau. Und die Gerbers haben das Geld nicht«, sagte Herr Fiedler.

»Aber Bruno hätte doch sicher das Haus beleihen können«, wandte Theo nach einem Moment der Überlegung ein.

»Natürlich«, bestätigte Herr Fiedler. »Ich hole den Tee, der jetzt lang genug gezogen hat, und du überlegst inzwischen, ob du an Brunos Stelle eine Hypothek aufgenommen hättest.«

Herr Fiedler ging in die Küche. Theo hörte die Kühlschranktür auf- und zuklappen, hörte die Schranktür, hörte, wie die Teekanne, das Sahnekännchen, die Kandisschale und zwei Tassen auf das Spezialtablett gestellt wurden, das Herr Fiedler dem Inhaber des türkischen Restaurants Efesus abgeschwatzt hatte. Ein Tablett, das man mit einer Hand tragen konnte. Ein unglaublich praktisches Ding, wenn man in der anderen Hand einen Gehstock hielt.

»Eine Hypothek hat den Nachteil, dass die Tochter, die ja mit dem behinderten Kind in dem Haus wohnt, später die Schulden am Hals hat«, sagte Theo, als sein Freund wieder am Tisch saß.

»Genau.«

Herr Fiedler füllte die Tassen und nahm Kandis und Sahne. »Alternative?«

»Lotto«, schlug Theo vor.

»Zu unsicher.«

»Prämien-Sparen.«

»Das selbe Problem.«

Theo überlegte. Ein Mann wie Bruno Gerber, der fünfzig Jahre gearbeitet und sogar einen Zweitjob in der Brauerschule gehabt hatte, musste doch einen Notgroschen besitzen. »Hatte Bruno denn kein Sparguthaben? Er hat doch nicht schlecht verdient«, fragte er.

»Darüber weiß ich nichts Genaues«, gab Herr Fiedler zu, »aber bedenke Brunos Situation. Er hat das große Haus gekauft, dann behindertengerecht umgebaut, und Bettina ging jahrelang nicht arbeiten, das hat er uns einmal erzählt. Bruno ernährte also von seinem Einkommen sich selbst, seine Frau, die Tochter und die behinderte Enkelin.«

Theo erinnerte sich.

»Wenn der Vater der Kleinen so ein Geheimnis ist, wird er wohl keinen Unterhalt zahlen«, fuhr Herr Fiedler fort. »Außerdem vermute ich, dass die besondere Lebenssituation eventuelle Ersparnisse über die Zeit einfach aufgebraucht hat. Zumal ein Braumeister nicht zu den Großverdienern gehört.«

»Sehr gut möglich«, murmelte Theo. Er erinnerte sich, dass ein ehemaliger Nachbar in Wegberg-Arsbeck auch ein behindertes Kind hatte und Geld für Dinge ausgeben musste, an die ein gesunder Mensch nicht im Traum dachte. Allein die Umbauten im Haus und die Zuzahlungen für Medikamente und Hilfsmittel.

Professionelle Hilfe, wenn einer der Ehepartner erkrankte und sich nicht im notwendigen Umfang um das Kind kümmern konnte. Fahrten zu Ärzten, Spezialisten, Untersuchungen, die die Kasse nicht zahlte, die aber Hoffnung boten und folglich selbst finanziert wurden. Da konnte schon einiges zusammen kommen.
»Worauf willst du nun hinaus?«, fragte Theo mit einem mulmigen Gefühl.
»Was, wenn Bruno in seiner Verzweiflung das Altbierrezept verkauft hat?«, fragte Herr Fiedler. Er sah unglücklich aus.
Theo seufzte. »Ich habe schon befürchtet, dass du mit so einer Idee ankommst.«
Er gab sich Mühe, diese Möglichkeit sachlich abzuwägen. Bruno Gerber steckte in einer Klemme. Er wollte seiner Enkelin die teure Therapie ermöglichen, hatte aber nicht das Geld dafür. Bruno stand kurz vor der Pensionierung, nach der es ihm finanziell noch schlechter gehen würde. Er wollte auf das Haus keine Hypothek aufnehmen, die seine Tochter später würde abzahlen müssen. Vielleicht war er selbst auf die Idee verfallen, Nesgraf mit einem »Tipp« unter die Arme zu greifen, vielleicht hatte auch Nesgraf ihn angesprochen. So oder so, die Verlockung musste riesig gewesen sein. Vermutlich hatte Bruno zuerst gezögert, sich dann aber nach und nach an den Gedanken gewöhnt.
Theo seufzte. Vorstellbar war es.
Herr Fiedler hatte ihn aufmerksam beobachtet, jetzt nickte er.
»Du hältst es auch für möglich«, stellte er fest.
»Ja, leider.«
»Ich stelle mir das ungefähr so vor«, begann Herr Fiedler. »Bruno entscheidet sich für die Enkelin und gegen seinen Arbeitgeber und verkauft Nesgraf das Rezept. Leider hat er vorher nicht bedacht, dass er als ehrlicher Mensch nicht mit dem schlechten Gewissen fertig wird. Er geht jeden Tag in die Brauerei, sieht seinen Kollegen und dem Chef ins Gesicht und muss immer daran denken, dass er ihre Zukunft aufs Spiel gesetzt hat. Irgendwann hält er den Druck nicht mehr aus …«

Einen Moment war es still.

Theo dachte über das Szenario nach, das sein Freund entworfen hatte. Es klang glaubhaft bis zu dem Punkt, an dem Herr Fiedler abgebrochen hatte. »Ich glaube nicht, dass er sich selbst getötet hat«, sagte Theo nach einer Weile. »Immerhin hat er den Verrat begangen, um seiner Enkelin und seiner Tochter zu helfen. Wenn er seinem Leben aber dann plötzlich ein Ende setzt, wird er nie wissen, ob seine Veruntreuung dem Kind wirklich geholfen hat. Und er lässt seine Familie im Stich, für die er doch eigentlich alles in seiner Macht stehende tun wollte. Das passt nicht zusammen.«

Herr Fiedler nickte. »Du hast Recht«, murmelte er. »Also nehmen wir an, dass er zwar ein Problem mit seinem Gewissen hatte, aber keinen Selbstmord plante. Er blieb also an jenem Freitag lang in der Brauerei, schloss sich in seinem alten Kabuff ein, schrieb ein Geständnis und betrank sich. Und dann?«

Theo versuchte wieder, sich die Szene vorzustellen, diesmal ohne Brunos Selbstmordabsicht. Das ging besser. Bruno trinkt, will sich die Sache von der Seele reden, »beichtet« in schriftlicher Form, steigt noch einmal an seinen Lieblingsplatz im Turm, um sich von der Brauerei zu verabschieden, die er ja nun in Schimpf und Schande verlassen muss, ist aber schon zu betrunken, um noch die richtigen Schritte zu gehen und stürzt zu Tode. Theo sprach seine Überlegungen laut aus.

»Nicht schlecht«, sagte Herr Fiedler. »Allerdings haben wir da noch eine Sache übersehen.«

Theo fasste sich an die Stirn. »Den Mord an Friedbert Hebestreit.«

»Genau«, bestätigte Herr Fiedler. »Wie passt der in diese Geschichte?«

Theo begann seine Überlegungen wieder mit dem Bild des von seinem Gewissen geplagten Bruno Gerber, der sich in seinem alten Braumeisterkabuff betrinkt, während er ein Geständnis schreibt. Dann kommt Friedbert Hebestreit dazu. Hebestreit hat herausgefunden, dass Bruno das Rezept verraten hat, stellt ihn zur Rede und in einem Streit erschlägt Bruno seinen Kollegen.

Moment, das machte ja gar keinen Sinn. Wenn Bruno sowieso gerade dabei war, ein Geständnis zu schreiben, dann konnte ihn die Tatsache, dass sein Kollege den Verrat entdeckt hatte, nicht mehr schockieren.

Theo wurde blass.

»Dir geht es so wie mir vor einer Stunde«, sagte Herr Fiedler, als er Theos Gesichtsfarbe wechseln sah. »Wir haben bisher überlegt, ob Brunos Tod ein Selbstmord, ein Unfall oder ein Mord war. Das ist immer noch nicht geklärt. Der Tod von Friedbert Hebestreit war ein Mord, das steht fest. Und das einzige Szenario, welches beide Todesfälle erklärt, ist eines, das uns nicht gefällt.«

Theo suchte hektisch nach einem Ausweg. Sicher gab es eine Erklärung, die nicht auf das hinauslief, was sein Freund gerade andeutete. Es musste einfach eine andere Möglichkeit geben.

»Ich habe mir stundenlang den Kopf darüber zerbrochen«, sagte Herr Fiedler in sanftem Tonfall. »Aber ich sehe nur eine Möglichkeit: Bruno hat den Verrat begangen, Friedbert Hebestreit hat das erfahren, ihn zur Rede gestellt und Bruno hat ihn – vielleicht im Affekt – getötet. Danach brach Bruno zusammen, bereute seine Taten, begann ein schriftliches Geständnis, das er nicht zu Ende führte und welches die Polizei als Abschiedsbrief gedeutet hat. Dann setzte er seinem Leben ein Ende. Ob aus Absicht oder Unvorsichtigkeit werden wir wohl nie erfahren.«

## Abkühlen

*Der Gärbehälter wird mit einem sauberen Küchentuch abgedeckt, in ein kaltes Wasserbad gestellt und möglichst schnell auf die erforderliche Gärtemperatur (15°C) gekühlt. Für diejenigen, die einen Eiswürfelbereiter ihr eigen nennen, ist jetzt der große Tag gekommen…*

»Beschreiben Sie Ihre Tätigkeit in der Brauerei«, forderte Kriminalhauptkommissarin Sabine Koch Jens auf.
»Ich überwache den gesamten Produktionsablauf von den Rohstoffen über die einzelnen Produktionsstufen bis zum fertigen Produkt in der abgefüllten Flasche oder dem Fass.«
»Als Kontrolleur der Kollegen macht man sich sicher manchmal unbeliebt, oder?«
Jens zuckte zusammen. Das ging ja gut los. »Ich kontrolliere nicht die Kollegen sondern das Brauwasser, den Stammwürzegehalt und die Reinigungslauge der Abfüllanlage«, antwortete er.
»Wie lange arbeiten Sie schon dort?«
»Vier Jahre.«
»Wie war Ihr Verhältnis zu Friedbert Hebestreit?«
Jens hätte fast gelacht, wenn ihm nicht zum Heulen zumute gewesen wäre. Sein Verhältnis zu Friedbert Hebestreit. Friedbert war niemand, zu dem man ein Verhältnis hatte, Friedbert war einfach da. Er war da, wenn man morgens zur Arbeit kam und wuselte noch herum, wenn man abends wieder ging. Er wohnte in einem alten, schiefen Häuschen nur ein paar Meter neben der Brauerei, und konnte vom Fenster aus sehen, wenn dort Licht brannte. Er patrouillierte abends vor dem Einschlafen mit seinem Hund an den Toren vorbei und prüfte, ob sie ordnungsgemäß abgeschlossen waren. Er kannte jeden Stein, jede Rohrleitung, jedes Ventil in der Brauerei. Er behauptete, sogar den Verlauf jeder elektrischen Leitung auf der Wand nachzeichnen zu können. Er beherrschte jeden Handgriff, weil er überall schon ausgeholfen hatte. Eine Ausbildung hatte er nicht, auch keine offizielle Aufgabe, aber er war halt da und packte an. Wenn man Hilfe benötigte, schrie man

»Friedbert, komm'ma«, und er kam. Schlurfenden Schrittes, meist schon mit irgendeinem Werkzeug in der Hand.

»Wat is'?«, pflegte er zu nuscheln, aber meist hatte er die Situation schon erfasst, bevor die Antwort kam, und griff zu. Drehte festsitzende Hähne auf, befestigte lose Türklinken, richtete ausgeleierte Scharniere. Wischte auf, wenn der Boden nass war, fegte im Herbst die Blätter und im Winter den Schnee vom Hof, sofern Schnee fiel, das war ja nicht mehr selbstverständlich. Er streute den Gehweg, damit die Nachbarn nicht fielen und machte verstopfte Abflüsse wieder durchlässig. Er schleppte Bierkästen, Kopierpapier und Filterplatten, kaufte Kaffee, wenn mal wieder keiner dran gedacht hatte, und machte dem verspäteten Malzlieferanten das Tor auf, wenn niemand sonst freitags abends auf die Lieferung warten wollte.

Und er bekam selten ein Dankeschön dafür.

»Ihr Verhältnis zu Hebestreit«, erinnerte die Kommissarin.

Ihr Tonfall war nicht unfreundlich.

»Gut«, sagte Jens. »Es gab nie Streit. Mit Friedbert konnte man nicht streiten.«

»Konnte man nicht?«, fragte Giehlen patzig aus dem Hintergrund. »Hätten Sie denn gern?«

Jens schüttelte erschreckt den Kopf. »Nein. Es gab keinen Grund. Ich meinte bloß, dass Friedbert einfach tat, was ihm aufgetragen wurde. Er widersprach nicht, stellte nichts in Frage, machte keine Gegenvorschläge. Er erledigte jede Arbeit vollkommen korrekt, es gab keinen Anlass zu Diskussionen. Man hätte einfach nicht mit ihm streiten können, selbst wenn man gewollt hätte. Aber es wollte auch niemand. Friedbert war in Ordnung.«

Erschüttert wiederholte er leise: »Er war echt in Ordnung.«

»Aber irgend jemand hat ihn umgebracht«, stellte Sabine Koch leise fest.

»Ich nicht«, sagte Jens heftig.

»Besitzen Sie selbst einen Schlüssel zum Tor?«, fragte die Kommissarin.

Jens schüttelte den Kopf, besann sich dann aber mit einem Blick auf das Aufzeichnungsgerät. »Nein. Ich brauche keinen. Ich komme nicht außerhalb der normalen Arbeitszeiten in die Firma. Und wenn es doch mal vorgekommen wäre, hätte Friedbert mir aufgeschlossen.«

»Jetzt nicht mehr«, warf Giehlen ein.

Die Kommissarin runzelte die Stirn, warf einen ärgerlichen Blick in die Richtung ihres Kollegen, sagte aber nichts.

»Bitte schreiben Sie uns möglichst genau auf, wo Sie an diesen Tagen waren.« Sabine Koch schob Jens ein Blatt Papier hin, das wie ein Blanko-Kalenderblatt aussah. Von Hand waren in mehreren Spalten Daten eingetragen. Das erste Datum war der Freitag, an dem Bruno Gerber gestorben war. Die Zeilen waren mit Uhrzeiten versehen.

Jens schrieb. Am Freitag hatte er von acht bis fünf gearbeitet, dann war er nach Hause gefahren, auf dem Weg hatte er noch die Einkäufe erledigt. Samstag Einkaufen mit Verena, Mittagessen in der Stadt, dann nach Hause. Sonntag zuhause, Montag arbeiten, dann nach Willich …

»Was haben Sie in Willich gemacht?«, fragte Sabine Koch.

Jens verdrehte die Augen. Er hatte immer gewusst, dass er eines Tages darüber Rechenschaft würde ablegen müssen. Er holte tief Luft.

\*

Charlie trug die letzten Daten in die entsprechenden Formulare ein, legte das Papier beiseite und stand auf. Was auch immer in der Brauerei schief ging, das Bier war davon nicht betroffen. Alle Analysewerte lagen im Grünen Bereich. Immerhin eine gute Nachricht. Ansonsten war ihr der Tag quälend lang vorgekommen, sie hatte sich kaum konzentrieren können und immer wieder gegrübelt, warum Jens von der Polizei einkassiert worden war. Leider war sie auf keinen einzigen klaren Gedanken gekommen. Auch die Kollegen, die sie bei der Probenentnahme im Braukeller traf, konnten ihr nicht helfen. Oder wollten nicht? Sie wusste es nicht.

Sie stieg in ihren gelben Cinquecento, freute sich, dass er seit fast drei Wochen keine Mucken mehr gemacht hatte sondern direkt ansprang und hoffte, bis zum Ende des Praktikums keine größeren Reparaturen bezahlen zu müssen.
Sie wandte sich nicht nach Süden sondern in die entgegengesetzte Richtung. Das Ziel hieß Neersen.
Sie nahm den kürzesten Weg, also über Herzbroich, am Myllendonker Schloss vorbei nach Uedding und die Krefelder Straße entlang. Ihr sehnsüchtiger Blick streifte den örtlichen BMW-Händler, an dessen Preisausschreiben um ein schickes, kleines, neues Auto sie teilgenommen hatte – offenbar erfolglos, obwohl sie sieben Karten unter verschiedenen Namen ausgefüllt hatte! Oder hatte sie etwa vergessen, bei den entsprechenden Glücksboten nachzufragen? Im Moment ging aber auch wirklich alles drunter und drüber.
Sie fuhr breit grinsend an der Abzweigung zum Flughafen vorbei, die, von Norden kommend, sinnigerweise mit einer lebensgefährlichen Abbiegespur in einer der unübersichtlichsten Kurven der Stadt als natürliche Selektion die Zahl der lebend zum Terminal gelangenden Passagiere so niedrig hielt, dass an einen geregelten Linienbetrieb nicht zu denken war.
Sie erreichte Neersen und brauchte nicht lange nach der Tankstelle zu suchen. Tatsächlich war der Preis hier einige Cent niedriger als in Mönchengladbach, wo sie regelmäßig tankte. Aber das konnte nicht der alleinige Grund dafür sein, dass Jens jeden Montag hier tanken fuhr. Der Umweg machte den Preisvorteil zunichte.
Charlie fuhr weiter, sie hatte den Stadtplan, den sie sich vorhin im Büro noch angesehen hatte, einigermaßen vor Augen. So dauerte es nicht lang, bis sie ihr Ziel gefunden hatte: Die Brauerei der Neersener Quelle.
Auf den ersten Blick sah natürlich alles ganz anders aus als bei Bolten in Neersbroich. Die Neersener Quelle war ein ehemaliges Gasthaus, dessen Schankraum seit Jahrhunderten in Betrieb war. Die Fassade des alten Backsteinbaus war zwar noch nicht – wie die Wände etlicher kleinerer Häuser weiter vorn in der

Straße – gesandstrahlt, aber sie war sauber, mit einem geschmackvollen Firmenschild versehen und wirkte durch die bunten Fensterläden einladend und heimelig. An das Haupthaus schlossen sich Nebengebäude an, in denen vermutlich die Brauerei untergebracht war, ganz rechts außen lag die Zufahrt zum Gelände.
Die Gemeinsamkeit mit Bolten bestand darin, dass auch hier ein alter, über die Jahrhunderte etablierter Betrieb deutliche Anzeichen von modernster Investition zeigte. Auch hier konnte man hinter den vergitterten Fenstern Edelstahlkessel statt Kupfer sehen. Es gab ein neues Tor, eine offenbar ganz frisch asphaltierte Zufahrt und auf dem Hof entdeckte Charlie einen Gabelstapler, der keine einzige Schramme aufwies.
Sie wäre nicht erstaunt gewesen, auch hier eine moderne Abfüllung zu finden, obwohl sie sich erinnerte, dass solche Anlagen über eine Million Euro kosteten. Okay, vielleicht doch keine neue Abfüllanlage für die Neersener Quelle. Aber dass der neue Eigentümer Ambitionen hatte, war zu sehen. Natürlich ist Geld nicht alles, wenn man ein Bier nach vorn bringen will, dachte Charlie: Es muss auch schmecken. Das konnte man notfalls dadurch erreichen, dass man ein bewährtes Rezept kopierte, ob nun durch langsames Nachahmen, Industriespionage oder Bestechung. Die Hauptsache war, dass niemand davon erfuhr, denn diese Art von Geschäftsgebaren war bestimmt eine schlechte Werbung.
Charlie hatte fürchterlichen Hunger und überlegte, ob sie in der Brauereigaststätte etwas essen sollte, aber allein zu essen hatte sie keine Lust. Andererseits könnte es nicht schaden, sich hinter den feindlichen Linien einmal umzuhören. Ein schnelles Bier am Tresen würde ihr mit ein bisschen Glück ein paar Informationen einbringen. Und Glück konnte sie nun wirklich einmal brauchen.
Sie trat ein.
Natürlich, dachte sie sofort, so ist es immer noch, mitten im einundzwanzigsten Jahrhundert und so wird es vermutlich auch in fünfhundert Jahren noch sein – vorausgesetzt, es gab dann noch Menschen, Brauereien und den berühmten kleinen Unterschied zwischen den Geschlechtern. Die Köpfe der drei Männer, die am

Tresen saßen, drehten sich zu ihr herum, nahmen ihre langen, lockigen roten Haare wahr, erkannten mit einem Blick auf ihre Figur, dass sie kein Salatstorch war, und schon begann das Testosteron sichtbar durch die Adern zu pumpen.

Charlie setzte sich zu dem, der eine Arbeitskluft in blau-rot-gold trug, den Farben der Neersener Quelle. Rotes Etikett, goldener Balken, blaue Schrift. Sie hatte Glück.

»Sie sind zum ersten Mal hier«, sagte der Mann, nachdem Charlie ein Alt bestellt hatte.

»Stimmt«, bestätigte sie, trotz der plumpen Anmache freundlich gestimmt, denn sie hatte tatsächlich auf seiner Brusttasche den eingestickten Schriftzug der Brauerei entdeckt. Eben noch hatte sie sich ein bisschen Glück gewünscht und Fortuna schien ihr hold zu sein, denn sie schien direkt über einen Brauereimitarbeiter gestolpert zu sein, der am heimatlichen Tresen den Feierabend mit einem Bier einläutete.

»Was führt Sie hierher?«, fragte der Mann weiter.

»Der Zufall«, entgegnete Charlie. »Ich wollte meine Freundin besuchen …«, sie wedelte mit dem rechten Arm in eine vage Richtung, »… aber sie ist nicht zuhause. Und als ich hier unverrichteter Dinge wieder vorbeikam, erinnerte ich mich, dass sie mir von dieser Brauerei erzählt hat.«

Er schluckte die Erklärung und setzte sich etwas aufrechter hin. »Ja, wir haben letztens einen Preis bekommen, vielleicht hat sie davon gesprochen.«

»Schon möglich«, murmelte Charlie.

»Na denn Prost«, sagte er und hob sein Glas. »Auf die Freundin, die Liebe und das Leben.«

Charlie zwinkerte ihm zu, lachte und trank einen Schluck.

»Und?«, fragte er.

»Schmeckt gut«, sagte Charlie. »Susi, das ist meine Freundin, hat mir erzählt, dass sie das Bier früher nicht mochte. Kann ich aber nicht verstehen, schmeckt doch prima.«

Der Mann lehnte sich vertraulich zu Charlie herüber. »Seit der neue Chef da ist, schmeckt auch das Bier besser«, sagte er.

»Nanu«, sagte Charlie und riss die Augen etwas weiter auf als nötig gewesen wäre, um ihr Erstaunen auszudrücken. »Wie kommt das denn?« Die beinahe hypnotische Wirkung ihrer Augenfarbe blieb auch diesmal nicht aus, der Mann konnte den Blick kaum noch von ihr wenden. Er rutschte ungeschickt mit seinem Hocker ein Stückchen näher heran.
Charlie hatte ein schlechtes Gewissen, dass sie den Kerl so manipulierte. Er machte einen netten, wenn auch etwas einfachen, vor allem aber einsamen Eindruck, und das nutzte sie weidlich aus. Pfui Teufel. Aber wenn es um Mord geht – und vielleicht sogar um mehrere – durfte man in der Wahl der Mittel nicht ganz so zimperlich sein. Also klimperte sie noch ein bisschen mit den Augenlidern und beugte sich etwas näher zu ihrem Informanten.
»Er hat das Rezept verändert, so einfach ist das.«
»Ach«, rief Charlie und fiel in das Lachen ihres Gesprächspartners ein. »Mehr wollen Sie mir wohl nicht verraten, was?«
»Nein«, erklärte er mit einer großen Geste. »Das ist ein Betriebsgeheimnis.«
»Und Betriebsgeheimnisse plaudern wir an niemanden aus, schon gar nicht an die Spione der Konkurrenz«, sagte plötzlich eine Stimme hinter Charlie. Sie drehte sich langsam um.
Hinter ihr stand Joachim Nesgraf mit zwei weiteren Mitarbeitern, die sich durch ihre blau-rot-goldenen Arbeitsjacken auswiesen. Nesgrafs Stirn war gerunzelt, sein Blick unfreundlich.
Angriff ist die beste Verteidigung, fand Charlie, und blickte genau so ärgerlich zurück. »Spion? Muss ich mich als Gast in diesem Haus beleidigen lassen?«
»Sie sind kein Gast mehr in diesem Haus«, erwiderte Nesgraf, »Sie möchten gerade gehen.«
Der Mann, mit dem Charlie sich unterhalten hatte, war inzwischen von seinem Hocker herunter gerutscht und stand mit hängenden Armen und verwirrtem Gesichtsausdruck neben Charlie.
»Ich habe gehört, wie Sie Fragen nach dem neuen Braurezept gestellt haben, das ist eindeutig Spionage«, sagte Nesgraf. »Das hätte ich Hollmeier nicht zugetraut, aber viele Überraschungen im

Leben sind unerfreulich, warum also nicht auch diese?«

»Wie kommen Sie darauf …«, fragte Charlie, aber Nesgraf unterbrach sie.

»Sie sind so auffällig und unverwechselbar mit Ihrer Haarpracht, dass man schon blind sein müsste, um Sie nicht wiederzuerkennen. Sofern man Sie einmal gesehen hat, was bei Werner …«, er zeigte auf den Mitarbeiter, der sich mit Charlie unterhalten hatte, »… leider nicht der Fall war.«

»Ich hatte keine Ahnung«, stammelte Werner und blickte Charlie giftig an. »Du blöde Schlampe wolltest mich aushorchen. Hätte ich mir ja denken können, dass du dich über mich lustig machst, so wie du mich angesehen hast.« Er machte einen Schritt auf Charlie zu, so dass sie zurückwich, aber dann beließ er es bei einer obszönen Geste und stürmte hinaus.

Nesgraf stand jetzt näher vor ihr und wies mit einer Hand zur Tür. »Wenn ich jetzt bitten dürfte …«

»Wollen wir zwei uns nicht lieber noch ein bisschen über Spionage unterhalten?«, fragte Charlie freundlich. »Setzen Sie sich zu mir, ich gebe Ihnen ein Bier aus.«

Ihre Knie schlotterten leicht, aber sie war sicher, dass ihre Stimme fest klang. Äußerlich die Ruhe zu bewahren, während innen drin das Chaos tobte, das hatte sie früh gelernt. Lernen müssen.

Nesgraf packte Charlies Handgelenk, griff mit der anderen Hand nach ihrem Schlüssel, den sie auf die Theke gelegt hatte, und zog sie aus dem Lokal. An der Eingangstür drückte er ihr die Schlüssel in die Hand, gab ihr einen kleinen Schubs und wünschte eine gute Heimfahrt.

Charlie schloss mit zitternden Fingern das Auto auf und setzte rückwärts aus der Parklücke. Das Lenkrad bot deutlich mehr Widerstand als sonst, der Wagen ließ sich schlecht steuern. Charlie stieg aus, ging einmal um den Wagen herum und stöhnte laut auf. Beide Reifen auf der Beifahrerseite waren vollkommen platt.

Super! Da stand sie vor der Brauerei des Konkurrenten, dem sie sowieso schon eine Straftat unterstellte, allein auf der dunklen

Straße und konnte nicht weg. Ein echter Griff ins Klo. Sie tobte. Innerlich. Äußerlich vollkommen ruhig überdachte sie ihre Situation. Weiterfahren ging nicht, dann wären Reifen und Felgen hinüber, und für einen Ersatz hatte sie kein Geld. Außerdem hätte eine solche Investition den Zeitwert des Wagens vermutlich verdoppelt oder verdreifacht, kam also schon aus diesem Grund nicht in Frage.
Oder waren die Reifen sowieso hinüber? Im funzeligen Licht der Straßenlaterne stellte sie erleichtert fest, dass nur die Ventile geöffnet, die Reifen selbst aber intakt waren. Also war alles, was sie brauchte, Luft. Sie ging in Gedanken ihren Freundeskreis durch. Motorradschrauber gab es einige, aber die hatten keinen Kompressor. Eine Freundin, die schweißte, aber die war verreist. Ob sie zur Tankstelle laufen und dort um Hilfe bitten sollte? Und das Auto solange allein vor der Brauerei stehen lassen? Keinesfalls. Charlie trat wütend gegen das rechte, noch intakte Hinterrad und rief den ADAC an. Automobile Spießbürger, ich komme.
Als sie eine gute Stunde später am Schloss Rheydt vorbeifuhr, bog sie spontan und beinahe automatisch in die Allee ab und fuhr nach Rheydt. Ein Abend im Kreise eines ebenso halsstarrigen wie schwerhörigen Hutzelmännchens und seines Pullunder tragenden Lebensgefährten war nach diesen Widrigkeiten genau das Richtige. Und sicher gäbe es dort auch etwas zu essen.

»Das wird Bettina Gerber aber nicht gern hören«, sagte sie eine Viertelstunde später schockiert, nachdem die beiden Männer ihr das Resultat der gemeinsamen Überlegungen erläutert hatten. Bruno ein Mörder und Selbstmörder? Gruselig.
Eigentlich hatte sie gehofft, sich von den Herren etwas aufmuntern lassen zu können, aber die Stimmung im Hause Fiedler-Streckbein war noch düsterer als ihre eigene. Verständlich, wenn man bedachte, zu welchem Schluss die Hobbyermittler gekommen waren.
Aber war der Schluss denn wirklich der einzig denkbare? Charlie überlegte angestrengt, aber immer wieder erschien eine dick

belegte, dampfende Pizza vor ihrem geistigen Auge. Sie seufzte. So wurde das nichts. Sie hatte den ganzen Tag kaum etwas gegessen, unter diesen Umständen waren geistige Höhenflüge einfach nicht mehr drin.

»Was gibt es eigentlich hier zu essen?«, fragte sie.

»Wir können Butterbrote anbieten, mehr ist leider nicht im Haus. Wir kommen selbst kaum zum Einkaufen«, erklärte Herr Fiedler.

»Also Pizza?«, fragte Charlie.

»Salami«, entgegnete Herr Fiedler mit leuchtenden Augen, ohne auch nur einen Augenblick zu zögern.

»So furchtbar viel Hunger habe ich nicht …«, murmelte Theo.

»Wir können uns eine Pizza teilen«, schlug Herr Fiedler mit deutlich weniger Begeisterung vor. »Meist sind die Augen doch größer als der Mund.«

Charlie gab die Bestellung telefonisch auf, während der Wartezeit berichtete sie von Jens' Festnahme und ihrem Ausflug nach Neersen, der zwar viel Ärger aber keine wirklichen Erkenntnisse gebracht hatte, und endlich kam die Pizza. Durchdringender Knoblauchgeruch füllte das Wohnzimmer.

»Wollen Sie zweihundert Jahre alt werden, oder fürchten Sie sich vor Vampiren?«, fragte Herr Fiedler angesichts dieses Angriffs auf seinen Geruchssinn.

»Weder noch«, antwortete Charlie mit vollem Mund. »Ich habe gehört, dass Knofi das Denken anregt.«

Herr Fiedler verdrückte eine halbe Pizza, Theo nicht einmal das, aber Charlie vernichtete alle Reste. Dann brachte sie die Pappkartons in ihr Auto, damit die Herren den Geruch nicht bis zur nächsten Altpapiersammlung im Haus hatten, und ging zurück ins Wohnzimmer. Dabei erkannte sie den Denkfehler.

»Es ist nicht notwendigerweise so, wie Sie sich das zurechtgelegt haben«, rief sie aufgeregt. »Sie sind davon ausgegangen, dass nur zwei Menschen an dem betreffenden Freitagabend in der Brauerei waren, nämlich Bruno Gerber und Friedbert Hebestreit.«

Herr Fiedler und Theo sahen sich an und nickten.

»Aber es könnte doch noch ein Dritter dagewesen sein.«
»Aber darauf gibt es keine Hinweise«, wandte Theo ein.
»Sind wir da ganz sicher? Vielleicht hat die Polizei Hinweise gefunden, von denen nur wir nichts wissen«, sagte Charlie.
»Außerdem muss das, selbst wenn es stimmt, noch gar nichts heißen. Wenn ich heute Abend nach Hause fahre, nehme ich sogar die stinkenden Pizzaschachteln mit. Dann gibt es auf meine jetzige Anwesenheit auch keinen Hinweis mehr. Trotzdem war ich da.«
Herr Fiedler kramte eine seiner Listen hervor. »Wer könnte denn noch dort gewesen sein?«, fragte er.
»Jeder, der einen Schlüssel zum Hoftor besitzt«, sagte Theo.
»Und auch jeder, der keinen Schlüssel besitzt, denn das Hoftor ist meist offen, wenn jemand in der Brauerei ist«, fügte Charlie hinzu.
Ihre Bemerkung wurde, wie sie bemerkte, mit Missfallen aufgenommen.
»Dann haben wir aber einen ziemlich großen Kreis von Verdächtigen«, sagte Theo.
»Wir sollten wieder nach Motiven für den Mord oder die Morde suchen, so schränken wir den Kreis der Verdächtigen am besten ein«, schlug Herr Fiedler vor.
»Wer könnte ein Motiv gehabt haben, Friedbert Hebestreit zu ermorden?«, fragte Theo.
Niemand sagte etwas.
»Wer hätte Bruno Gerber umbringen wollen?«, fragte Theo.
»Nehmen wir einmal an, dass Bruno das Rezept verraten hat, dann doch ein schlechtes Gewissen bekam und Nesgraf verpfeifen wollte. Dann hätte Nesgraf ein Motiv«, sagte Herr Fiedler.
»Trauen Sie Nesgraf einen Mord zu?«, fragte er Charlie.
Charlie überlegte lange. Nesgraf sah gut aus und war eigentlich ein netter Kerl, zumindest hatte er auf der Preisverleihung aus der Ferne diesen Eindruck hinterlassen. Aus der Nähe konnte er allerdings ziemlich bedrohlich wirken. Ob das jedoch für einen Mord reichte? Sie zuckte die Schultern. »Alles ist möglich, wir sollten ihn nicht von vornherein ausschließen.«

Herr Fiedler notierte den Namen Nesgrafs auf seiner Liste.
»Und Friedbert?«, fragte Theo.
»Der war Zeuge und musste deswegen sterben«, sagte Charlie. Sie kam sich lächerlich dabei vor, diesen Satz so locker auszusprechen, wie eben die Pizza-Bestellung am Telefon. Als sei sie ein abgebrühter Privatschnüffler aus einer amerikanischen Vorabendserie. Tatsächlich bekam sie immer noch Magenschmerzen bei dem Gedanken, dass in ihrem direkten Umfeld, nur wenige Meter von ihrem Arbeitsplatz entfernt, ein oder sogar zwei Morde geschehen waren. Zugegeben, die Magenschmerzen waren schlimmer geworden, seit Jens verdächtigt wurde. Apropos Jens …
»Jens hätte ein Motiv«, murmelte sie. »Wenn er mitbekommen hätte, dass Bruno das Rezept verkauft hat und damit seinen Arbeitsplatz in Gefahr gebracht hat …«
»Nun mal langsam, mein Deern«, warf Herr Fiedler ein. »Der junge Mann geht doch nicht hin und bringt einen Kollegen um, nur weil dieser über Umwege seinen Arbeitsplatz gefährdet. Sie schauen zu viele von diesen fürchterlichen Filmen, in denen Psychopathen die Leinwand bevölkern.«
»Joachim Nesgraf scheint mir eher ein Motiv zu haben«, sagte Theo leise. »Charlie, Sie haben es doch eben selbst gesagt: Für eine erfolgreiche Biermarke benötigt man drei Dinge: Ein leckeres Bier, eine leistungsfähige Brauerei und ein positives Image in der Öffentlichkeit.«
Charlie nickte aufgeregt. »Genau. Aber wenn herausgekommen wäre, dass Nesgraf seine Konkurrenz mit unlauteren Mitteln ausschaltet, wäre das positive Bild in der Öffentlichkeit futsch. Und damit auch seine Erfolgschance.«
»Er musste also alles tun, um seine Spionage geheim zu halten«, sagte Theo.
»Und seinen einzigen Mitwisser zum Schweigen bringen«, ergänzte Herr Fiedler.
Die drei sahen sich an. »Möglich«, sagte Charlie nachdenklich.
»Aber wie ist Nesgraf an dem Abend in die Brauerei gekommen?«, fragte Theo.

»Vielleicht war er mit Bruno verabredet?«, schlug Charlie vor. »Immerhin war der ja auch um diese Zeit dort, wo er eigentlich nicht sein sollte.«

»Bruno erklärt Nesgraf, dass er seine Schuld beichten will und Nesgraf bringt ihn um«, sagte Herr Fiedler. »Friedbert hat Licht gesehen, ist in die Brauerei gekommen, sieht den Mord oder nur Nesgraf, der dort nichts zu suchen hat, und muss deswegen sterben.«

»Könnte das von den örtlichen Gegebenheiten ungefähr hinkommen?«, fragte Theo an Charlie gewandt.

Charlie nickte. »Von dem Sockel des Turms kommt man durch ein Fenster auf das Flachdach, wo Friedbert gefunden wurde. Es passt also alles zusammen.«

Herr Fiedler und Theo nickten.

»Vorausgesetzt, dass die Kriminalpolizei nicht inzwischen eindeutige Beweise gegen Jens in der Hand hat«, flüsterte Charlie.

»Und vorausgesetzt, wir lassen den Chef der Brauerei außer Acht«, warf Herr Fiedler ein. »Denn auch der könnte Bruno umgebracht haben.«

Charlie und Theo blickten ihn ungläubig an.

»Denkt doch mal nach«, sagte Herr Fiedler ungeduldig. »Michel Hollmeier hat Millionen in die Brauerei investiert, und er hat offenbar alles richtig gemacht. Sein Bier schmeckt, der Biergarten ist im Sommer jeden Tag voll und die Leute sind globalisierungsmüde. Mexikanisches Flaschenbier ist out, regionale Marken sind in. Hollmeier hat es geschafft.«

»Und dann erfährt er, dass sein Braumeister dem schärfsten Konkurrenten die Formel verkauft hat«, fuhr Charlie fort. »Damit ist seine ganze Existenz gefährdet.«

»Was glauben Sie, wie er reagieren würde?«, fragte Theo.

»Ausrasten«, sagte Charlie.

»Was genau bedeutet das?«, fragte Theo.

»Er würde Bruno zur Rede stellen.«

»Auch umbringen?«, fragte Herr Fiedler.

»Absichtlich?«, fragte Charlie. »Eher nicht. Aber einen alten Mann in einem morschen Turm schubsen …«

»Und dann einen weiteren Mitarbeiter umbringen?«, fragte Theo. Der Zweifel war deutlich aus seiner Stimme herauszuhören.

Charlie zuckte die Schultern. »Wer weiß?«

Herr Fiedler strich sich mit einer kraftlosen Bewegung die Haare zurück. »Hollmeier hatte auf jeden Fall die Gelegenheit. Er konnte in der Brauerei kommen und gehen, wann er wollte, denn er besitzt als Chef natürlich alle Schlüssel.«

Charlie nickte.

»Hat Hollmeier sich darüber gewundert, dass Friedbert verschwunden war?«, fragte Herr Fiedler.

Charlie überlegte einen Augenblick. »Nein. Er sagte, dass Friedbert Urlaub habe.«

»Wer wusste sonst noch von Friedberts Urlaubsplänen?«, fragte Herr Fiedler weiter. »Vor dem Freitag, an dem Bruno starb.«

»Keine Ahnung«, gab Charlie zurück.

»Könnte es sein, dass Hollmeier an einem Freitagabend nach zehn Uhr noch in die Brauerei fährt?«, fragte Herr Fiedler.

»Klar«, bestätigte Charlie. »Der Mann arbeitet rund um die Uhr. Oft kommt er nach wichtigen Auswärtsterminen noch ins Büro und bringt die Unterlagen zurück oder diktiert einen Brief. Das könnte an dem betreffenden Freitag auch so gewesen sein.«

Herr Fiedler blickte Charlie und Theo an. »Wir müssen davon ausgehen, dass Hollmeier sowohl ein Motiv als auch die Gelegenheit hatte.«

Theo und Charlie nickten.

»Das Dumme ist nur«, fuhr Herr Fiedler fort, »dass ich nicht weiß, wie wir unauffällig herausfinden können, ob er es war.«

Theo winkte ab. »Wir sind nicht die Kripo, wir müssen gar nichts herausfinden.«

Herr Fiedler schüttelte den Kopf. »Das sehe ich ganz anders. Seit Brunos Tod sind fast zwei Wochen vergangen und die Kripo hat offenbar keine sehr klare Vorstellung davon, was in der betreffenden Nacht in der Brauerei vorgefallen ist. Als Entschuldigung für die Polizisten lasse ich gelten, dass Brunos Tod zunächst wie ein Selbstmord aussah und daher die Ermittlungen eigentlich erst begannen, als alle Spuren schon kalt waren. Ich denke sehr wohl, dass wir inzwischen eine ganze Menge wissen und diesen Informationsvorsprung nutzen sollten.«

Theo nickte. »Gut, damit kann ich mich einverstanden erklären. In diesem Sinne wäre es hilfreich, dass Sie, Charlie, die Vergleichsanalyse von Boltens Ur-Alt und der Neerserner Quelle durchführen. Damit haben wir dann wenigstens etwas Handfestes, das wir der Polizei präsentieren können. Das wird sie schneller auf die Spur des Mörders führen.«

\*

»Du hier?«, fragte Charlie entgeistert, als sie am nächsten Morgen ins Labor kam und Jens an seinem Schreibtisch vorfand.
»Enttäuscht?«, fragte Jens zurück. Seine Stimme klang schnippisch.
»Blödsinn«, entgegnete Charlie. »Erleichtert. Erfreut. Mensch Jens, ich hatte mir schon Sorgen um dich gemacht.«
Sie legte Tasche und Jacke ab und schenkte zwei Tassen Kaffee aus der Maschine ein, die durch lautes Blubbern anzeigte, dass sie fertig war. Sie reichte Jens eine Tasse, schüttete einen Haufen Zucker in ihre und rührte mit einem Kugelschreiber um. Wo wohl der Löffel wieder abgeblieben war?
»Erzähl, wie war's? Weshalb haben sie dich denn überhaupt mitgenommen?«
Einen kurzen Augenblick sah es so aus, als wolle Jens den gestrigen Streit weiterführen, aber dann grinste er schief.
»Wieder Freunde?«, fragte er.
»Freunde«, sagte Charlie und hielt ihm die Hand hin. Jens schlug ein.
»Also?«, erinnerte Charlie ihn.
»Sie haben Friedberts Schlüssel in meiner Jacke gefunden«, erklärte Jens.
Charlie war sprachlos.
»In der braunen Steppjacke, die immer hier vor dem Labor über dem Geländer hängt«, fügte Jens hinzu.

»Wie kommt denn Friedberts Schlüssel da hin?«, fragte Charlie.
»Keine Ahnung«, sagte Jens.
In Charlies Kopf drehte sich alles. Friedberts Schlüssel, Mensch, natürlich. Den hatte sie völlig aus dem Blick verloren. Jemand wollte Jens etwas anhängen, deshalb hatte er den Schlüssel in seiner Jacke versteckt. Aber …
»Aber wieso haben sie dich dann wieder laufen gelassen?«, fragte Charlie.
»Ich präzisiere: Man hat Friedberts Schlüsselbund in meiner Jacke gefunden. Vermutlich vollständig – obwohl das bei der Masse an Schlüsseln ja kaum nachprüfbar ist – bis auf den Schlüssel zum Hoftor.«
Charlies Gedanken rasten. Das Hoftor war der Dreh- und Angelpunkt. Der Mörder hatte das Gelände verlassen und das Hoftor abgeschlossen, so dass alles aussah wie immer. Das konnte nur jemand getan haben, der entweder selbst einen Schlüssel besaß oder sich Friedberts Schlüssel angeeignet hatte. Logisch, dass die Kripo Jens mitgenommen hatte, nachdem sie Friedberts Schlüsselbund in seiner Jacke gefunden hatte.
»Woher wusste die Kripo denn, dass der Hofschlüssel fehlt?«, fragte Charlie.
Jens zuckte die Schultern. »Ist mir ziemlich egal, ehrlich gesagt. Vielleicht sind sie schlau genug zu sehen, dass das Schloss ein altmodisches Ding ist, dessen Schlüssel so groß wie ein Suppenlöffel sein muss. Vielleicht haben sie auch jemanden aus der Brauerei gebeten, den Schlüsselring zu prüfen. Ich habe keine Ahnung, und es ist mir auch schnurzegal.«
»Also ist jetzt alles wieder offen«, murmelte Charlie.
Jens nickte. »Gab es hier inzwischen eine neue Entwicklung?«
Charlie erzählte ihm von ihrem Ausflug nach Neersen und den Überlegungen, die sie am vergangenen Abend mit Herrn Fiedler und Theo angestellt hatte.
»Wir sollten also schnellstens die Vergleichsanalyse der beiden Biere erledigen«, sagte Jens, als sie geendet hatte.
»Vorher sollten wir uns darüber unterhalten, was du montags in

Neersen machst«, entgegnete Charlie.
Jens verzog das Gesicht. »Du glaubst doch nicht etwa, dass ich dem Nesgraf das Altbier-Rezept verraten habe?«, fragte er. Seine Stimme klang eindeutig genervt.
»Nein«, entgegnete Charlie wahrheitsgemäß. »Aber glauben und wissen sind zwei Paar Schuhe. Es würde mich wirklich beruhigen zu wissen, dass du wirklich und wahrhaftig nichts damit zu tun hast. Auch nicht im Entferntesten. Dass du auch nichts geahnt hast. Dass du Bruno nicht hinterhergefahren bist, als er sich mit Nesgraf getroffen hat oder Ähnliches. Dass deine Fahrten nach Neersen einen ganz einfachen, vollkommen anderen Grund haben.«
»Das haben sie«, sagte Jens. »Glaub mir.«
Charlie schwieg. Im Grunde glaubte sie ihm ja, aber inzwischen ging es ihr um das Prinzip.
»Wir sind wieder Freunde«, sagte sie. »Warum machst du unter Freunden so ein Geheimnis daraus?«
»Und was ist mit deinem Misstrauen einem Freund gegenüber?«, fragte Jens mit ärgerlicher Stimme zurück. Er drehte sich zum Schreibtisch und tat so, als lese er in den Papieren, die dort lagen.
Charlie blieb regungslos stehen und starrte Jens weiter schweigend an. Nach drei Minuten gab er auf.
»Meine Schwester wohnt in Willich.«
»Aha.«
»Die besuche ich regelmäßig.«
»Und das tust du niemals samstags, sonntags oder dienstags, sondern immer montags?«
Jens nickte.
»Warum?«, fragte Charlie.
Jens wand sich. »Weil nur montags Besuchszeit ist.«
»Wo?«, fragte Charlie.
»Im Knast«, murmelte Jens.
Charlie glaubte, sich verhört zu haben. Hatte Jens gerade wirklich »im Knast« gesagt?

Jens sah sie an und nickte. »Ja, da guckst du schön doof, was? Meine Schwester ist ein Knacki.«
»Warum?«, stammelte Charlie.
»Vor zwei Jahren hat sie sich in einen ganz coolen Typen verknallt, der ihr etwas von der großen Liebe erzählt hat. Und weil die Liebe so groß war, sollte sie ihm einen kleinen Gefallen tun. Sie war so doof, nicht weiter nachzufragen. Er gab ihr ein Päckchen und sie nahm einen Billigflieger nach Wien. In dem Päckchen waren Drogen und meine Schwester ist im Knast gelandet. In Anrath. Montags ist Besuchstag. Auf dem Weg nach Anrath kommt man in Neersen an der billigen Tankstelle vorbei. Bist du jetzt zufrieden?«
Charlie seufzte. Jens hatte offenbar kein Glück mit den Frauen in seinem Leben. Seine Gattin war psychisch labil, die Schwester kriminell. Zumindest, wenn sie Jens glauben konnte. Vielleicht sollte sie sich einmal in der Vollzugsanstalt Willich erkundigen.
Sie schlug Jens aufmunternd auf den Rücken.
»Zum Glück haben die Bullen wenigstens dich wieder laufen gelassen, sonst hättest du dir vielleicht demnächst mit deiner Schwester eine Zelle teilen können«, sagte sie. »Jetzt schwing die Hufe, wir müssen die Vergleichsanalyse fertig machen, und von gestern ist auch noch Arbeit liegen geblieben.«

\*

»Nanu, wo sind denn die Brötchen?«, fragte Herr Fiedler.
Theo stellte eine kleine Vase mit einem Strauß Schneeglöckchen auf das Tablett, das er für Frau Heidrich fertig gemacht hatte. Statt der üblichen Brötchen lagen zwei Scheiben Brot auf dem Teller.
»Ich habe die Zeitung hereingeholt«, erklärte Theo geistesabwesend, während er die Frühstückszutaten auf Vollständigkeit überprüfte. »Es steht ein Artikel über Bruno drin. Lies, du wirst dich wundern. Ich musste mich jedenfalls erst einmal wieder hinsetzen und die Neuigkeit verdauen. Deshalb gibt es heute keine Brötchen.«

Herr Fiedler schnappte sich die Zeitung, während Theo das Tablett nach nebenan trug.
»Nanu, wo sind denn die Brötchen?«, fragte Frau Heidrich.

Herr Fiedler saß noch immer am Wohnzimmertisch mit der Zeitung vor sich, als Theo kurz darauf wiederkam.
»Hast du schon Tee gemacht?«, fragte Theo.
Herr Fiedler schüttelte den Kopf. Er war schockiert. Mehr als das. Er war verwirrt. Seine Theorie, nach der Bruno Gerber Geld für seine Enkelin auftreiben wollte, hatte sich bestätigt. Aber ganz anders, als er vermutet hatte. War nun seine Theorie falsch?
Er las den Artikel noch einmal und dann noch ein drittes Mal. Die wilden Gedankenkreisel in seinem Hirn drehten sich weniger wild, er hatte den Eindruck, dass die Verwirrung langsam nachließ und die normale Denkfähigkeit zurückkehrte. Als dann auch Theo mit dem Frühstückstee das Wohnzimmer betrat, fühlte er sich einigermaßen gewappnet, über die Neuigkeiten zu diskutieren.
»Was sagst du dazu, Theo?«, fragte er.
»Ich wundere mich, dass Bettina Gerber uns nicht angerufen und über diese Entwicklung informiert hat«, entgegnete Theo. »Für mich kann das nur einen Grund haben: Sie wusste bis jetzt selbst nichts davon.«

## Hefezugabe
*Sobald die Würze auf die vorgesehene Gärtemperatur von 15°C abgekühlt ist, wird die Hefe zugegeben und gründlich verrührt. Der Gärbehälter wird an einen Ort mit möglichst konstanter Temperatur gestellt. Damit ist der Brautag nach ungefähr zwölf Stunden beendet, jetzt muss nur noch die Küche aufgeräumt und die Pizza bestellt werden. Ach ja, und Bier gekauft, denn das selbst gebraute ist noch lange nicht fertig…*

Bettina Gerber öffnete mit der rechten Hand die Tür, mit der linken hielt sie ein schnurloses Telefon ans Ohr gepresst. Sie entschuldigte sich mit Gesten, Herr Fiedler nickte und wedelte sie mit der Hand davon, dann hängten er und Theo die Jacken an die Garderobe. Bettina Gerber ging ins Wohnzimmer, ließ die Tür aber offen.

Verstehen konnte Herr Fiedler auf diese Entfernung leider nicht ein einziges Wort, aber der Gesichtsausdruck von Bettina Gerber, die mit der freien Hand heftig gestikulierte, sprach Bände. Sie kochte vor Wut. Das gefiel Herrn Fiedler besser als der mutlose, deprimierte, enttäuschte Tonfall, den sie eben am Telefon hatte, als er fragte, ob sie vorbeikommen dürften. Jetzt war also der Knoten geplatzt, die Wut war da, das war besser für die Seele. Herr Fiedler war erleichtert.

»Entschuldigen Sie bitte, aber das war Bert. Dieses Gespräch war dringend notwendig.«

Bettina Gerbers Augen blitzten, ihre Wangen waren stark gerötet.

»Ging es um den Zeitungsartikel?«, fragte Herr Fiedler, während er mit Theo ins Wohnzimmer trat und sich auf der Couch niederließ.

»Ja, natürlich. Ich kann es nicht fassen, dass er mich nicht gewarnt hat.« Ihre Wut war immer noch nicht verraucht. »Er sagt, er habe es selbst erst gestern Nachmittag festgestellt, als er die Unterlagen durchsah, die er am Dienstag mitgenommen hat.«

Herr Fiedler nickte. »Sie meinen die Unterlagen, die Ihr Vater als

Schatzmeister des Tulpenzüchtervereins hier verwahrte und die Sie Herrn Stechmüller mitgegeben haben?«

»Die ich ihm herausgelegt hatte waren offenbar nicht vollständig, aber Bert hat selbst noch einmal in Vaters Zimmer nachgesehen und auch den Rest gefunden. Seltsam, denn eigentlich war mein Vater ein sehr ordentlicher Mensch, der alle Unterlagen, die zusammengehören, auch zusammen aufbewahrte.«

Herr Fiedler sprach die Gedanken, die ihm in diesem Moment durch den Kopf gingen, lieber nicht aus. Dass es nämlich nicht ungewöhnlich war, wenn man Papiere, die eine Unterschlagung betrafen, gesondert aufbewahrte, möglichst an einem geheimen Ort. Allerdings war es schon ein bisschen dumm, solche Unterlagen überhaupt aufzubewahren, aber auch ein cleverer Betrüger konnte vermutlich nicht alle Kontonummern, Geheimzahlen und solche Dinge im Kopf behalten. Und Bert Stechmüller hatte offenbar noch einiges gefunden.

»Warum hat Herr Stechmüller die Unterlagen überhaupt an sich genommen?«, fragte Herr Fiedler.

»Bert wollte sich als Verantwortlicher des Vereins um die finanziellen Dinge kümmern, bis ein neuer Schatzmeister gefunden war.«

Natürlich, darauf hätte er auch selbst kommen können.

»Und anhand dieser Papiere hat er gestern Nachmittag entdeckt, dass Ihr Vater Geld des Tulpenzüchtervereins unterschlagen hat«, stellte Theo leise fest.

Bettina Gerber nickte. »Und Bert Stechmüller, Freund der Familie seit undenklichen Zeiten und Patenonkel meiner Tochter hat nichts Besseres zu tun, als zuerst die Presse zu informieren. Nicht etwa mich, nein, die Presse!« Sie schüttelte den Kopf. »Es ist unglaublich. Und seine Entschuldigung ist noch unfassbarer: Er hätte es gar nicht offiziell der Presse erzählt, sondern habe diesen Reporter eher zufällig bei einer anderen Veranstaltung getroffen, der habe ihn auf die große Feier angesprochen und dann habe er halt eine unbedachte Bemerkung gemacht.«

Herr Fiedler musste sich Mühe geben, den Worten zu folgen.

Bettina Gerber sprach zwar laut, aber auch sehr schnell und undeutlicher als normalerweise. Zwar hatte er heute an sein neues Hörgerät gedacht, aber die Eingewöhnung war wirklich schwer und langwierig. Eine große Hilfe jedenfalls war das Ding in seinem rechten Ohr noch nicht.

Wenn er den Zeitungsartikel und das, was Frau Gerber berichtete, richtig verstand, dann hatte Bruno innerhalb der letzten fünf Jahre Gelder des Tulpenzüchtervereins veruntreut. Und zwar im großen Stil. Der Verein hatte intensiv für das fünfzigjährige Jubiläum gespart, das im nächsten Jahr anstand. Die Feierlichkeiten sollten bereits in diesem Herbst mit einer großen Tulpenzwiebelbörse beginnen. Im kommenden April war der Höhepunkt geplant: die Neueröffnung einer Vereinsgaststätte. Außerdem sollte das ganze Feld hinter dem neuen Vereinshaus gepachtet und mit Tausenden von Tulpen bestellt werden, so dass zur Eröffnung im nächsten April ein Tulpenmeer blühte.

Das war der Plan, der nun wohl nicht mehr in die Tat umgesetzt werden würde, denn Bruno Gerber hatte das gesamte Vereinsvermögen geklaut.

»Aus einer kleinen Bemerkung kann kein Artikel über eine halbe Zeitungsseite werden«, bemerkte Theo leise.

»Das sehe ich allerdings auch so«, erwiderte Bettina Gerber, deutlich lauter. »Bert Stechmüller muss die ganzen Details ausführlich dargelegt haben, denn außerhalb des Vereins kannte noch niemand die genauen Planungen für die Jubiläumsfeier.«

»Um welchen Betrag geht es denn?«, fragte Herr Fiedler dazwischen.

»Fünfzigtausend Euro«, sagte Frau Gerber.

»Aber Ihr Vater hat das Geld sicher nicht verprasst«, sagte Theo. »Es muss doch noch irgendwo aufzufinden sein.«

Bettina Gerber blickte Theo erstaunt an. »Daran habe ich gar nicht gedacht.«

Herr Fiedler starrte Theo an. »Mensch, das haben wir doch bis jetzt auch völlig übersehen.«

Theo und Frau Gerber starrten zurück. »Was?«

»Wenn Bruno wirklich, wie wir vermuten, das Rezept verkauft hat, dann muss das Geld, das er dafür bekommen hat, irgendwo sein.«
»Stimmt«, sagte Theo.
»Haben Sie vielleicht eine größere Menge Bargeld im Haus gefunden?«, fragte Herr Fiedler.
Bettina Gerber schüttelte den Kopf. »Ich habe die Sachen meines Vaters noch nicht aussortiert.« Ihre Augen füllten sich mit Tränen. »Ich konnte es noch nicht über mich bringen.«
Herr Fiedler legte Frau Gerber eine Hand auf den Arm. »Das kann ich verstehen. Aber vielleicht suchen Sie einfach mal, ob Sie Geld finden. Immerhin vermute ich, dass er den illegalen Verkauf von Geschäftsgeheimnissen nicht mit einer Überweisung auf sein normales Girokonto abgewickelt hat.«
Frau Gerber nickte.
»Bleibt immer noch die Frage, wohin das Geld verschwunden ist, das Bruno vom Tulpenzüchterverein …«, Herr Fiedler zögerte, »… geborgt hat.«
Bettina Gerber warf ihm ein schiefes Lächeln zu. »Nett formuliert, danke schön.«
Herr Fiedler fuhr fort: »Dieses Geld wird er wohl kaum in bar abgeholt und irgendwo gehortet haben, das wäre der Bank doch sicherlich aufgefallen. Er wird es also zu einer anderen Bank überwiesen haben.«
»Das tat er sowieso«, sagte Bettina Gerber. »Mein Vater überwies die Mitgliedsbeiträge der Tulpenzüchter und größere Spenden auf ein Festgeldkonto bei einer Direktbank, die bessere Konditionen anbietet. Immerhin lohnen sich schon kleinere Differenzen in den Prozentsätzen, wenn es um größere Summen geht. Und tatsächlich haben die Tulpenzüchter, seit Bert Stechmüller den Vorsitz übernommen hat, ja so viel Geld gespart, dass im Laufe der Zeit eine ansehnliche Summe zusammengekommen ist.«
»Dann müsste man also den Weg vom normalen Girokonto des Vereins weiter verfolgen können. Wo hat denn der Tulpenzüchterverein sein Konto?«, fragte Theo.
»Bei der Sparkasse hier am Ort«, sagte Frau Gerber.

»Wer hat außer Ihrem Vater eine Verfügungsvollmacht über die Konten des Tulpenzüchtervereins?«, fragte Theo.
Herr Fiedler beglückwünschte sich wieder einmal, einen so korrekten Assistenten zu haben. Theo kannte die Vorschriften und Vorgehensweisen von Banken, Ämtern und anderen Institutionen und befolgte sie meist überaus korrekt. Herr Fiedler selbst hatte keinerlei Interesse daran, Vorschriften zu kennen, weil er sich sowieso lieber darüber hinwegsetzte. Dabei konnte eine gewisse Unkenntnis nicht schaden – das Gewissen wurde einfach weniger belastet, wenn man gar nicht wusste, gegen welche Regel man gerade wieder verstieß. Aber in Fällen wie diesem war das Wissen, dass es zu einem Vereinskonto sicherlich noch einen zweiten Verfügungsberechtigten gab, ein wichtiger Aspekt, über den man nachdenken musste.
»Das weiß ich nicht«, sagte Bettina Gerber. »Und da die Unterlagen jetzt alle bei Bert Stechmüller sind, können wir auch nicht mehr nachsehen.«

\*

»Gegenprobe erfolgreich?«, fragte Charlie.
Jens nickte.
»Also fassen wir zusammen: Die Neersener Quelle ist bis auf die hellere Farbe, den Malzgehalt und die Schaumbildung mit unserem eigenen Ur-Alt identisch.«
Jens nickte wieder.
»Erklär mir doch noch einmal, was diese Unterschiede genau bedeuten«, bat Charlie.
»Auf den Flaschenetiketten findest du die Inhaltsstoffe von Bier aufgelistet: Wasser, Malz, Hopfen, Hefe.«
Charlie nickte.
»Nun gibt es aber hartes und weiches, eisen- oder mineralreiches Brauwasser. Außerdem gibt es helles oder dunkles Malz, Färbemalz, Gersten- und Weizenmalz, es gibt verschiedene Hopfensorten und unterschiedliche Hefen. Der Trick beim Brauen

besteht darin, aus diesen unterschiedlichen Faktoren die richtigen auszuwählen, um das gewünschte Resultat zu erzielen. Also ein dunkles, malziges Bier mit starkem Geschmack und einem guten Schaum, der nicht nach zwei Sekunden in sich zusammenfällt.«

»Über so etwas haben wir uns damals in meiner Küche keine Gedanken gemacht«, sagte Charlie mit breitem Grinsen. »Wir haben einfach losgelegt – und geschmeckt hat es auch.«

»Eine professionelle Brauerei muss aber dafür sorgen, dass die Farbe, der Geschmack und der Schaum stimmen, denn nur wenn alles perfekt ist, mögen die Kunden das Bier.«

Charlie nickte.

»In unserem Streitfall Bolten gegen die Neersener Quelle sieht es so aus, als ob die Neersener das Brauwasser auf dieselbe Art aufbereiten, wie wir. Sie benutzen Hopfenpellets und Aromahopfen, aber sie haben eine andere Malzmischung. Deshalb ist die Neersener Quelle heller, weniger malzig und der Schaum steht nicht so gut.«

»Das heißt: Jemand hat Nesgraf das Rezept für das Bier verraten und Nesgraf hat eine andere Malzmischung benutzt, damit die Ähnlichkeit nicht ganz so stark auffällt.«

»Oder«, Jens fuhr sich mit beiden Händen durch die Haare, so dass sie in alle Richtungen standen, »der Verräter hat Nesgraf eine falsche Angabe über die Mischung gemacht.«

Charlie winkte ab. »Auch möglich. Aber im Grunde sind wir uns einig, dass Nesgraf auch bei einer ähnlichen Analyse, wie wir sie jetzt gemacht haben, unser Bier nicht so gut hätte kopieren können, richtig? Er muss die Rezeptur von jemandem erfahren haben.«

Jens nickte. »Auf jeden Fall.«

»Und was machen wir jetzt mit diesem Wissen?«, fragte Charlie.

Jens grinste. »Ich glaube, ich sollte meine gerade begonnene Freundschaft mit Kriminalhauptkommissarin Koch festigen.«

»Wie meinen Sie das?«, fragte Sabine Koch.

Sie saß Jens Weichgräber und einer gewissen Charlotte Wagenrad im Konferenzraum gegenüber und blickte von einem zur anderen. »Jemand hat das Rezept von unserem Bier an die Konkurrenz verraten«, fasste die Rothaarige zusammen.

So viel hatte Kriminalhauptkommissarin Sabine Koch schon begriffen, obwohl der Vortrag von Jens Weichgräber sehr detaillastig und fachsprachlich gewesen war.

»Warum sollte jemand das tun?«, fragte sie.

»Bruno Gerber, der vor zwei Wochen hier zu Tode gestürzte Braumeister, hat eine behinderte Enkelin, deren Heilungschancen in einer sehr teuren Therapie bestehen, die von der Krankenkasse nicht bezahlt wird«, sagte Frau Wagenrad, die von Jens Weichgräber mit Charlie angesprochen wurde. Dieser Name passte gut zu ihr, fand Sabine Koch. Die junge Frau machte einen cleveren Eindruck. Sie erinnerte sich daran, dass ein Kollege die Frau vor einigen Tagen befragt und sich von ihr beeindruckt gezeigt hatte. Nicht nur vom Äußeren.

»Und deswegen glauben Sie, dass Bruno Gerber das Rezept verkauft hat?«, fragte Sabine Koch.

Die beiden Mitarbeiter der Brauerei nickten.

»Kann es nicht auch ein Zufall sein, dass die Altbiere sich so sehr ähneln?«, fragte Frau Koch.

Jens Weichgräber schüttelte nachdrücklich den Kopf und erklärte in einem längeren Vortrag, weshalb genau das eben nicht der Fall sein konnte. Sabine Koch hörte nur mit einem Ohr zu. Sie selbst trank gelegentlich ein Glas Wein, noch seltener ein Bier und hielt das ganze Getue sowohl um das eine als auch um das andere Getränk schlichtweg für affig. Die Schlürferei, mit der einige Bekannte sich beim Weingenuss wichtig machten, fand sie ekelhaft, die Diskussionen um mehr oder weniger gehopftes oder malziges Bier lächerlich. Die Details, mit denen Weichgräber sie vollquatschte, interessierten sie nicht. Wichtig von dem, was der Qualitätsmanager so kenntnisreich darlegte, war ihr allein die Quintessenz: Offenbar war eine zufällige Übereinstimmung nicht möglich, also musste der Konkurrent aus Neersen irgendwie an das Originalrezept des Bieres gekommen sein.

»Und wegen der Rezeptur eines Bieres sollen zwei Morde verübt worden sein?«, fragte sie zweifelnd, als Weichgräber seinen Vortrag beendet hatte.
»Der Markt ist verdammt hart umkämpft«, mischte sich Charlie ein. »Ein quasi gleich schmeckendes Konkurrenzbier kann den Verlust der Existenz bedeuten. Ich denke, dass das ein ziemlich gutes Motiv ist.«
Sabine Koch glaubte, sich verhört zu haben. »Existenzverlust bedeutet, dass Sie den Chef der Brauerei des Mordes verdächtigen?«, fragte sie nach.
Jens Weichgräber schüttelte den Kopf, die Rothaarige blickte sie nachdenklich an.
»Wer auf der Bolten-Seite in die Sache verwickelt ist, wissen wir nicht«, sagte die kesse Charlie vorsichtig. »Aber Nesgraf ist der Nutznießer, daran gibt es keinen Zweifel.«

Kriminalhauptkommissarin Sabine Koch drückte die »Aus«-Taste des Aufzeichnungsgerätes und sah ihren Kollegen Andreas Giehlen abwartend an.
»Glaubst du das etwa?«, fragte Giehlen.
Sie nickte.
»Du hast eine Schwäche für diesen Weichgräber, das ist mir schon bei der Befragung aufgefallen.«
Sabine Koch seufzte. »Das ist Blödsinn, wie oft soll ich es dir noch sagen?«
Giehlen klopfte mit dem Radiergummiende des Bleistiftes auf den Tisch, während er überlegte. Das regelmäßige Tock-tock-tock machte Sabine Koch wahnsinnig.
»Die beiden wollen einen Außenstehenden belasten, damit ihre eigene Brauerei wieder sauber dasteht«, sagte Giehlen. Seine Mundwinkel waren verächtlich nach unten gezogen, sein Blick herablassend. »Und praktischerweise nehmen sie nicht einfach irgendeinen Außenstehenden, sondern den schärfsten Konkurrenten.«
Sabine Koch hatte diese Möglichkeit längst in Betracht gezogen. Die Strategie wäre jedenfalls ziemlich clever, wenn man den

Wettbewerb ausschalten wollte. Man nutzte einen undurchsichtigen Mordfall, um der Konkurrenz Spionage zu unterstellen. Die Analysedaten, die Weichgräber und seine Praktikantin vorgelegt hatten, konnten getürkt sein, daher hatte Sabine Koch eine eigene Analyse bei den Kollegen von der Kriminaltechnik in Auftrag gegeben. Das Ergebnis war leider nicht vor dem nächsten Tag zu erwarten.

»Ich weiß, dass die Übereinstimmung der Biere kein Beweis ist, aber wenigstens liefert uns diese Geschichte ein mögliches Motiv«, sagte Sabine Koch.

Andreas Giehlen machte ein schnaufendes Geräusch durch die Nase, das, wie Sabine wusste, seine Missbilligung ausdrückte. Sie hasste diesen Klang.

»Hör auf zu grunzen«, fuhr sie ihn an. »Und vergiss bitte mal für einen Augenblick deine kindische Eifersucht auf Weichgräber.«

Giehlen warf ihr einen ärgerlichen Blick zu und holte Luft, als wollte er etwas sagen.

»Du weißt selbst, dass wir bisher keinen einzigen ernsthaften Anhaltspunkt haben«, fuhr Sabine schnell fort. »Wir haben in Hebestreits Privatleben herumgestochert und nichts gefunden. Wir haben nach Missgunst, Eifersucht oder Streit zwischen den Kollegen gesucht und nichts gefunden. Wir haben seine Nachbarn, seine Kegelbrüder und sogar den Tierarzt seines kurzbeinigen Köters befragt und nichts gefunden. Wir wissen nicht, ob Bruno Gerber und Friedbert Hebestreit am selben Tag ums Leben gekommen sind und wir wissen nicht, ob Gerbers Tod ein Mord, ein Selbstmord oder ein Unfall war. Wir haben nichts, Andreas. Nichts!«

Sabine Koch hatte sich in Rage geredet. Ihre Nerven lagen blank. Einen Fall wie diesen hatte sie noch nie gehabt. Sackgassen, wohin sie sich auch wandten. Hinweise, die sich in Luft auflösten. Motive, die lächerlicher kaum sein könnten.

Das Szenario, das Weichgräber und seine Praktikantin entworfen hatten, war die erste Theorie, die beide Todesfälle sinnvoll miteinander verband.

»Wir fahren zu Nesgraf«, sagte Sabine und stand auf.
»Du bist bekloppt«, antwortete Giehlen und wandte sich demonstrativ einem Papier auf seinem Schreibtisch zu. »Ich habe Wichtigeres zu tun.«
»Okay«, erwiderte Kriminalhauptkommissarin Sabine Koch, während sie die Tür öffnete. »Bleib ruhig hier.« Sie knallte die Tür hinter sich zu, öffnete sie aber noch einmal und rief Giehlen zu: »Und schreib schon mal deinen Versetzungsantrag.«

\*

Anfangs hatte Herr Fiedler sich nicht richtig auf die Lektüre konzentrieren können, aber dann hatte ihn die Geschichte doch wieder in ihren Bann gezogen. Die Niederländer hatten mit Tulpen gehandelt, als gäbe es nichts anderes auf der Welt. Nicht offiziell, denn an der Amsterdamer Börse gehörten die Blumenzwiebeln nicht zur Handelsware. Vielmehr fand der Tulpenhandel vorzugsweise in Kneipen statt. Vielleicht erklärte der reichliche Verzehr von alkoholischen Getränken und die von offenen Herdfeuern und Pfeifendunst geschwängerte, sauerstoffarme Luft in den Gasthäusern den Wahn, in den die Nation sich hineinsteigerte. Vielleicht war auch ein gewisser Fatalismus Grund für die Alles-oder-Nichts Haltung vieler Tulpenhändler, nachdem die Beulenpest ein Achtel der Haarlemer Bevölkerung dahingerafft hatte. Was auch der Grund war, jedenfalls stiegen in den letzten Monaten der Tulpenmanie die Preise für Tulpenzwiebeln dramatisch an, sie verdoppelten sich jede Woche, so dass manche Zwiebeln für dreitausend Gulden verkauft wurden. Für diesen Preis hätte man acht Schweine, vier Ochsen, zwölf Schafe, zweiundsiebzig Tonnen Getreide, zwei Fässer Wein, vier Fässer Bier, zwei Tonnen Butter, fünfhundert Kilo Käse, einen silbernen Kelch, einen Ballen Stoff, ein Bett mit Matratze und Bettzeug UND ein Schiff kaufen können.
Und nur zwei Monate später war alles vorbei. Die Preise fielen über Nacht um das Hundertfache, niemand wollte mehr Tulpen

kaufen, Tausende und Abertausende verloren ihr gesamtes Hab und Gut. Es war der schlimmste Crash, den es je gegeben hat. Und der Gegenstand der verrücktesten Spekulation der Welt war: die Tulpe. Herr Fiedler klappte das Buch zu und dachte, dass kein Ding und kein Glaube auf der Welt klein genug sei, um daraus nicht eine Katastrophe werden zu lassen, sei es nun eine Spekulationsblase oder ein Krieg oder sonstige Dummheiten. Er wurde jäh aus seinen Gedanken gerissen, als das Telefon klingelte.

»Ich habe Geld gefunden«, sagte Bettina Gerber, noch bevor Herr Fiedler richtig verstanden hatte, wer eigentlich am Telefon war.
»Wo?«, fragte er nach einem Augenblick der Verwirrung.
»Im Spülkasten seiner Toilette«, entgegnete sie. »Ein ziemlich originelles Versteck, finden Sie nicht?«
»Unbedingt«, bestätigte Herr Fiedler. »Wie viel ist es?«
»Ich habe es vorsichtshalber nicht angefasst«, sagte Bettina Gerber. »Aber ich schätze, dass es zwischen zwanzig- und dreißigtausend Euro sind.«
Herr Fiedler pfiff durch die Zähne, wobei sein Unterkiefergebiss sich löste. Mist, noch immer war er nicht beim Zahnarzt gewesen, aber Ärzte waren ihm ein Gräuel, er mied sie, wo er nur konnte.
»Sind es große Scheine? Oder kleine? Neue oder gebrauchte?«, fragte er weiter.
»Ich sehe Fünfziger und Hunderter, neue und gebrauchte. Was sagt uns das?«, fragte Bettina Gerber.
»Das weiß ich auch nicht, mein Deern«, gestand Herr Fiedler. »Sie sollten das wohl der Kripo mitteilen.«
Bettina Gerber seufzte laut. »Ich fürchte, das werde ich wohl tun müssen.«

*

»Herr Nesgraf kommt sofort«, lispelte die Sekretärin ihr dienstbeflissen entgegen.
Sabine Koch kannte die servile Haltung, die manche Menschen

annahmen, sobald sie den Ausweis der Kriminalpolizei sahen, und nickte nur. Unterwürfig, kriecherisch, das Arsch- hatte sie schon weggelassen, trotzdem wurde ihr übel, wenn sie so angeschleimt wurde. Es war einer der Nachteile, die ihr Beruf mit sich brachte. Ein anderer war die Tatsache, dass Männer Probleme mit ihrem Job hatten. So war eine Beziehung mit dem ausgesprochen attraktiven, ledigen Kollegen Andreas Giehlen nur eine Frage der Zeit gewesen und sie hatte sich wirklich etwas davon versprochen. Aber auch diese Verbindung schien so ihre Probleme mit sich zu bringen, und sei es nur, weil sie die ranghöhere Beamtin war. Sie seufzte.
»Darf ich Ihnen etwas anbieten?«, lispelte die Sekretärin. »Kaffee, Tee oder ein Wasser?«
Sabine Koch schüttelte den Kopf, wobei sie sich ein freundliches Lächeln abrang, und kramte nach ihrem Handy, das die Erkennungsmelodie des Serienklassikers »Der Fahnder«, spielte. Die Verbindung war schlecht.
»Wer ist da?«, fragte sie nach. »Frau Gerwert? Ach, jetzt verstehe ich. Ja, Frau Gerber. Die Tochter …«
Sie lauschte angestrengt, hielt sich das linke Ohr zu und presste das Telefon so fest es ging ans rechte.
»Bargeld im Spülkasten? Ungefähr fünfundzwanzigtausend Euro? Ja, bitte lassen Sie es in der Verpackung. Ich hole es gleich bei Ihnen ab.«
Das war ja mal eine interessante Entdeckung, dachte sie, schaltete das Telefon ab und blickte auf. Direkt in die gehetzt blickenden Augen eines gut aussehenden jungen Mannes, der auf dem Absatz kehrt machte und aus dem Vorzimmer stürmte.
»Nesgraf?«, rief sie der Sekretärin zu, die mit weit aufgerissenen Augen nickte.
»Scheiße«, fluchte Sabine Koch, während sie ihr Handy in die Tasche steckte und gleichzeitig hinter Nesgraf her rannte. Sie hörte seine Schritte weiter unten auf der Treppe und folgte, so schnell sie konnte. Die Stufen waren alt, ausgetreten, ungleich hoch, sie verlor wertvolle Sekunden, weil sie sich darauf konzentrieren

musste, nicht aus dem Tritt zu kommen. Endlich, das Ende der Stufen! Nesgraf hatte sich nach links gewandt, war durch den dunklen Flur zur Hintertür gerannt. Inzwischen war sein Vorsprung so groß, dass sie ihn nicht mehr sah. Der Gang war muffig und eng, auch hier war der Fußboden uneben, offenbar ein alter Steinbelag, in dem einzelne Platten fehlten oder schief standen. Die Tür fiel gerade wieder zu, Sabine Koch streckte sich nach dem Knauf, fast reichten ihre Fingerspitzen bis heran, aber die Tür schwang schon wieder zu, von ihr weg. Sabine Koch verlor das Gleichgewicht, blieb bei dem Versuch, schnell einen Fuß vorzusetzen, an einer hochstehenden Bodenplatte hängen und fiel. Ihr Kopf schlug hart gegen die ins Schloss gefallene Tür. Kriminalhauptkommissarin Sabine Koch verlor das Bewusstsein.

## Hauptgärung
*Bei der Obergärung entwickelt sich durch die Arbeit der Hefezellen schmierig-brauner Schaum auf dem Bier. Sieht fies aus, ist aber in Ordnung. Dieser Schaum wird täglich (!) abgeschöpft, danach wird das Bier gründlich umgerührt, um die Hefe zu belüften. Wenn die Bierspindel nach 4-6 Tagen einen Extraktgehalt von 4-5 % anzeigt, ist die Hauptgärung abgeschlossen.*

»Sehr ärgerlich, dass Nesgraf entwischt ist«, sagte Herr Fiedler. Er weinte.
»Nun nimm es doch nicht so tragisch«, neckte Siegfried Dengler.
»Aber immerhin«, schluchzte Herr Fiedler weiter, »läuft eine bundesweite Fahndung, er wird wohl bald gefasst werden.«
»Dann trocknen auch die Tränen wieder«, tröstete Siegfried.
»Das nächste Mal bringe ich mir eine Taucherbrille mit«, nuschelte Herr Fiedler zwischen zweimal Schniefen. »So eine mit Schnorchel. Dann kann ich Frischluft von oben atmen, da werden die Zwiebeldämpfe wohl nicht hinkommen.«
»Dann kannst du aber nicht sprechen«, warf Theo ein.
»Du gehörst nicht zur Suppengruppe, du darfst gar nicht mitreden«, wies Herr Fiedler ihn zurecht. »Sprich mit deinen Kollegen vom Altbierbraten.«
Theo lächelte und wandte sich kopfschüttelnd wieder seinem Gericht zu, welches der Kochkurs in memoriam Bruno Gerber ausgewählt hatte. Sehr zu Herrn Fiedlers Bedauern, der eine Friesische Biersuppe vorgeschlagen hatte. Die Zutatenliste mit Bier, Eiern, Zucker, Rübenkraut, Milch und Zimt hatte allerdings den Rest der Köche nicht überzeugen können.
Das Zwiebelschneiden war im Herrenkochkurs die unbeliebteste Arbeit, und innerhalb der letzten sechs Monate hatte Herr Fiedler sich erfolgreich darum gedrückt. Aber heute Abend war es, als hätten sich die Teilnehmer miteinander verschworen. Alle zeigten mit dem Finger auf Herrn Fiedler, als es um die Zuteilung der ungeliebten Aufgabe ging. Seitdem schniefte und maulte er, während die anderen sich königlich amüsierten.

»Neersen liegt nah an der niederländischen Grenze, er könnte also schon längst das Land verlassen haben«, gab Siegfried Dengler zu bedenken.

»Die Nachbarländer arbeiten gut zusammen, er wird schon wieder auftauchen«, wiederholte Herr Fiedler.

»Zum Glück ist die Polizistin auf dem Wege der Besserung, sonst hätte der Mann ein ernsthaftes Problem«, sagte Siegfried.

»Er hat sowieso ein ernsthaftes Problem, immerhin werden ihm Anstiftung zur Untreue und zwei Morde zur Last gelegt«, gab Herr Fiedler zurück.

Die Nachrichten hatten ausführlich von der Flucht des Brauereibesitzers Nesgraf berichtet. Die Kriminalbeamtin lag fast eine Stunde unbemerkt in dem dunklen Flur zum Hof, bis ein Mitarbeiter sie fand. Sie hatte ein gebrochenes Handgelenk und eine leichte Gehirnerschütterung, außerdem hatte sie sich auf den eiskalten Steinen eine Unterkühlung zugezogen. Dank ihrer ausgezeichneten Gesamtkonstitution würde sie allerdings bald wieder auf dem Damm sein.

»Wenn ich das richtig verstehe«, resümierte Walter, der dritte Mann der Suppengruppe, »dann hat unser Bruno das Bierrezept seines Arbeitgebers verkauft, um Geld für die Behandlung seiner behinderten Enkelin zu haben, richtig?«

Herr Fiedler und Siegfried Dengler nickten.

»Der Nesgraf hat dann den Bruno umgebracht, damit niemand von dem Deal erfährt«, sagte Walter.

»Wahrscheinlich«, schluchzte Herr Fiedler. »Vielleicht haben aber Nesgraf und Bruno auch nur darüber gestritten, Friedbert Hebestreit hörte zufällig mit, erpresste Nesgraf, Bruno beging Selbstmord und Nesgraf brachte nur den Friedbert um. Wirklich wissen werden wir das erst, wenn Nesgraf geschnappt ist und aussagt.«

»Und außerdem hat Bruno das Vermögen des Tulpenzüchtervereins beiseite geschafft«, fügte Walter hinzu.

»Wie hat Bettina Gerber eigentlich auf den Zeitungsartikel reagiert, in dem Brunos Unterschlagung brühwarm verbreitet wurde?«, fragte Siegfried.

Herr Fiedler seufzte, und diesmal hatte das nichts mit den Zwiebeln

zu tun. »Das kannst du dir ja vorstellen, Siegfried. Erstens zeigen jetzt alle Leute mit dem Finger auf sie und tuscheln hinter vorgehaltener Hand, dass sie in der ganzen Sache mit drinhängt. Immerhin ist es ihre Tochter, für die Bruno das Geld abgezweigt hat.«
Siegfried nickte.
»Außerdem fühlt sie sich von Bert Stechmüller verraten, der nichts Eiligeres zu tun hatte, als die Presse zu informieren.«
»Das glaube ich wohl«, sagte Siegfried. »Aber ich kann auch Bert Stechmüller verstehen. Immerhin ist er jetzt die Witzfigur des Jahres.«
Herr Fiedler war endlich mit der letzten Zwiebel fertig und wusch sich die Hände mit warmem Wasser und Zitronensaft.
»Warum ist Stechmüller eine Witzfigur?«, fragte er.
»Weil der Vorsitzende des Tulpenzüchtervereins ein hohes Tier im Bankwesen ist und nicht bemerkt hat, dass sein kleines Schatzmeisterlein ihn und den Verein abgezockt hat.«
»Aber dann hätte er sich doch erst recht bedeckt halten müssen«, warf Theo ein. »Stattdessen machte er den Betrug durch einen riesengroßen Artikel auf Seite eins der Lokalpresse publik.«
»Publik geworden wäre die Sache sowieso«, entgegnete Siegfried Dengler. »Immerhin hat Stechmüller seit langem herumerzählt, dass das Jubiläum ein Jahrhundertereignis wird. Er wollte sich damit ein Denkmal setzen, jetzt kann er froh sein, wenn die Randnotiz, die die Geschichte ihm widmen wird, nicht allzu negativ ausfällt.«
»Meine Herren«, ließ sich die Stimme der Kursleiterin vernehmen, »sind Ihre Gerichte schon fertig?«
Herr Fiedler, Siegfried, Walter und Theo senkten wie erwischte Schuljungen die Köpfe über ihre Rezepte. Der Menüplan war ambitioniert und die Zeit knapp.

\*

»Name?«
»Joachim Nesgraf.«
»Wohnhaft?«

Nesgraf nannte Adresse, Alter, Beruf, Familienstand. Widerspruchslos. Mit gesenktem Kopf und geröteten Augen. Kommissar Andreas Giehlen hatte ausgiebig Zeit, den Verdächtigen zu beobachten, denn dieses Mal bestimmte er das Tempo, stellte er die Fragen, war er der Chef im Vernehmungsraum. Wieder lief das Aufnahmegerät, außerdem schrieb eine Kollegin mit. Für alle Fälle. Immerhin ging es hier um einen Mörder.
Der sich gestellt hatte.
Andreas Giehlen unterdrückte nur mühsam ein verächtliches Schnauben. Nesgraf war in eine Polizeidienststelle in der Nähe von Kleve marschiert, hatte seinen Personalausweis auf den Tresen gelegt und gesagt: »Ich habe niemanden umgebracht.«
Natürlich. Im Knast sind auch alle unschuldig.
»Was haben Sie am Abend des …«, Andreas Giehlen musste das Datum nachsehen. »Das war genau heute vor zwei Wochen«, fügte er hinzu, als Nesgraf ihn verständnislos ansah.
»Ich vermute, dass ich zuhause war«, stammelte Nesgraf. »Ja, ich war in den letzten Monaten freitags nie weg. Erst lang in der Firma, dann zuhause. Ich habe so viel gearbeitet, dass ich kaum noch ausgegangen bin.«
»Kann jemand das bestätigen?«, fragte Kommissar Giehlen.
»Nein.« Nesgraf sank noch mehr in sich zusammen, sofern das überhaupt möglich war. Der Mann war ein Häuflein Elend, trug seit seiner überstürzten Flucht dieselben Klamotten, war unrasiert und vermutlich sogar ungewaschen. Giehlen empfand kein Mitleid, nur Abscheu und Wut. Wegen dieses Penners lag Sabine im Krankenhaus.
»Haben Sie Bruno Gerber fünfundzwanzigtausend Euro gegeben, damit er Ihnen das Rezept des Altbieres verrät?«, fragte Giehlen.
Nesgraf schwieg.
»Und warum haben Sie ihn umgebracht? Weil er drohte, den Deal zu verraten? Oder wollte er mehr Geld? Warum?«
»Ich habe niemanden umgebracht«, murmelte Nesgraf. »Und das mit Ihrer Kollegin tut mir Leid.«
Die Tür öffnete sich einen Spalt, und Kollege Weiß streckte den

Kopf zur Tür hinein. Und zwei hochgereckte Daumen. Giehlen grinste zufrieden und nickte ihm zu.

»Der Betrag von fünfundzwanzigtausend Euro wurde von Ihrem Konto abgehoben. Und auf dem Geld, das in Bruno Gerbers Wohnung gefunden wurde, sind Ihre Fingerabdrücke.« Giehlen lehnte sich zurück, reckte sich und legte die verschränkten Hände hinter den Nacken. »Ich glaube, Sie sollten langsam auspacken, sonst sitzen wir noch sehr lange hier.«

Nesgraf legte den Kopf in die Hände. »Ich habe niemanden umgebracht«, wiederholte er leise.

»Ich fürchte, das können wir Ihnen nicht recht glauben«, sagte Giehlen zufrieden.

*

»Behemmwehkirsch«, tönte es aus dem Hörer. Herr Fiedler seufzte. Das Spielzeugauto hatte er ja völlig vergessen!

»Sind Sie noch dran?«, fragte der Nuschler.

»Natürlich, denken Sie etwa, ich lege einfach den Hörer auf?«, fragte Herr Fiedler zurück. Wofür hielt der Mensch ihn?

»Ja, sehen Sie, heute Nachmittag gibt es bei uns eine kleine Veranstaltung zur Vorstellung eines neuen Modells, und da wäre es doch schön, wenn wir Ihnen gleich in diesem netten Rahmen Ihren Gewinn überreichen könnten, nicht wahr?«

Herr Fiedler verdrehte die Augen. Gerade hatte er mit Bettina Gerber telefoniert, die ihm etwas zeigen wollte, was sie in den Unterlagen ihres Vaters gefunden hatte. Natürlich hatte er versprochen, gleich nach dem Termin beim Hörgeräteakustiker zu ihr zu kommen. Wie sollte er da noch die Abholung eines Modellautos schaffen? Er wollte gerade absagen, da kam ihm eine Idee.

»Wissen Sie, junger Mann, ich kann leider nicht selbst kommen, aber ich könnte jemand anderen schicken. Dann bringen wir die Sache endlich hinter uns und Sie haben Ihren netten Rahmen.«

Einen Augenblick war es so still, dass Herr Fiedler schon dachte, nun hätte der Anrufer aufgelegt.

»Ja, das geht. Der Abholer müsste allerdings eine Vollmacht von Ihnen haben.«
»Kein Problem«, sagte Herr Fiedler gut gelaunt. »Ich schreibe eine Vollmacht für Herrn Theo Streckbein, den Namen können Sie ja schon notieren.«
Er vereinbarte eine Uhrzeit und legte schnell den Hörer auf, damit der Anrufer es sich nicht noch einmal anders überlegen konnte. Theo würde sicher nichts dagegen haben, diesen Termin wahrzunehmen. Sobald er von Frau Heidrich zurück war, würde Herr Fiedler ihn darum bitten.

\*

Frau Heidrich setzte sich gerade hin, so wie sie es immer tat, bevor sie Theo eine neue Aufgabe aufs Auge drückte. »Schauen Sie, Herr Streckbein, ich habe neue Gardinen bestellt.«
Frau Heidrich schob einen aufgeschlagenen Hochglanzprospekt über den Tisch. Auf der Doppelseite waren sechs Fensterdekorationen abgebildet, eine rüschiger als die andere. In amerikanischen Spielfilmen hatte Theo ähnlich pompöse Faltenwürfe gesehen, gefallen hatten sie ihm nie.
Frau Heidrichs knallrot lackierter Fingernagel tippte nachdrücklich auf die Abbildung rechts oben. »Dieses Modell ist es.«
Theo holte tief Luft. Übergardinen in grellen Orange- und Rottönen, weiße Gardinen, die kaskadenförmig zur Erde stürzten, und das Ganze garniert mit Troddeln, die das Fenster rechts und links einrahmen.
»Gefällt es Ihnen nicht?«, fragte Frau Heidrich.
»Es ist etwas … wuchtig, meinen Sie nicht?«, fragte Theo.
»Ach was«, entgegnete Frau Heidrich. »Das Aufhängen habe ich nicht mitbestellt. Das bekommen wir zwei doch auch so hin, meinen Sie nicht?« Sie lächelte ihn zuckersüß an.
Theo lächelte nicht zurück. Jetzt war ihm das Lachen vergangen. Endgültig. Die Formulierung »das bekommen wir zwei doch hin« kannte er bereits. Wann immer Frau Heidrich in Verbindung mit

einer anstrengenden Tätigkeit das Wort »wir« benutzte, meinte sie ihn, Theo.

»Wir« sollten mal wieder die Küchenschränke auswaschen lief darauf hinaus, dass Theo ihre gesamte Schrankfläche ausgeräumt, gesäubert und wieder eingeräumt hatte. »Wir« könnten den großen Perser ausklopfen – und Theo hatte geklopft. Nachdem er den Teppich allein aufgenommen und allein über die Teppichstange gewuchtet hatte.

Immer stand Frau Heidrich dabei und gab Anweisungen. Hier noch ein bisschen mehr, dort bitte auf diese Art und so weiter und so fort. Theo war es satt. Zuletzt hatte sie sogar am Essen herumgemäkelt, das er ihr weiterhin dreimal am Tag gebracht hatte. Zubereitet und gebracht. Sogar eingekauft hatte er weiterhin, weil Frau Heidrich bei den winterlichen Temperaturen nicht selbst einkaufte. Allerdings ging sie sehr wohl selbst in die Stadt, um Gardinen auszusuchen.

Theo stand auf. »Frau Heidrich, ich denke, dass es an der Zeit ist, dass Sie Ihr Leben wieder vollständig selbst in die Hand nehmen. Ich bin sicher, dass Sie so weit wiederhergestellt sind, dass es Sie nicht überfordern wird. Ich wünsche Ihnen alles Gute.«

Frau Heidrich starrte ihn mit weit aufgerissenen Augen an. »Aber Herr Streckbein, was meinen Sie denn damit?«

»Ich meine damit, dass ich es nicht mehr für nötig halte, Ihnen dreimal am Tag das Essen zu servieren. Ich meine damit, dass ich nicht mehr Ihre Küche putze, Ihren Gehweg fege, Ihre Garderobe zur Reinigung bringe, Ihre Schuhe vom Schuster hole, Ihre Einkäufe erledige und die Dinge zurückbringe, die Sie nicht haben wollen.«

»Sie sind mir ja ein netter Nachbar«, rief Frau Heidrich. »Es ist doch wohl normal, dass man sich untereinander hilft.«

Theo atmete tief durch. »Das habe ich getan, Frau Heidrich. Drei Wochen lang habe ich alles für Sie getan. Sie brauchten keinen Finger zu rühren. Aber das kann doch nicht ewig so weitergehen.«

Er schluckte den Rest, den er noch hätte sagen können, hinunter. Dass sie sich zum Schluss gar nicht mehr bedankt hatte. Dass sie

ihn eines Morgens, als ihre Lieblingskonfitüre ausgegangen war, regelrecht ausgeschimpft hatte, weil er nicht rechtzeitig für Nachschub gesorgt hatte. Dass ihm ihre Pfuscherei beim Kartenspiel nicht passte, dass sie immer mehr zu kritisieren hatte und dass sie ihn inzwischen nicht einmal mehr fragte, ob er dieses oder jenes für sie tun könne, sondern ihm einfach Aufgaben zuwies. Als sei er ihr Hausdiener!
»Sie sind genau so unzuverlässig wie alle Männer«, sagte Frau Heidrich in abfälligem Ton. »Ich habe mich sehr in Ihnen getäuscht.«
»Das bedaure ich«, sagte Theo. Er drehte sich an der Tür noch einmal um. »Alles Gute, Frau Heidrich. Und wenn Sie wirklich einmal Hilfe benötigen, dürfen Sie gern wieder fragen. Aber wirklich nur dann.«
Theo war immer noch aufgewühlt, als er zuhause ankam. Herr Fiedler riss die Wohnzimmertür auf, spähte in den Flur, sah Theo auf der Bank sitzen, auf der er sich die Schuhe auszog, und plapperte direkt los.
»Kaum warst du aus der Tür, Theo, brach hier die Hölle los. Erst rief dieser Knilch von dem Preisausschreiben an. Könntest du wohl heute Nachmittag unseren Gewinn abholen? Du weißt doch, das Modellauto.«
Theo nickte. »Kein Problem. Ich habe ab sofort wieder ganz viel Zeit.«
»Wunderbar«, fuhr Herr Fiedler fort. »Und dann kam der nächste Anruf. Aus Australien!«
Theo blickte auf und sah das Leuchten in den Augen seines Freundes.
»Sie kommen, Theo, sie kommen! Nächste Woche! Ich kann es noch gar nicht glauben!«
Theo lächelte. »Das ist schön.«
Herr Fiedler hörte auf, hektisch herumzuzappeln und blickte Theo fragend an. »Warum hast du in Zukunft ganz viel Zeit?«, fragte er.
»Ich habe Frau Heidrich gerade erklärt, dass sie sich in Zukunft wieder selbst versorgen muss.«

Herr Fiedler setzte sich neben Theo auf die Bank. »Warum?«
»Weil sie immer mehr von mir verlangt hat und alles für ganz selbstverständlich hielt«, sagte Theo. Er überlegte einen Moment. Ja, seinem alten Freund gegenüber konnte er alles das aussprechen, was er bei Frau Heidrich nur gedacht hatte. Also redete er weiter. Er erzählte von den Aufgaben, die er alle klaglos übernommen hatte, von den steigenden Ansprüchen, dem fehlenden Dank.
»Das hast du nicht verdient«, sagte Herr Fiedler, als Theo geendet hatte. »Du bist einfach zu gutmütig.«
»Du meinst, dass ich ein Depp bin«, korrigierte Theo mit säuerlichem Ton.
»Stimmt, aber das wollte ich nicht so direkt sagen«, bestätigte Herr Fiedler und stupste ihn mit dem Ellbogen in die Seite.
Theo musste lachen. »So viel selbst auferlegte Zurückhaltung hatte ich dir gar nicht zugetraut.«
Herr Fiedler nickte. »Ich werde häufig unterschätzt«, sagte er mit einem breiten Grinsen. Dann wurde er plötzlich ernst.
»Hast du dir Hoffnungen gemacht, also, mit Frau Heidrich, du weißt schon …«
Theo blickte seinen alten Freund erstaunt an. Piet Fiedler, der immer und überall einen lockeren Spruch auf den Lippen hatte, stammelte herum und traute sich offenbar nicht, die Sache beim Namen zu nennen. Das war sehr ungewöhnlich.
»Ich bin nicht verliebt, wenn es das ist, was du meinst«, sagte Theo vorsichtig.
»Warum hast du dich dann überhaupt so von ihr einspannen lassen?«
Theo überlegte. Warum eigentlich? Doch, natürlich kannte er die Antwort. Die Frage war nur, ob er seinem Freund seine Beweggründe erklären sollte. Aber ja, immerhin war Piet Fiedler der einzige Mensch auf der Welt, mit dem er überhaupt über ernste Dinge reden konnte. Mit zunehmendem Alter wurde der Kreis der engen Freunde zwangsläufig kleiner, jetzt bestand dieser Kreis nur noch aus den beiden alten Männern, die im

Flur ihres gemeinsam bewohnten Hauses auf der Schluppenbank saßen.
»Ich war neidisch«, erklärte Theo. »Wir hatten beide keine Familie, zumindest dachten wir das. Dann hast du plötzlich deinen Enkel gefunden. Der Enkel hat eine nette Frau und jetzt sogar eine Tochter – deine Urenkelin. Es ist nicht so, dass ich dir dieses Glück missgönnt hätte, nein, keinesfalls. Aber ich wollte auch etwas haben. Am liebsten eine eigene Familie.«
Theo zuckte die Schultern. »Das ist natürlich unmöglich. Aber irgendjemanden, der mir in besonderer Weise nahe steht. Und da kam Frau Heidrich mit ihrem Hilferuf gerade recht.«
Eine Zeitlang saßen die beiden alten Männer einfach so nebeneinander auf der Bank und hingen ihren Gedanken nach.
Herr Fiedler brach das Schweigen. »Theo, du bist tatsächlich ein Döspaddel. Meine Familie ist doch auch deine.«
Theo war gerührt. Er blickte seinen alten Freund an, wollte ihm danken, hielt aber im letzten Moment inne. Piet Fiedler hatte den Schalk in den Augen, der führte doch wieder etwas im Schilde.
»Was ist?«, fragte Theo vorsichtig.
»Wenn meine Familie komplett wäre«, erklärte Herr Fiedler, »müsste mein Sohn noch leben. Das ist leider nicht der Fall, aber die Stelle meines Sohnes kannst du nicht einnehmen, Theo. Dazu bist du einfach zu alt.«
Theo enthielt sich einer Bemerkung. Er war gespannt, was als Nächstes kam.
»Aber in einer intakten Familie hätte mein Enkel eine Oma. Leider ist die richtige Oma, meine geliebte Ilse, tot. Dafür könntest du den Part übernehmen.«
Herr Fiedler grinste über das ganze Gesicht.
Theo glaubte, sich verhört zu haben. »Ich soll in deinem Familienstück die Oma spielen?«
Herr Fiedler nickte heftig. »Genau. Es gibt eine ganze Reihe von Gründen, die dafür sprechen.«
»Und die wären?«, fragte Theo. Ein feines Lächeln konnte er sich

aber doch nicht verkneifen. Wollte er auch gar nicht.

»Erstens hast du ja gerade deine fürsorgliche Ader entdeckt. Kochen, spülen, putzen, und so weiter.«

Theo nickte.

»Außerdem bist du im richtigen Alter.«

Theo nickte wieder.

»Und drittens lebst du mit mir unter einem Dach.«

Herr Fiedler blickte Theo erwartungsvoll an.

Theo bemühte sich um einen ernsten Gesichtsausdruck. »Nein«, sagte er, »das geht leider nicht.«

Herr Fiedler blickte verwirrt. »Warum nicht?«

»Du bist der Kleinere von uns beiden und dein Haar ist deutlich länger und lockiger«, erklärte Theo mit einer Stimme, von der er hoffte, dass sie dem Ernst der Lage angemessen war. »Wenn also die Rolle einer Oma zu vergeben ist, bist du derjenige, der sie bekommt.«

Herr Fiedler fuchtelte mit dem rechten Zeigefinger in der Luft herum. »Ich sage dir, dass du die Oma bist, da gibt es nichts zu diskutieren.«

»Ich wüsste nicht«, entgegnete Theo mit mühsam aufrechterhaltenem Ernst, »mit welchem Recht du dich den offensichtlichen Tatsachen widersetzt.«

»Patrick ist mein Enkel, also bin ich derjenige, der festlegt, wer Oma und wer Opa ist«, erklärte Herr Fiedler. Er sah Theo mit einem, wie dieser fand, herausfordernden Blick an.

»Du bist rechthaberisch, stur und gemein«, stellte Theo lächelnd fest.

»Das stimmt«, bestätigte Herr Fiedler grinsend. »Aber das wusstest du, bevor du zu mir gezogen bist.«

»Und ich hatte gehofft, dass du dich änderst, wenn wir erst einmal zusammen leben«, gab Theo zurück.

»An dieser Hoffnung sind schon unzählige Beziehungen gescheitert«, deklamierte Herr Fiedler pathetisch.

»Wenn ich die Oma sein soll, musst du mir abends die Wärmflasche machen«, sagte Theo.

Herr Fiedler streckte ihm die rechte Hand entgegen, Theo schlug ein. So ausgezeichnet hatte er sich schon lange nicht mehr gefühlt.

\*

Herr Fiedler ließ die erneuten Messungen und Anpassungen beim Hörgeräteakustiker über sich ergehen, allerdings nicht, ohne über die Tatsache zu lamentieren, dass die Menschheit zwar zum Mond flog, eine schlichte Horchprothese aber offenbar eine unbezwingbare Herausforderung darstellte. Irgendwann wurde es selbst dem aufmerksamen und geduldigen jungen Mann zu viel.
»Erstens waren die Amerikaner nie auf dem Mond, das ist nur ein Gerücht, um den Russen eins auszuwischen«, behauptete er. »Und außerdem ist das menschliche Gehör komplizierter als die Berechnung des notwendigen Schubs, um eine Rakete aus der Erdanziehung herauszutragen. Besonders«, fügte er mit etwas lauterer Stimme hinzu, als er sah, dass sein Kunde widersprechen wollte, »besonders, wenn man mit der Anpassung des Hörgerätes so lange wartet, wie Sie.«
Herr Fiedler grinste den jungen Mann an. »Ich hoffe, Sie nehmen meine Meckerei nicht persönlich«, sagte er. »Ich bin einfach ein ungeduldiger Zeitgenosse, das kann Ihnen jeder, der mich kennt, bestätigen.«
Für den Rest der Sitzung, wie Herr Fiedler die Besuche im Hörgerätestudio insgeheim nannte, verhielt er sich besonders kooperativ und höflich. Trotzdem war er froh, als er endlich auf die Straße trat und den Bus nach Korschenbroich nahm. Wieder-Hören-lernen war ganz schön anstrengend.

»Hat er schon gestanden?«, fragte Bettina Gerber, als sie die Tür öffnete.
Herr Fiedler schüttelte den Kopf. »Soweit ich weiß, nicht. Aber meine Informationen sind inzwischen einige Stunden alt.«
Bettina Gerber seufzte. »Hoffentlich gesteht er bald, damit die

furchtbare Ungewissheit endet und ich endlich mein normales Leben wieder aufnehmen kann.«
Herr Fiedler nickte. Er verstand sie sehr gut. Ein Schlussstrich musste her und der konnte erst nach dem Geständnis und der vollständigen Aufklärung der Todesfälle gezogen werden. Er erwartete den Abschluss der Angelegenheit innerhalb der nächsten Stunden.
»Sofern man nach solch einer Katastrophe noch von einem normalen Leben sprechen kann«, fügte Frau Gerber hinzu, während sie Herrn Fiedlers Jacke an die Garderobe hängte.
Bettina Gerber hatte die Papiere, deretwegen sie Herrn Fiedler um einen Besuch gebeten hatte, bereits auf dem Wohnzimmertisch bereitgelegt. Es handelte sich um ein handbeschriebenes Blatt und einen Computerausdruck, die sie in einem Fachbuch über »Das Handwerk des Brauens und Mälzens« gefunden hatte.
»Ich habe mir überlegt, wo mein Vater wohl Unterlagen verstecken würde, die niemand außer ihm sehen sollte«, erklärte sie. »Da kam mir die Idee, in diesem Buch nachzusehen. Das steht nämlich, obwohl es schon über vierzig Jahre alt ist, immer noch in seinem Bücherregal. Und es war kein Staub daran.«
»Sehr gut beobachtet«, lobte Herr Fiedler.
»Ich kann aber mit den Ziffern, die darauf stehen, nichts anfangen«, sagte Bettina Gerber enttäuscht.
Herr Fiedler betrachtete die beiden Zettel aufmerksam. Er versuchte, den Ziffern einen Sinn abzuringen, las sie von vorn nach hinten und von hinten nach vorn. Leider sprang ihm keine Auffälligkeit ins Auge.
»Lassen Sie uns anders herum beginnen«, schlug Herr Fiedler vor. »Wir sind inzwischen ziemlich sicher, dass Ihr Vater heimlich Geld für Ihre Tochter beiseite geschafft hat, richtig?«
Bettina Gerber wurde rot. »Ja, es sieht wohl so aus.«
»Einen Teil davon hat er in bar erhalten und im Haus versteckt.«
Bettina Gerber nickte.
»Aber den größeren Teil hat er vom Konto des Tulpenzüchtervereins verschwinden lassen und zwar vermutlich per Überweisung,

das haben wir bereits besprochen. Er muss also irgendwo ein geheimes Konto gehabt haben.«
»Dann könnten diese handschriftlichen Ziffern Kontonummer und Bankleitzahl sein«, murmelte Bettina Gerber. »Dafür sind es aber zu viele Ziffern.«
»Sie haben gesagt, dass er das Geld des Tulpenzüchtervereins zu einer Direktbank überwiesen hat«, sagte Herr Fiedler. »Damit kenne ich mich nicht aus. Wie funktioniert so etwas?«
»Die Überweisung zu einer Direktbank geht ganz normal vor sich«, erklärte Bettina Gerber. »Sie schreiben Kontoinhaber, Kontonummer und Bankleitzahl auf das Überweisungsformular und fertig.«
Herr Fiedler nickte. »Das verstehe ich. Aber wie gebe ich der Direktbank den Auftrag, von meinem dortigen Konto etwas weiter zu überweisen?«
»Das geht zum Beispiel telefonisch. Man muss seine Kontonummer und Geheimnummer entweder deutlich sprechen oder über die Telefontastatur eingeben …«
Bettina Gerber zog den handschriftlichen Zettel zu sich heran und studierte ihn eingehend. »Das könnte möglich sein«, murmelte sie. »Hier die Kontonummer mit zwölf Stellen, dann die Bankleitzahl, die ist ja einfach zu erkennen, danach eine Geheimnummer. Die Ziffern dahinter könnten eine Telefonnummer sein. Und die Zahlen auf dem Computerausdruck sind die so genannten Transaktionsnummern, die von der Bank jeweils abgefragt werden, um jede einzelne Transaktion, also Überweisung, zu legitimieren.«
»Wenn das so ist, fehlt uns nur noch die Bank«, sagte Herr Fiedler.
»Das ist doch egal, wenn wir die Telefonnummer haben. Wir rufen einfach an.«
Sie nahm das schnurlose Telefon, tippte die Zahlen, die sie für die Telefonnummer hielt, ein und wartete gespannt.
Herr Fiedler saß wie auf glühenden Kohlen, während Bettina Gerber sich das Telefon ans Ohr presste. Ihre Augen leuchteten auf, als offenbar eine Verbindung zustande kam. Sie lauschte

angestrengt, nahm plötzlich den Hörer vom Ohr und drückte eine Ziffertaste. Dann hörte sie wieder zu. Ihr Gesichtsausdruck wurde zögerlich, zweifelnd dann ungläubig. Entsetzt starrte sie Herrn Fiedler an, horchte aber immer noch. Schließlich drückte sie noch einmal eine Taste und presste den Hörer wieder ans Ohr. Hektisch diesmal.
»Guten Tag, ich hätte gern den Kontostand des Kontos mit der Nummer ...« sie las die Ziffern ab, dann wartete sie.
»Sind Sie sicher?«, fragte sie.
Herr Fiedler konnte die Spannung kaum aushalten. Irgendetwas lief hier völlig schief. Warum hatte Bettina Gerber diesen fassungslosen Ausdruck im Gesicht? Was stimmte denn nicht?
»Und wohin?«
»Was heißt hier, dass Sie mir das nicht sagen dürfen?« Ihre Stimme schnappte fast über, sie bemerkte es selbst und atmete tief durch. Herr Fiedler legte ihr die Hand auf den Arm.
»Wann wurde denn die Überweisung getätigt?«, fragte Bettina Gerber ruhiger.
»Vergangenen Dienstag? Das kann nicht sein«, rief sie jetzt. »Da war mein Vater doch schon tot.«
Herr Fiedler erstarrte. Jemand hatte nach Brunos Tod eine Überweisung getätigt? Das hätte dieser jemand nur tun können, wenn er die Ziffern kannte, die Bettina Gerber auf dem Zettel vor sich hatte.
Wenn er nicht mit eigenen Augen die Überraschung und das nachfolgende Entsetzen in Bettina Gerbers Gesicht gesehen hätte, hätte er fast auf den Gedanken kommen können, dass sie ... Aber nein, das war definitiv unmöglich. Sie hatte ihm nichts vorgespielt. Oder doch?
Ihm kam eine Idee. Eine verrückte, unglaubliche, entsetzliche Idee. Er stand auf, während Bettina Gerber erschüttert das Telefon auf die Ladestation legte.
»Ich bin sicher, es wird sich alles aufklären«, sagte Herr Fiedler beruhigend. »Machen Sie sich inzwischen keine Sorgen. Ich melde mich bei Ihnen, sobald ich eine kleine Sache nachgeprüft habe.«

Bettina Gerber sah ihn an und nickte, war aber mit ihren Gedanken offensichtlich ganz woanders. Sie öffnete die Haustür, obwohl Herr Fiedler seine Jacke noch nicht vom Garderobenhaken geholt hatte, und sah ihm untätig zu, wie er den Schal umlegte und die Jacke anzog. Nachdem der Mörder gefasst war, hoffte Herr Fiedler, nun auch das Geheimnis des doppelten Diebstahls schnellstens aufklären zu können. Er wandte sich nach rechts, weg von der Bushaltestelle, an der er die Linie sechzehn nach Hause hätte nehmen können.

\*

Theo stand an der Bushaltestelle und wartete auf den nächsten Bus zum Mönchengladbacher Hauptbahnhof, um dort in die Linie 010 umzusteigen, als ein kleines, gelbes Auto in die Bushaltestelle bog und die Tür aufflog.
»Steigen Sie ein, ich bringe Sie, wohin Sie wollen«, rief Charlie ihm entgegen.
Theo freute sich, das pausbäckige Gesicht zu sehen, freute sich, nicht in den vermutlich wieder überfüllten Bus steigen zu müssen, den aus den Ohrhörern der Mitreisenden dringenden Musiklärm ertragen zu müssen, nicht die trockene, stinkende Heizungsluft des Busses einatmen und nicht noch einmal umsteigen zu müssen.
»Wohin soll es denn gehen?«, fragte Charlie und Theo nannte ihr die Adresse.
Charlie horchte auf. »Krefelder Straße? Sie wollen doch nicht etwa zu dem BMW-Händler?«
»Ich kenne nur die Adresse und habe eine Vollmacht in der Tasche, dass ich den Gewinn eines roten Modellautos auf den Namen Piet Fiedler abholen soll«, entgegnete Theo.
»Modellauto?«, fragte Charlie irritiert. »Sind Sie sicher, dass es sich um ein Modellauto handelt?«
»Nein«, sagte Theo, »sicher bin ich mir in dieser Angelegenheit über gar nichts. Piet bekam einen Anruf vor ungefähr einer Woche.

Sie wissen selbst, wie schlecht er inzwischen hört und so hat er höchstens die Hälfte von dem verstanden, was der Anrufer ihm erzählt hat. Es war die Rede von einem kleinen, roten Auto.«
»Einem Mini?«, fragte Charlie.
Theo hatte den Eindruck, in ihrem Tonfall einen eindeutig hoffnungsvollen Unterton gehört zu haben. Und noch etwas hatte er gehört. Ein nicht gerade Vertrauen erweckendes Geräusch, das aus dem Getriebe des kleinen, gelben Autos stammte, in dem er gerade gefahren wurde.
Er überlegte einen Moment. Das Wort »Mini« war, soweit er sich erinnern konnte, nicht gefallen, aber er hatte natürlich damals nicht selbst mit dem Anrufer gesprochen, sondern nur aus zweiter Hand erfahren, dass Piet Fiedler ein Spielzeugauto gewonnen hatte. Es wäre durchaus denkbar, dass die Formulierung »Mini«, die der Anrufer gebraucht hatte, die Vorstellung von einem Mini-Auto, also einem kleinen Spielzeugauto bei Piet Fiedler ausgelöst hatte und danach alle weiteren Überlegungen auf diesem Missverständnis beruhten.
»Ich gestehe: Ich habe keine Ahnung«, sagte Theo wahrheitsgemäß. »Lassen Sie uns zu der Adresse fahren, dann sehen wir weiter.«
So weit allerdings kamen sie nicht, denn der Fiat Cinquecento, den Charlie vor etlichen Jahren gebraucht gekauft hatte, streikte nur wenige Meter vom Kulturbüro der Stadt Mönchengladbach entfernt. Der Pförtner war so freundlich, ein Taxi zu rufen. Da soll mal einer etwas Schlechtes über die Stadtverwaltung sagen, dachte Theo, während er in der geheizten Pförtnerloge auf die Ankunft des Wagens wartete, der Charlie und ihn zur immer spannender werdenden Überreichung eines geheimnisvollen Gewinns bringen sollte.

*

Herr Fiedler ging zu Fuß, weil er sich erstens noch ein paar Gedanken machen und zweitens von Bettina Gerber kein Taxi rufen

lassen wollte. So trottete er in beißender Kälte die Herrenshoffer Straße entlang, bog aber bald in einen Feldweg ab und überdachte den Fall noch einmal – allerdings aus einem komplett anderen Blickwinkel.
Die Adresse, zu der er unterwegs war, hatte er vor einigen Tagen im Hause Gerber zum ersten Mal bewusst wahrgenommen. Er konnte sich nicht erinnern, in welchem Zusammenhang es gewesen war, vielleicht auf einem der Schreiben oder Faltblätter des Tulpenzüchtervereins, die er gesehen hatte. Die Adresse des Tulpenzüchtervereins war gleichzeitig die Adresse des ersten Vorsitzenden Bert Stechmüller. Und der wohnte, so unglaublich das auch schien, im Tulpenweg.
Der Weg war weit und nach einiger Zeit fragte Herr Fiedler sich, ob es wirklich klug gewesen war, die Strecke zu Fuß zurückzulegen. Es wurde langsam dunkel. Immerhin stieg damit die Wahrscheinlichkeit, Stechmüller zuhause anzutreffen. Freitags machte ein Mitarbeiter der Girozentrale sicherlich spätestens um vier Uhr Feierabend.
Herr Fiedler war außer Atem und hatte kalte Ohren, als er endlich vor Stechmüllers Haus stand. Er klingelte.
Bert Stechmüller öffnete die Tür und starrte Herrn Fiedler fragend an. Dann schien er den Besucher plötzlich zu erkennen.
»Fiedler, nicht wahr? Wir haben uns bei Bettina Gerber getroffen.«
Herr Fiedler nickte. »Darf ich kurz hereinkommen?«
Bert Stechmüller schien zu zögern, gab dann aber den Weg frei. »Bitte sehr.«

Das Haus war, um es vorsichtig zu formulieren, extravagant. Die Aufteilung zwar wie bei der Bauweise üblich, die Einrichtung aber das Ausgefallenste, das Herr Fiedler je gesehen hatte.
Dunkle Hölzer beherrschen den Flur und das Wohnzimmer, in das Stechmüller ihn jetzt führte. Eine ganze Wand wurde von Büchern eingenommen – aber von Büchern, die lederne Rücken mit in Gold geprägten Titeln hatten. Die anderen Wände hin-

gen voller Bilder in überladenen, verschnörkelten Rahmen. Fast alle Fotos, Drucke, Stiche, Poster und Gemälde zeigten Tulpen. Einfarbige Exemplare, deren Blütenblätter in langen, spitzen Zipfeln ausliefen und zweifarbige, deren Berühmteste, die Semper Augustus, gleich mehrfach abgebildet war. Eine Ansicht des Topkapi-Palastes in Istanbul aus dem siebzehnten Jahrhundert und Porträts von pausbäckigen Männern in schwarzer Kleidung und mit weißen Kragen ergänzten die Blumenbilder. Etliche dieser Bilder hatte Herr Fiedler als kleine Nachdrucke in dem Buch über den Tulpenwahn gesehen, das er von Bruno geliehen hatte. Hier erkannte er nun den echten Liebhaber dieser Pflanze. Selbst die Möblierung des großzügigen Wohnzimmers schien ein Abbild der zur Tulpenmanie geltenden Mode zu sein. Schwere Stühle in dunklen Hölzern, ein großer, ausladender Tisch, zwei Sessel mit brüchigem Leder bezogen. Der Hausherr selbst passte in seiner modernen Kleidung überhaupt nicht in diese Umgebung, aber das schien Stechmüller entweder nicht aufzufallen oder zumindest nicht anzufechten.

»Was kann ich für Sie tun?«, fragte Stechmüller, nachdem Herr Fiedler sich vorsichtig auf dem einen, er selbst sich auf dem zweiten Sessel niedergelassen hatte.

»Für mich sollen Sie gar nichts tun«, erwiderte Herr Fiedler. »Aber für Bettina Gerber wäre es zweifellos erfreulich, wenn Sie das Geld, das zuerst von Bruno und dann von Ihnen unterschlagen wurde, auf das Konto des Tulpenzüchtervereins zurücküberweisen würden.«

Es war ein Schuss ins Blaue, aber an der plötzlichen Blässe seines Gegenübers konnte Herr Fiedler erkennen, dass er richtig geraten hatte.

»Wie kommen Sie auf diese absurde Idee?«, fragte Stechmüller.

»Sie waren am Dienstag bei Bettina Gerber, um die Bankunterlagen zu holen, die Bruno als Schatzmeister des Tulpenzüchtervereins zuhause aufbewahrte. Frau Gerber hat mir erzählt, dass Sie noch einmal allein in Brunos Zimmer gegangen sind, um fehlende Unterlagen zu suchen. Dort haben Sie die Daten des heimlichen Kontos entdeckt und die Überweisung auf Ihr eigenes Konto arrangiert.«

Bert Stechmüller sagte nichts, blickte Herrn Fiedler nur unverwandt an.

»Was wollen Sie mit dem Geld machen?«, fragte Herr Fiedler weiter. »Wie es aussieht, geht es Ihnen finanziell ganz gut.« Er machte eine Handbewegung, die das außergewöhnliche Wohnumfeld einschloss. »Oder ist das alles finanziert und Sie können die Zinsen nicht mehr bezahlen?«

»Ich habe es wirklich nicht nötig, das Geld unserer Vereinsmitglieder zu veruntreuen, um meinen eigenen Lebensstil zu finanzieren«, sagte Stechmüller mit verächtlichem Blick. »Alles, was Sie hier sehen, ist bezahlt, ich habe keinerlei Schulden.«

Herr Fiedler glaubte ihm. Vielleicht hatte er geerbt, irgendwo mussten die in der Wirtschaftswunderzeit erarbeiteten Milliarden schließlich hingehen, die aus der Gruppe der jetzt Vierzigjährigen die so genannte Erbengeneration machte.

»Wofür dann der Diebstahl des bereits geklauten Geldes?«, fragte Herr Fiedler.

»Das Geld geht selbstverständlich zurück an den Tulpenzüchterverein«, sagte Stechmüller.

Herr Fiedler fühlte Scham in sich aufsteigen. Sicherlich hatte Stechmüller das Geld einfach zurück auf das Konto des Tulpenzüchtervereins überwiesen. Das wäre logisch und er, Fiedler, hatte Stechmüller ganz umsonst des Diebstahls verdächtigt.

Er wollte sich entschuldigen, schwieg dann aber doch. Stechmüllers Verhalten passte nicht zu dieser Version. Die Tatsache, dass er erst in der Presse einen riesigen Wirbel um die Unterschlagung veranstaltete und Bruno Gerbers Namen öffentlich in den Dreck trat, wäre vollkommen unnötig gewesen, wenn er das Geld nun so mir nichts dir nichts wieder auf das Konto der Tulpenzüchter überweisen wollte. Der öffentliche Wirbel wurde erst dann verständlich, wenn Stechmüller einen anderen Plan hatte. Nachdem Bruno Gerber in der Öffentlichkeit zum Bösewicht gestempelt worden war, konnte Stechmüller als Retter des Vereins auftreten und so tun, als würde er den Verlust aus eigener Tasche ersetzen. Er könnte vermutlich sogar das doppelt gestohlene Geld seiner Vereinsmitglieder von der eigenen Steuerschuld absetzen, wenn er es als private Spende ausgab. Clever.

»Was hätten Sie getan, wenn Bruno das Geld bereits ausgegeben hätte, bevor Sie die Unterschlagung bemerkt hätten?«, fragte Herr Fiedler. »Hätten Sie den Verlust dann auch aus Ihrer Tasche bezahlt?«

Stechmüllers Stirn und Kinn wurden weiß, die Wangen fleckig rot. »Glauben Sie vielleicht, ich könnte Geld scheißen?«, presste er leise zwischen blutleeren Lippen hervor. »Als ich diesen Verein übernommen habe, gab es fünfzehn Mitglieder, die zwanzig Euro Jahresbeitrag zahlten. Jetzt haben wir fünfhundert Mitglieder und die Beiträge und Spenden erlauben ein Jubiläumsfest, das sich gewaschen hat. Es wird ein würdiger Rahmen für die Wiederentdeckung der seltensten Tulpe der Welt: Die Semper Augustus.«

»Die Semper Augustus?«, fragte Herr Fiedler erstaunt. »Die gibt es seit mehreren hundert Jahren nicht mehr.«

Stechmüller sprang auf. »Sie war verloren, das ist richtig. Aber ich habe sie neu erschaffen.« Er fuchtelte mit den Armen durch die Luft. »Es hat zwanzig Jahre gedauert. Zwanzig Jahre Züchtung und Suche nach dem als ausgerottet geltenden Mosaikvirus, stellen Sie sich das vor.« Er sah Herrn Fiedler mit weit aufgerissenen Augen und unstetem Blick an. »Und jetzt, über zweihundert Jahre, nachdem die wunderbarste Blume der Welt ausgestorben war, habe ich sie wieder zum Leben erweckt. Ich werde ihr ein Wiederauferstehungsfest bereiten, das die botanische Welt in ihren Grundfesten erschüttern wird.«

Herr Fiedler spürte, wie eine feine Kälte über seinen Rücken kroch. Dieser Mann war fanatisch – und Fanatiker jeglicher Ausprägung waren Herrn Fiedler unheimlich. Diese Art von wilder, geradezu irrer Leidenschaft ging über Leichen, das wusste jeder, der regelmäßig die Zeitung las oder die Nachrichten sah. Mit solchen Menschen wollte er nichts zu tun haben. Er erhob sich.

Stechmüller war plötzlich wieder ganz ruhig. »Haben Sie mit Bettina darüber gesprochen?«, fragte er leise.
»Frau Gerber hat gerade eben, als ich bei ihr war, erfahren, dass das Geld von Brunos heimlichem Konto nach seinem Tod abgebucht wurde, aber Ihr Name wurde in diesem Zusammenhang nicht erwähnt«, sagte Herr Fiedler. Er wandte sich zur Tür.
»Dann haben Sie ihr nicht gesagt, dass Sie zu mir kommen?«, fragte Stechmüller.
Herr Fiedler schüttelte den Kopf.
Stechmüller trat ihm in den Weg. »Ich glaube nicht, dass Sie schon gehen sollten.«

\*

Bettina Gerber blickte zum hundertsten Mal auf die Notizen, die sie sich innerhalb der letzten Stunde gemacht hatte. Ihr Vater hatte Geld unterschlagen und zwar unter anderem vom Tulpenzüchterverein. Die Unterschlagung war lange Zeit nicht aufgefallen, weil das Vereinsvermögen sowieso nicht auf dem Beitragskonto bei der örtlichen Bank verwaltet, sondern zu einer Direktbank transferiert wurde, die einen besseren Zinssatz für Festgeld bot. Von diesem Festgeldkonto hatte ihr Vater das Geld noch einmal weitergeschickt – an sein geheimes Konto, von dem es dann vor wenigen Tagen verschwunden war.
Irgendjemand hatte davon erfahren, und dieser Jemand konnte eigentlich nur einer sein: Bert Stechmüller. Er hatte in den Bankunterlagen gesehen, dass das Festgeldkonto des Tulpenzüchtervereins leer war, hatte anhand der Überweisungsdaten herausgefunden, auf welches Konto das Geld geflossen war, hatte dann bei seiner Suche in den Räumen ihres Vaters die Geheimnummern entdeckt und das Geld auf sein eigenes Konto überwiesen.
Eine Frage, die Theo Streckbein gestellt hatte, kam Bettina Gerber wieder in den Sinn. Die Frage nach der zweiten Vollmacht für die Konten des Tulpenzüchtervereins. Sicherlich gab es eine zweite Vollmacht, denn für den Fall, dass dem Schatzmeister

etwas passierte, musste ein zweiter Mann die Geschäfte weiterführen können. Und wen würden die Tulpenzüchter logischerweise zum zweiten Bevollmächtigten ernennen? Und wieder kam nur einer in Frage: Der Vorsitzende Bert Stechmüller. Daraus ergab sich konsequenterweise die nächste Frage: Konnte es sein, dass Bert Stechmüller schon früher von der Unterschlagung erfahren hatte?
Bettina Gerber griff zum Telefon. Wenn sie Glück hatte, würde sie Elfie Gerresheim noch erreichen, eine Schulfreundin, die inzwischen zur stellvertretenden Zweigstellenleiterin der Sparkasse aufgestiegen war. Sie hatte Glück. Sie erklärte Elfie ihre Überlegungen.
»Und jetzt willst du von mir wissen, ob Bert Stechmüller Bevollmächtigter war und wann er erfahren hat, dass dein Vater das Geld, äh, umgelenkt hat?«
Bettina war erleichtert, dass Elfie schnell verstand und die Frage selbst formulierte. Sie bejahte.
»Bei uns hatte er eine Vollmacht«, bestätigte Elfie. »Wie das bei der Direktbank ist, die das Festgeld verwaltete, kann ich natürlich nicht sagen.«
Bettina seufzte.
»Hör zu, Bettina«, meldete Elfie sich wieder, diesmal etwas leiser. »Ich dürfte dir das sowieso alles gar nicht sagen, Bankgeheimnis, du weißt schon.«
Bettina machte ein zustimmendes »Hm«.
»Aber genau heute vor zwei Wochen kam Stechmüller hierher und ließ sich alle Auszüge des Vereinskontos der letzten zwei Jahre kopieren. Dann bat er mich, ihm die Adresse und Telefonnummer der Direktbank herauszusuchen, bei der das Festgeldkonto des Vereins besteht. Ich will es nicht beschwören, aber ich wette ein Monatsgehalt, dass er sich auch von dort die Auszüge hat geben lassen. Und zwar umgehend, denn er war wirklich aufgeregt.«
»Bist du ganz sicher, dass es heute vor zwei Wochen war?«, fragte Bettina Gerber zurück. »Ganz, ganz sicher?«

»Hundertprozentig«, sagte Elfie. »Es war mein Hochzeitstag und ich wollte gerade gehen, als Stechmüller hereinkam. Ich war ziemlich genervt.«
Bettina Gerber dankte, legte den Hörer auf und zog einen Kalender heran um zu überprüfen, was sie eigentlich schon ganz genau wusste. Der Freitag vor zwei Wochen war der Todestag ihres Vaters.

\*

Charlies Augen leuchteten, als sie sich neben Theo drängte und den Autoschlüssel aus der Hand eines großzügig lächelnden Mannes schnappte, den sie nicht im Mindesten beachtete.
»Schauen Sie bitte hier herüber«, sagte der Fotograf, und Theo und Charlie wandten sich in die gewünschte Richtung. Theo musste die Mundwinkel etwas breiter ziehen, Charlie hatte Mühe, nicht im Kreis zu grinsen.
»Warum, zum Teufel, haben Sie bloß nichts gesagt?«, fragte sie zum zehnten oder zwanzigsten Mal. Theo hatte die Beantwortung nach der dritten Wiederholung aufgegeben. Er freute sich für Charlie, fand es aber bedauerlich, dass sein alter Freund Piet Fiedler die Zeremonie nicht miterlebte. Eigentlich hatte ja er das Auto gewonnen.
»Lassen Sie uns verschwinden«, flüsterte Charlie Theo zu.
Theo nickte, dankte dem Herrn von dem Autohaus nochmals und folgte Charlie, die bereits vorausgelaufen war. Sie hüpfte um das Auto herum wie ein Flummi, betrachtete es von vorne, von den Seiten und von hinten, strich liebevoll über das Dach und die Scheinwerfer und stieg endlich ein.
»Herein mit Ihnen«, forderte sie Theo auf, der Mühe hatte, sich in den tiefen Sitz zu bücken.
Charlie sah auf die Uhr »Herr Fiedler ist bestimmt schon zuhause. Der wird Augen machen.«
Sie fuhr außen herum, um den Feierabendverkehr in der Stadt zu umgehen, nahm die Rheydter Straße durch Neersbroich, obwohl die Umgehungsstraße weniger Kurverei bedeutet hatte,

aber vermutlich reizte sie genau das: Schlangenlinien fahren zwischen abgestellten Autos auf einer schmalen Straße. Theo seufzte erleichtert auf, als der Wagen vor dem verklinkerten Haus zum Stillstand kam.
Charlie war schon vor ihm an der Tür, aber niemand öffnete. Theo schloss auf und sah mit einem Blick, dass sein Freund noch nicht von Frau Gerber zurückgekehrt war. Seltsam.
»Wir holen Herrn Fiedler ab«, rief Charlie. »Welche Richtung?«
Theo lotste sie nach Korschenbroich und bat wie eben schon unablässig, nicht zu schnell zu fahren. Allerdings musste er zugeben, dass Charlie eine gute Fahrerin war und das Auto hervorragend auf der Straße lag. Charlie gewöhnte sich offensichtlich langsam an das sportlichere Fahrgestell und sogar Theo bekam Spaß an der Fahrt. Nur die tiefe Sitzposition empfand er als sehr ungewohnt, besonders, als sie kurzzeitig einem Kastenwagen folgten, dessen Auspuff nur geringfügig höher lag als Theos Augenhöhe.
Das Aussteigen vor Bettina Gerbers Haus gestaltete sich ebenso schwierig wie vorhin, das müsste er sicher noch mehrmals üben, aber wieder schaffte Theo es aus eigener Kraft. Er klingelte.
»Ist Herr Fiedler noch bei Ihnen?«, fragte er eine verstört aussehende Bettina Gerber.
»Nein. Und ich habe eine ganz schlimme Befürchtung«, antwortete sie. Dann bemerkte sie Charlie und das rote Auto auf dem Gehsteig. »Ist das Ihr Wagen? Dann los, ich komme mit«, rief sie, griff nach einer Jacke, die sie sich im Gehen überwarf und zog die Haustür hinter sich ins Schloss. »Zum Tulpenweg. Da lang.«

*

Herr Fiedler fühlte sich unwohl, nein, mehr als das. Ein unbestimmtes Gefühl der Angst überfiel ihn, als Bert Stechmüller ihm den Weg versperrte.
»Bitte machen Sie den Weg frei, Herr Stechmüller, ich habe noch eine Verabredung«, sagte er. Seine Stimme klang nicht so sicher, wie er es sich gewünscht hätte.

»Er hat mich zum Deppen gemacht«, sagte Stechmüller leise und trat einen Schritt vor. Herr Fiedler musste zurückweichen, um die Distanz zu Stechmüller zu halten. »Geld unterschlagen, das dem Verein gehört. Geld, mit dem wir meiner Semper Augustus eine triumphale Rückkehr in die Ruhmeshalle der schönsten Blumen der Welt ermöglichen können. Geld für ein kleines Mädchen, das nicht für zwei Pfennig Verstand im Hirn hat und auch nach noch so vielen Delfintherapien keinen Funken geistreicher sein wird.«
Herr Fiedler war schockiert.
»Wie mich das Getue um dieses Kind ankotzt«, schrie Stechmüller. »So etwas sollte es überhaupt nicht geben. Mit solchen Ausgeburten der Hölle muss sich die Menschheit doch nicht abgeben! Der Mensch ist Ästhet, das einzige Lebewesen, das sich an der Schönheit erfreuen kann. Wie können wir uns da mit sabbernden Idioten umgeben und alles, was wir haben, in solch eine Missgeburt stecken?«
»Jetzt reicht es aber ...«, sagte Herr Fiedler, doch Stechmüller schien ihn gar nicht zu hören.
»Bruno war so verbohrt. Selbst als ich ihm angeboten habe, die ganze Sache zu vergessen, wenn er nur das Geld zurückgibt und aus dem Verein austritt, wollte er nicht verstehen, dass es die Schönheit ist, der wir verpflichtet sind, und nicht ein Zellhaufen ohne Hirn.«
Herr Fiedler erstarrte. Stechmüller hatte vor Brunos Tod von der Unterschlagung gewusst und mit ihm darüber geredet? Heiliger Klabautermann, das änderte alles!
Herr Fiedlers Gedanken überschlugen sich.
»Sie waren an dem Freitagabend bei Bruno in der Brauerei?«, fragte er.
Stechmüller nickte. »Ich habe ihn angerufen und um ein Gespräch gebeten. Er sagte, er würde auf mich warten. Natürlich muss er gewusst haben, worum es ging.«
»Und er wollte das Geld nicht zurückgeben?«, fragte Herr Fiedler.
Stechmüller lachte laut auf. »Er hatte schon ein komplettes Geständnis geschrieben, ich habe den Wisch in meinem Tresor

liegen«, rief er. »Natürlich wollte er das Geld zurückgeben, allerdings nur aus einem einzigen Grund: Als ich ihm die Planungen für das Jubiläum erklärte, wusste er, dass sein Diebstahl innerhalb kurzer Zeit auffliegen würde, dann hätte seine Tochter davon erfahren und er wusste, dass Bettina kein gestohlenes Geld für die Therapie annehmen würde.«

»Stand in dem Geständnis auch die Sache mit dem Bierrezept?«, fragte Herr Fiedler.

»Bier? Wovon reden Sie? Ich spreche hier nicht von einem Proletengesöff, sondern von der schönsten Tulpe, die je gezüchtet wurde«, schrie Stechmüller.

Herr Fiedler versuchte, Ordnung in das Chaos seiner Überlegungen zu bringen. Bruno Gerber hatte das Geld des Tulpenzüchtervereins unterschlagen, um seiner Enkelin zu helfen. Aber eines Tages hatte er selbst erkannt, dass er die Herkunft des Geldes nicht auf Dauer würde verheimlichen können, schon gar nicht vor seiner Tochter. Als Joachim Nesgraf dann die Familienbrauerei übernahm, bot er ihm den Verkauf des Rezeptes an in der durchaus begründeten Hoffnung, dass dieser Deal nie ans Licht käme und er das dadurch verdiente Geld als sein eigenes Gespartes ausgeben konnte. Dann hätte er das Geld des Tulpenzüchtervereins nur noch zurücküberweisen müssen und alles wäre in Ordnung gewesen. Vermutlich war Stechmüller ihm einfach wenige Tage zuvorgekommen.

»Aber warum haben Sie ihn umgebracht?«, fragte Herr Fiedler.

Stechmüller winkte ab. »Habe ich doch gar nicht.« Er ging einen weiteren Schritt vor, Herr Fiedler wich zurück. »Als ich in der Brauerei ankam, war das Tor offen, ich ging hinein. Bruno stand im Turm, wo er immer steht, wenn er sentimental wird. Er hatte das Geständnis in der Hand, las es mir vor. Ich sagte ihm, dass mich das Gewäsch nicht interessiert, dass ich nur das Geld wiederhaben wollte. Er war betrunken, wurde ausfallend. Er wollte der Welt zeigen, dass er mich jahrelang beschissen hatte, ohne dass ich etwas bemerkte. Dass ich ein schlechter Banker und ein noch schlechterer Vorsitzender bin. Er hat mich beleidigt, hat meine Bemühungen um die Tulpenzucht in den Dreck gezogen, nannte mich einen Nazi.«

Stechmüller schrie das letzte Wort so laut, dass Herr Fiedler dachte, sein Hörgerät explodiere.

»Ich wollte ihm den Wisch aus den Fingern reißen, er wich zurück und brach durch die Bretter.«

»Und Friedbert Hebestreit?«, fragte Herr Fiedler, obwohl er sich den weiteren Verlauf des Abends bereits vorstellen konnte.

»Als Bruno gefallen war, hörte ich, dass unten im Turm jemand war. Ich lief die Treppe hinunter und da war er, beugte sich über Bruno. Ich nahm einen von den Holzprügeln, die dort herumlagen, und schlug den Mann nieder.«

»Warum?«, fragte Herr Fiedler.

Stechmüller blickte ihn an, als wäre er schwachsinnig. »Weil er doch vermutlich alles gehört hatte. Oder sich eingebildet hätte, ich hätte Bruno gestoßen. Oder was weiß ich, was der für eine Geschichte erzählt hätte.«

Na klar, dachte Herr Fiedler. Da war jemand, der irgendetwas hätte erzählen können, da brachte man ihn besser direkt um. Sein Magen fühlte sich an wie ein Stein, der die Speiseröhre hinauf wollte.

»Der Rest war einfach«, fuhr Stechmüller fort. »Dieser Hebestreit, dessen Namen ich übrigens erst aus der Zeitung erfahren habe, trug alle Schlüssel bei sich. Ich konnte mir also selbst alle Türen aufschließen und ihn in die Sudpfanne werfen. Dann steckte ich den Schlüsselbund in die Jacke, die über dem Geländer hing, löste aber vorher den Schlüssel zum Hoftor und schloss ordentlich hinter mir ab.«

Herr Fiedler war so weit zurückgewichen, dass er inzwischen mit dem Rücken zum Bücherregal stand, und er erkannte, dass die Formulierung auch im übertragenen Sinne auf seine Situation passte. Er stand mit dem Rücken zur Wand, stand einem gewissenlosen Mörder gegenüber, der für den Rest der Welt immer noch vollkommen unverdächtig war. Die Schlussfolgerung, die sich aus dieser Erkenntnis ergab, war niederschmetternd. Stechmüller musste seinen einzigen Mitwisser verschwinden lassen.

# Abfüllung

*Nach Abschluss der Hauptgärung kommt nochmal ordentlich Arbeit auf den Heimbrauer zu: Das Jungbier wird mit einem passenden Abfüllschlauch in sterilisierte Bügelflaschen gefüllt, die dann 2-8 Wochen stehend lagern. Dabei setzen sich Schwebstoffe am Flaschenboden ab. Bei der Nachgärung reichert sich das Jungbier mit Kohlensäure an und reift geschmacklich aus. Der Brauvorgang erforderte 12 Stunden Brauen, 4-6 Tage Hauptgärung, einige Stunden Abfüllen und 2-8 Wochen Geduld. Na denn, Prost!*

Charlie nahm den Gang, den sie eingelegt hatte, wieder heraus und zog die Handbremse.
»Was tun Sie denn?«, fragte Bettina Gerber vom Rücksitz, während Theo sich noch unter Ächzen und Stöhnen in den Beifahrersitz sinken ließ. Frau Gerbers Stimme klang panisch.
»Bevor wir jetzt völlig kopflos durch die Gegend fahren, erklären Sie mir doch bitte kurz, wo eigentlich das Problem liegt«, sagte Charlie.
»Bert Stechmüller hat vergangenen Dienstag das Geld, das mein Vater veruntreut hat, vom Konto meines Vaters verschwinden lassen, wohin weiß ich nicht«, erklärte Bettina Gerber gehetzt. »Aber viel schlimmer ist, dass Bert von der Veruntreuung schon an dem Tag erfahren hat, an dem mein Vater starb. Vor seinem Tod, verstehen Sie?«
Theo verstand offenbar, denn er sog hörbar die Luft ein.
»Heilige Scheiße«, entfuhr es Charlie. »Sie meinen, Stechmüller hat Ihren Vater …«
Bettina Gerber schlug mit der flachen Hand gegen die Rückenlehne von Charlies Sitz. »Das weiß ich nicht«, rief sie. »Aber auf jeden Fall hat er wochenlang gelogen, was das Zeug hält, und ich bin sicher, dass das unserem geschätzten Detektiv Fiedler eben klar geworden ist, während er mit mir die Papiere durchging. Er sagte, er wolle schnell etwas klären, ich bin sicher, dass er zu Bert gegangen ist. Er ist in Gefahr.«

Schon während der letzten Worte hatte Charlie die Handbremse gelöst, den Rückwärtsgang eingelegt und den Wagen aus der Einfahrt gelenkt. Sie legte den ersten Gang ein und raste unter Missachtung sämtlicher Paragraphen der Straßenverkehrsordnung zum Tulpenweg. Zum ersten Mal in ihrem Leben bedauerte sie, dass ihr regelwidriges Verhalten keiner Polizeistreife auffiel.

\*

»Kommen Sie mit«, sagte Stechmüller, ging ein paar Schritte zurück und öffnete die Wohnzimmertür.
Herr Fiedler blieb, wo er war.
»Sie wissen selbst, dass ich Sie nicht gehen lassen kann«, sagte Stechmüller in freundlichem Ton. »Aber in Ihrem Alter steht der Tod sowieso schon vor der Tür. Also zieren Sie sich nicht so.«
Richtig leutselig war er, wie er da so stand. Herrn Fiedler schlotterten die Knie. Er war alt, schwerhörig und ging am Stock, aber das hieß nicht, dass er sich bereits mit dem Tod abgefunden hatte. Hohes Alter hin oder her. Dieser Stechmüller hatte sich geschnitten, wenn er glaubte, dass er ihm wie ein Lämmchen zur Schlachtbank folgen würde.
Herr Fiedler schüttelte den Kopf. »Sie werden damit nicht durchkommen, Herr Stechmüller. Sie können mich nicht einfach spurlos verschwinden lassen. Der Taxifahrer wird sich daran erinnern, dass er mich zu Ihnen gebracht hat.«
Die Lüge ging ihm glatt über die Lippen, tröstete ihn aber nicht wirklich. Kein Mensch würde nachvollziehen können, wo er von Bettina Gerber aus hingegangen war, denn tatsächlich war er so dumm gewesen, zu Fuß zu gehen. Er würde verschwunden bleiben und Stechmüller konnte sein Leben weiterführen, als wäre nichts geschehen. Stechmüller hatte alle Trümpfe in der Hand, daran gab es nichts zu deuten.
»Sparen Sie sich das Lamentieren«, blaffte Stechmüller ihn an. »Ich habe nicht vor, den ganzen Abend auf Sie einzureden wie

auf einen kranken Gaul. Sie kommen jetzt mit, Ihre Zeit ist abgelaufen.«

Stechmüller riss Herrn Fiedler den Stock aus der Hand. Herr Fiedler verlor das Gleichgewicht, konnte nicht anders als sich auf Stechmüller stützen, wenn er nicht umfallen wollte. Es war ein Reflex, den er im nächsten Augenblick verfluchte. Jetzt hatte Stechmüller ihn völlig in der Hand, brauchte ihn nur mit beiden Händen unter den Armen zu fassen und vor sich her zu bugsieren. Hätte er sich doch fallen lassen, dann hätte Stechmüller es nicht so leicht gehabt.

»So, wir zwei machen jetzt eine schöne kleine Spritztour«, sagte Stechmüller etwas atemlos. Herr Fiedler war zwar klein und schmächtig, aber offenbar doch schwer genug, um Stechmüllers Kondition herauszufordern.

Herr Fiedler beschloss, sich nun doch fallen zu lassen. Es fiel ihm nicht schwer, seine Beine waren inzwischen so zittrig, dass sie leicht nachgaben. Er sackte in sich zusammen.

»He, was soll das?«, schrie Stechmüller. »Du entkommst mir nicht, Opa, so oder so. Es ist vollkommen lächerlich, noch irgendeinen Trick zu versuchen.«

Opa, dachte Herr Fiedler und seine Augen füllten sich mit Tränen. Ja, er war Opa und sogar Uropa. Aber vielleicht würde er seine Familie nie wiedersehen. Die Verzweiflung, die ihn bei diesem Gedanken befiel, verwandelte sich schnell in Wut. Dieser kleine Tulpenhansel wollte ihn, Piet Fiedler, umbringen? Da hatte er sich geschnitten, jawohl! Piet Fiedler hatte Kriege überlebt, war von Piraten überfallen und in die Hüfte geschossen worden, er war in einem Sturm einen sechs Meter tiefen Niedergang hinuntergefallen und hatte sich den Schädel gebrochen. Weil jede Hand an Bord gebraucht wurde, hatte er zwölf Stunden auf ärztliche Versorgung warten müssen, und alles das hatte er überlebt. Er hatte seinen Sohn verloren und seine Frau, aber Freunde gefunden sowie Enkel und Urenkel. Sein Leben würde eines Tages zu Ende gehen, aber wann dieser Tag sein sollte, das sollte der liebe Gott oder der kosmische Zufall entscheiden –

aber sicherlich nicht Bert Stechmüller. Herr Fiedler griff hinter sich und erwischte mit einer Hand ein in Leder gebundenes, schweres Buch. Seine rechte Hand, vom jahrelangen Gebrauch des Gehstocks eisern trainiert, fasste fest zu.

\*

»Mist, Mist, Mist«, schimpfte Charlie. »Meine Taschenlampe liegt in meinem alten Auto und das steht in Gladbach auf einem schön beleuchteten Parkplatz. Hier bräuchte ich das Ding, hier und jetzt.«
Sie hatten sich darauf geeinigt, nicht zu klingeln, sondern einmal um Bert Stechmüllers Haus herum zu gehen und in jedes der dunklen Fenster zu schauen. Die Dämmerung war inzwischen so weit fortgeschritten, dass im Haus die Lichter angehen müssten, wenn jemand drin war. Aber alles war dunkel. Unverrichteter Dinge trafen Theo, Bettina Gerber und Charlie sich wieder vor der Haustür.
»Was jetzt?«, fragte Bettina Gerber zitternd.
In dem Moment hörten sie das Klirren.
»Woher kam das?«, fragte Charlie erschreckt.
»Aus dem Wohnzimmer, glaube ich«, sagte Bettina Gerber. »Dort.«
Zu dritt schlichen sie zu dem Fenster, das hinter einem großen Kirschlorbeerbusch halb verborgen war.
»Wer hat eben da hinein geschaut?«, flüsterte Charlie.
»Ich hab's versucht«, flüsterte Bettina Gerber zurück. »Aber ich kam nicht richtig heran und habe nichts gesehen.«
»Sehen Sie denn jetzt etwas?«, fragte Theo, der sich im Hintergrund hielt.
»Ich glaube, dass ich eine Bewegung gesehen habe, aber sicher bin ich mir nicht.«
»Lassen Sie uns ein paar Schritte zurückgehen«, schlug Theo vor. Charlie und Bettina Gerber folgten widerwillig.
»Lassen Sie uns überlegen, was wir jetzt tun sollen«, sagte Theo.

»Ich warte nicht länger«, entgegnete Charlie aufgeregt. Sie konnte ihre Nervosität nicht mehr zügeln. »Vorschläge? Klingeln? Scheibe einschlagen? Oder was?«
»Wir klingeln«, sagte Theo. »Genauer gesagt gehe ich klingeln, Sie postieren sich am Wohnzimmerfenster und versuchen, etwas zu erkennen.«
Theo ging zur Tür, gab Charlie weitere dreißig Sekunden Zeit, zum Wohnzimmerfenster zurückzuschleichen und drückte dann entschlossen und mit klopfendem Herzen den Klingelknopf.
Er wartete, aber nichts geschah. Er wollte gerade wieder klingeln, als er den Knall hörte. Er erstarrte.

\*

Herr Fiedler hatte das schwere Buch gegriffen und schlug es Stechmüller in dem Moment über den Kopf, als dieser sich zu ihm bückte, um ihn wieder auf die Füße zu ziehen. Stechmüller schwankte, fuchtelte um sein Gleichgewicht kämpfend mit der linken Hand durch die Luft, wobei er eine kleine Leselampe umstieß, deren Schirm zerbrach, und krallte die rechte Hand in Herrn Fiedlers Haare. Herr Fiedler schrie.
»Das hätten Sie nicht tun sollen«, sagte Stechmüller. Seine Aussprache war nicht ganz so akzentuiert wie sonst.
»Sie hätten so einiges nicht tun sollen«, entgegnete Herr Fiedler und stieß Stechmüller den Ellbogen in die Rippen. Stechmüller stöhnte und ließ die Haare los. Herr Fiedler robbte auf allen Vieren bis zu dem Sessel, an dem sein Stock lehnte, und richtete sich mühsam auf. Seine rechte Hand umklammerte den Stock kurz unterhalb des Griffs, er schwang die Gehhilfe wie einen Degen vor sich her.
Stechmüller richtete sich auf, griff nach dem Buch und holte aus.
Herr Fiedler holte viel Schwung nach links und hieb mit dem Stock in einem weiten Bogen nach rechts in der Hoffnung, Stechmüller an der Brust zu treffen. Der Abstand war jedoch zu groß oder der Stock zu kurz, jedenfalls krachte die Gehhilfe an die

getäfelte Wand und erzeugte einen lauten Knall. Stechmüller warf das Buch Herrn Fiedler an den Kopf. Ohne seinen Stock und von dem heftigen Schwung aus dem Gleichgewicht gebracht, fiel Herr Fiedler rückwärts.

Nur einen Augenblick später zersplitterte das Glas des Wohnzimmerfensters in tausend Teile und ein rotgelockter Kopf erschien in der Öffnung. Von ihrem Standort aus konnte Charlie Herrn Fiedler nicht sehen. Alles, was sie sah, war ein Mann, der mit wirrem Haar und irrem Blick in ihre Richtung blickte, einen Moment zögerte und dann zur Tür lief.

»Herr Fiedler«, schrie Charlie mit überschnappender Stimme.

»Alles klar, mein Deern«, antwortete der Gesuchte matt. Zum Glück hatte er, als er das Gleichgewicht verlor, direkt vor einem der ledernen Sessel gestanden, in den er gefallen war. Der liebe Gott beschützte offenbar neben Kindern und Betrunkenen auch unvorsichtige Rentner auf der Suche nach Gerechtigkeit.

Charlie kam durch das Fenster gekrabbelt, plumpste recht unelegant auf den schicken Teppichboden und kniete sich vor Herrn Fiedler.

»Brauchen Sie Hilfe?«, fragte sie.

»Nein, danke, mit geht es blendend«, murmelte er. »Stechmüller ist der Mörder«, schob er hinterher, dann legte er erschöpft den Kopf zurück.

Charlie nestelte ihr Handy aus der Tasche, erwischte Jens noch im Büro, rief: »Stechmüller ist der Mörder, wir sind hier im Tulpenweg. Ruf die Polizei«, steckte das Telefon wieder in die Tasche, sprang auf und lief zur Wohnzimmertür. Sie blickte vorsichtig nach rechts und links in den Flur und verschwand.

»Ach lassen Sie den doch laufen«, wollte Herr Fiedler ihr noch nachrufen, aber ihm fehlte die Kraft. Er blieb mit geschlossenen Augen in seinem Sessel sitzen und hoffte, dass niemand mehr zu Schaden käme.

Bettina Gerber war um das Haus herum zur Garage gelaufen. Sie war zwar nur zweimal bei Bert Stechmüller zuhause

gewesen, aber an die Tür, die vom Garten in die Garage führte, konnte sie sich noch erinnern. Diese Tür war normalerweise nicht abgeschlossen. Sie drückte die Klinke der Garagentür und tatsächlich, die Tür schwang auf. Im gleichen Moment öffnete sich die Verbindungstür aus dem Haus und Bert Stechmüller stand vor ihr. Er sah schrecklich aus.
»Du …« flüsterte Bettina Gerber. Sie bebte vor Wut. »Du hast meinen Vater umgebracht.«
»Nein«, schrie Stechmüller. »Geh mir aus dem Weg.«
Bettina Gerber stürzte sich auf ihn. Ihre Fäuste trommelten gegen seine Brust, in sein Gesicht, auf alles, was sie erreichen konnte.
»Du Mörder«, rief sie. »Du entkommst mir nicht.«
Bert Stechmüller griff ins Regal, bekam einen Maulschlüssel zu fassen und schlug ihn Bettina Gerber auf den Kopf. Sie sackte gegen das Auto.
Stechmüller öffnete die Beifahrertür, neben der Bettina lehnte, schob sie in das Auto, stieg ein und ließ den Motor an. Mit quietschenden Reifen raste er aus der Garage.

Charlie hörte den aufheulenden Motor, lief auf die Straße, sah Stechmüllers Wagen mit der zusammengesunkenen Gestalt auf dem Beifahrersitz um die Ecke verschwinden, sprang in ihr neues Auto und folgte ihm. Während sie mit überhöhter Geschwindigkeit durch die Dunkelheit raste, schaffte sie es, den Polizeinotruf zu wählen.
»Wo bleiben Sie denn?«, rief sie. »Stechmüller flieht. Er fährt in Richtung Autobahnauffahrt. Er hat eine Geisel dabei.«
»Sagen Sie mir bitte Ihren Namen«, forderte ihr Gesprächspartner sie mit ruhiger Stimme auf.
»Charlie Wagenrad. Hören Sie …«
»Von wo rufen Sie an?«
»Aus dem Auto. Von Herrenshoff zur Autobahnauffahrt, ich weiß nicht, wie die Straße …«
»Es hört sich nicht so an, als ob Sie eine Freisprecheinrichtung benutzen.«

»Nein, ich …«
»Das Telefonieren im fahrenden Auto ohne Freisprecheinrichtung ist verboten, das wissen Sie doch, oder?«
Charlie warf das Telefon auf den Beifahrersitz. Das durfte doch wohl nicht wahr sein!

Theo saß seinem alten Freund gegenüber und hatte ebenfalls einen Telefonhörer am Ohr.
»Ja, es handelt sich um einen Mörder, der eine Geisel genommen hat. Er hat den Tulpenweg nach Norden verlassen, ich vermute, dass er zur Autobahnauffahrt will.«
Theo hörte noch einen Moment zu, dann legte er auf.
»Jetzt können wir nur noch warten und hoffen«, sagte er, setzte sich auf den Stuhl, den er neben Herrn Fiedlers Sessel gezogen hatte, und tätschelte seinem Freund die zittrige Hand.
»Hoffen ist in Ordnung, aber warten fällt mir schwer, Theo, das weißt du«, entgegnete Herr Fiedler. Er versuchte ein schräges Lächeln, wurde aber schnell ernst. »Vor allen Dingen hoffe ich, dass Frau Gerber und Charlie nichts passiert. Sie hätten den Spinner einfach abhauen lassen sollen. Die Polizei hätte ihn schon geschnappt.«

Jens Weichgräber erreichte den Tulpenweg gleichzeitig mit Andreas Giehlen, einem Streifenwagen mit zwei Uniformträgern und einem weiteren Streifenwagen, aus dem Sabine Koch stieg. Die Kommissarin trug den linken Arm in einer Schlinge um den Hals. Sie war blass.
Die uniformierten Beamten liefen ins Haus, Kommissar Andreas Giehlen baute sich vor seiner Partnerin auf und schaute sie ärgerlich an.
»Sabine, was machst du hier? Du gehörst ins Bett.«
Sabine Koch nickte Jens zu, der sich lieber im Hintergrund hielt. Erst nachdem er voller Aufregung die Handynummer der Kommissarin gewählt hatte, war ihm wieder eingefallen, dass sie im Krankenhaus lag. Aber offenbar hatte sie selbst nicht vor,

den Höhepunkt dieser Mordfälle zu verpassen.
»Zum Glück gibt es Leute, die mich informieren, wenn es spannend wird. Geh mir aus dem Weg, Andreas, ich will mit den Leuten reden.«
»Du bist nicht im Dienst«, maulte Giehlen. Er blieb stehen.
»Du kannst ja ein Disziplinarverfahren gegen mich einleiten«, erwiderte Sabine Koch, schob den Kollegen zur Seite und ging ins Haus.

Charlie konnte es nicht fassen. Sie fühlte sich wie ein Dackel, der einem fahrenden Auto hinterher läuft und dann nicht weiß, was er tun soll, wenn der Wagen anhält. Was tat sie hier? Sie verfolgte eine Limousine, die vermutlich doppelt so viel PS hatte wie ihr schicker, kleiner Flitzer. Sie konnte den Flüchtigen nicht stoppen, schon gar nicht bei hundertachtzig Stundenkilometern auf der Autobahn. Also, warum folgte sie ihm weiter? Sie wusste es nicht. Nun, immerhin musste sie bis zur nächsten Ausfahrt weiterfahren, da konnte sie Stechmüller auch ebenso gut spüren lassen, dass sie da war. Sie schloss wieder etwas näher auf.
Kurz vor dem Kreuz Neersen geschah es. Sehr weit vorn konnte Charlie das kreiselnde Blaulicht sehen, auf das sie so lange gehofft hatte. Ein Lastwagen war in der Baustelle verunglückt, er stand in Flammen. Polizei, Krankenwagen und Feuerwehr waren vor Ort, die Bremslichter vor ihr leuchteten auf. Ein Polizeihubschrauber erschien in Charlies Blickfeld. Sie wandte den Blick, um sich zu vergewissern, dass es sich nicht um eine Spiegelung oder eine sonstige optische Täuschung handelte, aber nein, dort schwebte tatsächlich ein Helikopter über der Autobahn. Charlie betätigte die Lichthupe. Der Helikopter ging tiefer, die wenigen Autos, die vor Stechmüller fuhren, hatten die Geschwindigkeit fast bis auf dreißig Stundenkilometer reduziert. Der Hubschrauber ging noch tiefer, er flog nur noch wenige Meter über der Autobahn. Von hinten drang das vertraute Heulen einer Polizeisirene an ihr Ohr. Charlie jubelte.

Stechmüller bremste ab, stieg aus seinem Wagen und rannte zur Böschung. Charlies Jubel verging. Der Kerl setzte sich in der Dunkelheit zu Fuß ab, die Sirene war noch nicht nah genug, er würde entwischen.

Charlie griff zum Handschuhfach, in dem sie ihre Taschenlampe verwahrte, realisierte zum zweiten Mal am heutigen Abend, dass dies nicht ihr Auto war, erinnerte sich, dass die Taschenlampe sowieso seit dem Abenteuer im Turm nicht mehr funktionierte, ihr also jetzt auch nicht geholfen hätte, stieg aus, lief zu dem Auto, das hinter ihr stand und bat den Fahrer, ihr seine Taschenlampe zu leihen. Der Kerl fragte nicht lang, reichte ihr ein altersschwaches Ding heraus und empfahl ihr, die Lampe sparsam zu verwenden, da die Batterien sicher fast leer seien. Charlie dankte ihm und folgte Stechmüller.

Die Böschung war mit Dornengestrüpp bewachsen, das Durchkommen war schwer und schmerzhaft. Charlie spürte, wie Dornen ihr die Hose zerrissen. Stechmüller konnte es nicht besser ergehen, aber das tröstete sie nicht. Was sie tröstete, war der zweite Helikopter, der plötzlich hundert Meter vor ihr in der Luft schwebte. Aus der offenen Seitentür schaute eine Gestalt, die ein großes Gerät auf der Schulter trug. Eine Fernsehkamera! Natürlich, der Unfall mit dem brennenden Lkw in der Baustelle hatte bereits die Herren der Bunten Bilder angelockt. Charlie schaltete die Taschenlampe ein. Mehr als ein winziges Funzeln war wirklich nicht zu erkennen, aber das reichte offenbar, denn der Hubschrauber richtete seine Nase genau auf sie. Charlie leuchtete in die Richtung, in der sie Stechmüller zuletzt gesehen hatte und da war er. Er steckte in den Dornen fest.

Von hinten kamen vier Polizeibeamte, von denen zwei Charlie mit festem Griff zurück auf die Straße brachten, während die anderen beiden sich zu dem vom Suchscheinwerfer des Hubschraubers geblendeten Stechmüller durchschlugen.

Auf der Autobahn regelten weitere Polizisten inzwischen den Verkehr, der nur sehr langsam an Stechmüllers und Charlies Wagen vorbeikroch, weil alle Fahrer die Hälse reckten und gafften.

Ein Krankenwagen kam und brachte Bettina Gerber, die aus einer Kopfwunde leicht blutete, in die nächstgelegene Klinik.
Charlie musste ihre Personalien angeben, wurde für den nächsten Tag auf die Wache bestellt und durfte endlich den Ort des Geschehens verlassen. Sie kam gerade rechtzeitig im Tulpenweg an, um zwei völlig erschöpfte Rentner nach Hause zu kutschieren.

\*

Herr Fiedler stellte die Teekanne auf den Tisch, ließ sich schwerfällig auf seinem Stuhl nieder und lud sich ein großes Stück Kuchen auf den Teller.
»Frau Gerber geht es ganz gut, sie hat eine leichte Gehirnerschütterung und darf morgen wieder nach Hause«, berichtete er. »Viel schlimmer als die körperliche Verletzung ist allerdings ihr seelischer Zustand. Sie kann noch immer nicht verstehen, dass ihr Vater kriminell wurde, um Geld für die Therapie von Anna-Sophie zu beschaffen. Außerdem ist sie entsetzt, dass Bert Stechmüller ein Mörder ist.«
»Verständlich«, nuschelte Charlie um ein großes Stück Kuchen herum.
»Und was sagt Stechmüller?«, fragte Theo.
»Jens hat mir erzählt, dass Stechmüller schweigt«, erwiderte Charlie.
»Woher weiß Ihr Jens das denn?«, fragte Theo.
»Er ist nicht mein Jens«, korrigierte Charlie. »Die Kommissarin hat einen Narren an ihm gefressen, sie erzählt ihm alles brühwarm. Jens weiß meist schneller Bescheid als der in Ungnade gefallene Kollege Giehlen, der wie ein liebeskranker Hahn hinter ihr herstolziert.«
Herr Fiedler schüttelte den Kopf, ließ es aber schnell wieder sein. Seine unfreiwilligen Turnübungen auf dem Teppich in Stechmüllers Wohnzimmer hatten auch ihm nicht gut getan. Mehrere Blutergüsse zierten seine Beine und Hüften, der Nacken war steif und sein Kopf schmerzte immer noch ein wenig. Der Arzt hatte

ihm Komplimente über seine körperliche Fitness gemacht, die einen Oberschenkelhalsbruch verhindert hatte. Ab morgen würde er seine täglichen Spaziergänge wieder aufnehmen, man wusste ja nie, wofür man eine gute Kondition noch brauchen konnte.

»Was hat dieser Jens bloß an sich, dass die Frauen sich reihenweise an seinen Hals werfen?«, fragte er.

»Verstehe ich auch nicht«, sagte Charlie und grinste breit. »Ich persönlich stehe ja viel mehr auf schmalbrüstige Radiomoderatoren.«

Die Türglocke schellte.

»Wenn man vom Teufel spricht«, sagte sie und spurtete los, um die Tür zu öffnen.

»Hallo allerseits«, grüßte Martin einen Augenblick später. Der Radiomoderator war ein alter Freund des Hauses und gern gesehener Gast bei Herrn Fiedler und Theo.

»Nanu«, freute sich Herr Fiedler. »Sie haben wir ja lange nicht gesehen. Wie ist das werte Befinden?«

Martin schüttelte den Herren die Hände, ließ sich neben Charlie auf einen Stuhl fallen und biss herzhaft in den Kuchen, den sie ihm gereicht hatte.

»Gampf gut umt temnäfst noch bäffer«, sagte er.

»Ich glaube, dem jungen Mann geht es gut«, übersetzte Theo lächelnd.

»Und wenn wir erst die Charity-Auktion bringen …«, fügte Martin hinzu. Er lächelte Charlie verschwörerisch zu.

»Reden Sie deutsch mit uns, junger Freund, dann wissen wir auch, worüber Sie sprechen«, wandte Herr Fiedler streng ein.

»Ja, hat Charlie Ihnen denn noch gar nichts erzählt?«, fragte Martin verwundert.

»Nein«, tönte es aus drei Mündern gleichzeitig.

Charlie lächelte, allerdings ein wenig wehmütig, wie es Herrn Fiedler schien. »Nachdem der rote Mini und die rote Charlie«, sie deutete grinsend auf sich selbst, »die Stars der live im Fernsehen übertragenen Verfolgung eines fliehenden Mörders im Regionalfernsehen waren und der Sender die Hintergründe des

Dramas erfahren hat«, an dieser Stelle deutete sie auf Martin, »gibt es demnächst eine Auktion zugunsten von Anna-Sophie Gerber, damit sie ihre Delfintherapie, die von der Mutter, also Bettina Gerber inzwischen gewünscht wird, beginnen kann.«
»Und was versteigern Sie?«, fragte Herr Fiedler. »Ihre Memoiren?«
»Leider nicht«, erwiderte Charlie. »Das Objekt, um das es geht, ist ein kleines rotes Auto mit schwarzem Dach und Ledersitzen.«
Herr Fiedler und Theo sahen einander an.
»Das ist aber sehr großzügig von Ihnen«, sagte Theo.
»Das hätte ich Ihnen gar nicht zugetraut«, ergänzte Herr Fiedler.
»Ich brauche allerdings noch die Genehmigung des echten Besitzers dieses Flitzers«, fügte Charlie hinzu. »Der Wagen gehört nämlich einem gewissen Piet Fiedler, der ihn in einem Preisausschreiben gewonnen hat.«
Herr Fiedler überlegte einen Moment, dann verzog sich sein faltiges Gesicht zu einem sehr breiten Grinsen. »Ich hätte mit dem Wagen sowieso nichts anfangen können. Mein Kapitänspatent gilt nämlich nur für Seefahrzeuge.«

*Wie immer, liebe Leserinnen und Leser, können Sie den Genuss der Lektüre durch einen weiteren Genuss ergänzen: Das Rezept des Altbierbratens, den Herr Fiedler und die Kollegen im Kochkurs zubereiten, erhalten Sie, wenn Sie eine entsprechende E-Mail schicken an: krimi@profijt.de. Unter dieser Adresse können Sie sich auch zu meinem Newsletter anmelden und mir Ihre Anregungen und Fragen schicken.*